守墓笔记

雍正帝陵卷

徐鑫 著

中国国际广播出版社

序

我所知道的“守墓人”
——记徐鑫先生的精神家园

岳南

近日，得知好友徐鑫先生新作“守墓笔记”系列即将问世，为之高兴之余也颇为感慨，简单书写几句，以示读者。

我与徐鑫相识、相交已近二十载。那是 1999 年 11 月的一天夜晚，徐鑫在他的父亲，时任清东陵研究室主任、著名学者徐广源先生的陪伴下到北京看病，借此机会到我家做客。当时，我挽留父子二人促膝长谈，就共同的研究和写作体会进行交流。那时，徐鑫虽尚未开始写作，但言谈举止中已流露出对历史的无限挚爱和内在才华，让人有一种清新亮丽之感。于是，我鼓励他将单纯的爱好上升为研究层次并形成作品，以备出版奉献社会，徐鑫表示回去后潜心研究，争取早日拿出成果。

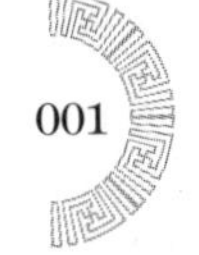

后来，在不断求医治病过程中，徐鑫以新时代清陵“守墓人”的身份，从故纸堆里研究并从现实生活中见证了那段历史，逐渐理解和发现了那些隐藏在红墙黄瓦里鲜为人知的秘密。于是，他用自己独特的视角和笔墨一层层地拨开历史迷雾，继承和书写了清陵这部砖、石、瓦、木写就的历史长卷。面对众多的“野史”“穿越”等作品和传说，徐鑫在正史和清宫档案的基础上，用浑厚、沉稳的笔触，以深入浅出、通俗易懂、冷静自然的叙述方式“驱邪斧正”，还清陵历史真面目。那份坚持、热情和执着，令人欣赏，更令人钦佩，日后取得的一连串成果也就顺理成章了。

我们所说或看到的坟墓或者陵墓，是指埋葬死者的地方，是人类社会发展和宗教信仰的必然产物，其根源在于灵魂观念和敬畏思想的产生。因此，坟墓是一种物质和非物质相结合的意识形态载体。

中国漫长的封建社会，作为社会最高主宰的皇帝，其陵墓是特有的标志等级贵贱的产物，是当时的政治、经济、文化的缩影和晴雨表，是统治阶级将皇陵风水与皇权紧密连在一起，并企图融入“事死如事生”“千秋万代繁昌不绝”等思想文化理念的综合体。在连绵不断的历史长河中，作为封建王朝权力顶端的帝王，往往在完成自己一代霸业或败业的同时，使用至高无上的皇权，营建自己死后居住的豪华居所，以便权力能从地上延续到地下，于是陵墓成为他们在另一个世界里的皇宫。因此，人世间的山水在另一个世界里也建立起了一座座封建帝王的“地府天堂”，也就是有些史书所称的“皇陵”。

中国历代帝王的皇陵，几乎遍布大江南北的青山绿野之中，不但占据了当时最好的湖光山色和绝佳的风水宝地，而且占地面积、建筑规模都很宏伟壮观。斗转星移，岁月流逝，帝王的陵墓渐渐成为极具特色的、清晰可见的鲜活历史，而建筑本身与陵墓中埋藏的文物，亦为当时政治、经济、文化的精华与缩影，是我们回顾和研究历史的最好现场与实物。

站在今天的角度，就文化和精神层面言之，中国皇陵所反映出来的内涵，除了封建帝王生活及制度的参照，亦是中华五千年灿烂文化和悠久历史的结晶，是中华民族丰富的古代物质文明与思想观念结合后繁衍出的历史文化精华，是沉睡在山水间的历史文献，是珍贵丰富的艺术博物馆，是留给子孙后代的无价的重要文化遗产，同时也是世界文明的重要组成部分。通过对这些历史遗迹的了解与深入研究，可以让我们真实地还原那些最具生命力的鲜活记忆，而这些丰厚、具体的年代记忆，为今天的人们“在史中求史识”“吸取历史的教训”（陈寅恪），具有不可替代的作用。

大清王朝已隐没于历史尘埃之中，但就历史阶段言之，又似乎在昨天刚刚退去，近三百年的政治文化、历史典故、轶闻趣事，似乎仍在眼前飘动。然而，历史毕竟还是历史，那些立于世间的清朝皇陵——关外三陵、清东陵和清西陵，普通百姓只看到庞大辉煌的外表，却很难知其地宫的状况和文物的价值与命运，只知其然而不知其所以然。清皇陵已在历史中沉睡，而在皇陵内沉睡的，不只是清朝帝、后、妃们的亡灵，更多的还有那些说不完、道不尽的清朝别样故事，如清朝皇陵陵墓的选址、修建、用料、陈设、祭祀、防护、管理等，皆有其丰富的历史内涵，可谓处处皆学问。

据我所知，目前国内研究清史者虽人数众多，也取得了较大成绩，但在清史研究的另外一块阵地——清皇陵研究领域里，取得瞩目成就的少数人中，徐鑫则是最值得关注的。

1973 年 1 月出生在京东名镇马兰峪的徐鑫，自幼在家庭、学校接受了严格的传统文化教育，兴趣十分广泛。读书、看报、摄影自不在话下，站在沙滩上看水流、倚在树下思考、坐在山坡上静静发呆等少年耍酷或装酷的事也干过一番……但据我所知，徐鑫最大的爱好还是历史，尤其是清朝历史，或许因为家乡的西面就是清东陵，或许因为祖上是守陵人，或许因为其父徐广源先生是研究清朝皇陵的专家。总之，徐鑫的成长与后来的成就，有很多一时说不尽的原因。因此，在他的生命中，清皇陵的一草一木、一砖一石都是无价之宝，都含有丰富的历史信息，都是有生命的活文物，是人与亡灵交流的场所，是一部记载人类文明发展史不可或缺的宝库。

1993 年 8 月 11 日，中学毕业不久的徐鑫到清东陵当了一名看守皇陵的警卫，自此他的命运就与清朝皇陵联系在了一起。

那个时候，虽然清东陵还未申报世界文化遗产，但早已是闻名天下的国家级文物保护单位。由于工作在第一线，皇陵保护工作十分严格而且条件艰苦，堪比清朝时期的八旗兵。

一是上班时间长。每天 24 小时分为三班，每班次 8 小时，没有节假日。那些不开放的陵寝，只设置一名或两名警卫人员，每 24 小时换一次班或一人终日看守，不分昼夜。

二是路途比较远。因为工作的特殊性，无论春夏秋冬，不管天气情况，都要坚持骑自行车到岗。虽说马兰峪在清东陵的东侧，但实际到上班的陵寝也有十多里的路程。白天上班还好，主要是夜里，路窄、草茂、沟深，一手骑车一手持手电筒照着路面，冬天的路面特别滑，稍不小心就会掉进路边的深水沟里。到岗位的时候，身上也会被浸湿，没有干燥的衣服可换，只能靠体温烘干。夜间的陵区，冬季是寒冷的风吼，夏季是马槽沟内的蛙声一片，气候环境非常潮湿。守陵的工作是异常孤独、寂寞的。由于人员少，不能常在值班房里休息，更不能睡觉，只能站在最明显的宫门口或陵寝内，不停地用手电筒打量四周动静。而且，越是天气不好的时候，如下雨、雷闪、下雪、刮风等恶劣天气，作为守陵人就要到陵内外勤转、勤看、勤听，以防有人盗窃或者恶劣天气造成陵寝发生火灾和损坏。

三是颇具危险性。上岗人员除了一个手电筒外，就是赤手空拳，没有任何警戒工具。陵寝之间相隔较远，与村庄民居也相距甚远。一旦出现偷盗、抢劫事件，对方是有备而来，可能带有作案工具和凶器，看守陵寝的人连呼救的可能都没有，因为发现对方的时候危险已经到了身边。在全力以赴地打斗过程中，也根本没有时间和精力呼救，更不要说有时间打内部电话报警了。因此，除了全神贯注地巡视，以便提早发现可疑和危险情况外，只能默默祈祷平安。

在清东陵干着守陵这样的苦工作，也正是徐鑫任劳任怨负责的工作，他看守的皇陵没有发生过火灾和盗抢。然而，作为刚出校门的学生，无论体质还是工作经验，徐鑫都没有比那些年长的同事们有更多的窍门，自然受罪是最多的，以至于落下腿怕冷、无力及常年疼痛的毛病。对此，徐鑫曾多次想打退堂鼓，但最终还是坚持了下来。按他的说法，自己是满族人，是守陵人的后裔，对清朝历史有着执着的、痴迷的、深厚的感情。

徐鑫认为，清陵文化的继承和研究更重要。因此在看守皇陵之余，他更注重研究和弘扬清陵文化，于是将业余时间和精力放在清宫档案的查阅及实地调查上，潜心研究清陵文化二十余年，凭借着扎实的基本功、严谨负责的态度，先后出版了被业内称为“良心书”的《铁腕女人：清东陵慈禧陵劫难之谜》《香妃迷案》《大清皇陵私家相册》等二十余部专著，发现并解决了很多清陵研究领域的空白，并在此基础上创作了“守墓笔记”系列作品。

该系列作品以正史、清宫档案为基础，结合当今史学最新研究成果，将实地调查和历史文献记载有机地比对、结合，以朴实无华的文字辅以图片方式，深入浅出地介绍了清朝的永陵、福陵、昭陵、清东陵、清西陵等皇陵的风水、建筑规制、陵寝特点、陵寝祭祀、陵寝管理和保护、陵寝被盗和清理等内容，以全新的形式向世人解读了大清皇陵这部看得见、摸得着的“大清历史档案”。作为一部缩写的清朝历史，清朝皇陵就像一面多棱的镜子，不同角度折射着清王朝曾经的发展、辉煌和衰落。书是本本精彩，历史是代代沉重。

概而言之，整个大清王朝共建有十二座皇陵，每一座皇陵又都是一个王朝历史的缩写；走过每一座皇陵，都是穿越了一部历史年轮。因此，清朝皇陵是清王朝兴衰发展的影子，是一部记载社会和国家的大百科全书；它将天、地、人与龙、沙、穴、水等有机融为一体，成为一部传承中国风水学的堪舆宝典；它将各部门、管理、保护机构高效组织在一起协同工作，因此又是一部现代管理学；又由于清朝皇陵需要科学规划建筑布局和建筑规制，它还是一部古代建筑学。清朝皇陵建筑不仅美轮美奂，它们的所在地也都是风水极佳的梦幻之地，山形地貌在符合风水标准的完美与吉祥的同时，也最大限度地融入了崇高的、永恒的人文精神。假如读者是位有心人，一定会从“守墓笔记”系列中获益匪浅，尤其在精神上得到与现实观感不一样的快乐。

从历史发展角度来说，无论是在工作中的履行职责，还是在工作之外的坚守，徐鑫已经不再是普普通通的“守墓人”，而是名副其实的“清陵文化的守护者和传承人”，其更多的贡献还是体现在陵墓文化的继承和弘扬。

希望徐鑫不忘初心，在清陵文化探索研究和传承弘扬的道路上继续努力，为社会奉献更多精彩的作品。

2017 年 9 月于北京

岳南，山东诸城人，1962 年生，毕业于解放军艺术学院文学系、北京师范大学鲁迅文学院研究生班。历任宣传干事、编辑、记者、台湾清华大学驻校作家等。著有《风雪定陵》《复活的军团：秦始皇兵马俑发现记》等考古纪实文学作品十二部，有英、日、韩、法、德文版，海外发行达百万余册。另有《陈寅恪与傅斯年》《大学与大师：清华校长梅贻琦传》等系列作品十余部，其《南渡北归》三部曲出版后在海内外引起巨大轰动。

前言

帝王，作为我国封建社会的最高统治者，由于他们拥有至高无上的权力，于是在风云变幻的政治环境中，他们的生与死，就关系着朝代的更迭与社稷的安危。同时，重大政治事件、宫廷世袭皇权的争夺也决定着处在政治巅峰的帝王的凶吉祸福。这些政治风云人物留下的历史悬案和难解之谜往往以遗骸的形式残存在帝王陵墓之中，帝王陵墓是有遗迹、遗址可查的中国古代帝王史。睹物思人，观今鉴古，帝王陵墓是历史的缩影和备忘录。研究历史，尤其是历史之谜，最好的方式就是从帝王陵墓开始。

清世宗胤禛，在我国可以说是一位家喻户晓、充满传奇色彩的神秘皇帝。从登基到死亡，有关他的各种传说故事在民间广为流传，诸如谋害父皇、改诏继位、霸占父妃、逼迫亲母、弑兄屠弟等都是百姓茶余饭后议论的主要话题。更为奇特的是，雍正帝制造了历史上著名的文字狱惨案后，亲手撰写了一本书为自己进行无罪辩驳。公元1735年10月8日，58岁的雍正帝突然地离开了人世，有说是病死的，也有说是中毒死的，还有说是被一个女子杀死并被割走了脑袋，清皇室做了一个黄金假头安在了雍正帝尸身上，算有个全尸才最终入葬的。对此，民间传说与官方档案有南辕北辙两种记述。但令人意想不到的是，这位自称心中坦荡、内心无愧的雍正帝，死后居然没有埋葬在皇父康熙帝身边，而是葬在了距皇父的景陵600多里远的易县永宁山下。从此，清王朝又开辟了一个新的皇家陵园——西陵。因此，人们对西陵的出现产生了种种猜测：雍正帝为什么要在永宁山下选择万年吉地？西陵为什么建造了三座规制、规模相同的石牌坊？雍正帝陵寝中有何秘密？地宫中藏有哪些我们不知道的隐情？……这一切确实令人疑惑。

雍正帝在执政期间的作为究竟如何？他的陵墓为何远离自己的祖陵？乾隆帝生母为什么不与雍正帝合葬？是因为雍正帝毒害皇父而恐惧，还是因为耻于雍正帝登基的不光明？或者因雍正帝死后无头而害怕？或者有其他的原因而不能或不愿意与雍正帝合葬呢？

以往一些专家学者对雍正帝褒贬不一，评价不高，认为他只是凭借康熙帝创下的基业执政，国力才有所发展、强大，雍正帝本身没有多少治理和管理国家的能力，且贪图享受、留恋女色、残暴施政。

传说不是事实，但也不能全盘否定，如果对雍正帝理性地、客观地评价，应该说雍正帝还是一位颇有作为的君主。他在位时间虽然只有短短的13年，却雷厉风行地整顿了朝政，革除了许多弊端，为乾隆盛世的到来奠定了基础，铺平了道路。雍正朝处于康熙、乾隆两朝之间，起到了承前启后的作用。雍正帝继位伊始，面对政敌林立、险象环生的严峻政治局面，必须也只能采取严酷的手段进行镇压，以巩固自己的统治，这是可以理解的，在古今中外也是屡见不鲜的。

笔者认为，如果仅仅以历史和传说故事评价雍正帝，那只能是“纸上谈兵”“空中楼阁”。如果走进雍正帝陵寝来解读雍正帝的一生，或许可以真正体会到在中国清朝历史上，雍正王朝的辉煌与强大并不只是靠简单的文字记载就可以说明的，雍正帝也不是民间传说与历史记载的那样简单或复杂。

陵寝是古代帝王的坟墓，是一个王朝的浓缩、时代的投影、社会的折射，是中华传统文化的一部分，是留给后人的一笔丰富的文化财富，是遗留在山水间的真实历史记录，它凝聚着不可复制的历史信息。通过研究帝王陵寝，不仅可以知道历史上那个时期的政治、经济、军事、宗教、文化、科技等诸方面的基本情况，有时候还可以正确解读历史之谜或者未曾记载的史事，比如清朝光绪帝死亡之谜就是通过陵墓考古的方式予以揭开的。雍正帝的死和他的继位，都有可能通过对他陵墓的揭示找到历史真相。打开地宫看看有头无头，遗体是否真的有毒，也许答案就可以揭晓。

为了解开有关雍正帝的种种谜团，现在就让我们通过清西陵雍正帝陵寝——这部遗留在世上、沉睡在地下的历史，去解读、去还原曾发生在清朝宫廷里面的那些闪烁着刀光剑影、散发着血雨腥风气息的故事吧。

目录

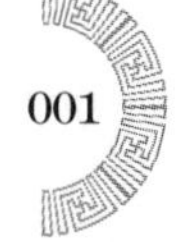

引 子

古墓悬案——雍正帝暴死之谜

公元1735年10月8日凌晨，即大清雍正十三年八月二十三日子时，中国历史上颇具传奇色彩的一代帝王雍正帝在圆明园驾崩了。《雍正起居注册》记载着雍正帝死前三天的活动情况：

> 八月二十一日丁亥，上不豫，仍办事如常。
>
> 二十二日戊子，上不豫。和硕宝亲王弘历、和硕和亲王弘昼朝夕侍侧。戌时，上疾大渐，宣召和硕庄亲王允禄、和硕果亲王允礼、大学士鄂尔泰、张廷玉……至寝宫……恭奉遗诏。
>
> 二十三日己丑子时，上龙驭上宾。

根据这段记载，我们知道从雍正帝发觉身体不适到他驾崩，还不足两天时间，死得太突然、太离奇。然而，作为官方的记载却又非常简单，人们不禁对他的死因产生了诸多的疑问：究竟是什么原因导致雍正帝的突然死亡呢？是自然病死还是身遭不测呢？

对于雍正帝的死因，至今有四种说法：病死说、宫女缢死说、中毒说和遇刺说。

一、病死说

据《清高宗纯皇帝实录》记载：雍正十三年（1735年）八月二十一日，雍正帝感觉有些不适，仍照常听政，并召见臣工。二十二日，病情加重，照常理政。大学士张廷玉每日进见，未尝间断。皇四

二十三日己丑子時
上龍馭上賓
遺詔曰朕
天承運
皇帝詔曰自古帝王統御天下必以敬
天法
祖爲首務而敬
天法
祖皆本於至誠至誠之心不容一息有間是以宵旰
焦勞無日不兢兢業業也朕蒙
皇考聖祖仁皇帝爲
宗社臣民計慎選於諸子之中命朕纘承統緒紹登
大寶夙夜憂勤深恐不克負荷惟仰體
聖祖之心以爲心仰法
聖祖之政以爲政勤求治理撫育蒸黎無一事不竭
其周詳無一時不深其敬謹期使宗室天潢之
內人人品行端方八旗根本之地各各奉公守
法六卿佐古之司紀綱整飭百度維貞封疆守
土之臣大法小廉萬民樂業十三年以來竭慮
殫心朝乾夕惕勵精政治不憚辛勤訓誡臣工
不辭諄復雖未能全如期望而庶政漸已肅清
人心漸臻良善臣民徧德遐邇恬熙大有頻書
嘉祥疊見朕秉此至誠之心孜孜罔釋雖至勞
至苦不敢一息自怠方冀國安保泰以道化成
令朕躬不豫奄棄臣民在朕身生本無生去來
一如但我
皇考聖祖仁皇帝付託之重至今日雖可自信無負
而志願未竟不無微憾寶親王皇四子弘曆秉
性仁慈居心孝友
聖祖皇考於諸孫之中最爲鍾愛撫養宮中恩逾常
格雍正元年八月間朕於乾清宮召諸王滿漢
大臣入見面諭以建儲一事親書諭旨加以密
封收藏於乾清宮最高之處即立弘曆爲皇太
子之旨也其後仍封親王者蓋令備位藩封諳
習政事以增廣識見今既遭大事著繼朕登基
即皇帝位仰賴
上天垂佑
列祖貽謀當茲寰宇乂安太平無事必能與億兆臣
民共享安寧之福至於國家刑罰禁令之設所
以詰奸除暴懲貪黜邪以端風俗以肅官方者

以詰奸除暴懲貪黜邪以端風俗以肅官方者
也然寬嚴之用又必因乎其時從前朕見人情
澆薄官吏營私相習成風罔知省改勢不得不
懲治整理以戒將來今人心共知儆惕矣凡各
衙門條例有從前本嚴而朕改易從寬者此乃
從前部臣定議未協朕與廷臣悉心斟酌而後
更定以垂永久者應照更定之例行若從前之
例本寬而朕改易從嚴者此乃整飭人心風俗
之計原欲暫行於一時俟諸弊革除之後仍可
酌復舊章此朕本意也向後遇此等事則再加
斟酌若有應照舊例者仍照舊例行自今以後
實願內外親賢股肱大臣念朕朝乾夕惕之苦
衷仰答
皇考聖祖仁皇帝利益
社稷蒼生之誠念各秉忠良屏除恩怨一心一德仍
如朕在位之時共相輔弼俾皇太子弘曆成一
代之令主則朕付託得人追隨
列祖
皇考在天之靈亦可不愧不怍矣弘曆仰承
祖宗積累之厚受朕訓誨之深與和親王弘晝同氣
至親實爲一體尤當誠心友愛休戚相關親正
人行正事聞正言勿爲小人所誘勿爲邪說所
惑
祖宗所遺之宗室宜親國家所用之賢良宜保自然
和氣致祥綿
祖宗
社稷萬年之慶矣莊親王心地醇良和平謹慎但遇
事少有擔當然必不至於錯誤果親王至性忠
直才識俱優實國家有用之材但平日氣體清
弱不耐勞瘁倘遇大事諸王大臣當體之勿使
傷損其身若因此而損賢王之精神不能爲國
家辦理政務則甚爲可惜大學士張廷玉器量
純全抒誠供職其纂修
聖祖仁皇帝實錄宣力獨多每年遵旨繕寫上諭悉
能詳達朕意訓示臣民其功甚鉅大學士鄂爾
泰志秉忠貞才優經濟安民察吏綏靖邊疆洵
爲不世出之名臣此二人者朕可保其始終不
渝將來二臣著配享
太廟以昭恩禮其應行儀制悉遵成典持服二十七
日釋服布告天下咸使聞知

《雍正起居注册》记载的雍正帝死亡时间

子宝亲王弘历、皇五子和亲王弘昼等，御榻之侧，朝夕奉侍。二十三日子时，进药无效，龙驭上宾。又据《东华录》记载，八月二十一日，雍正帝已有晕眩、手足发麻等高血压的症状；二十二日中风，延至二十二日午夜，即二十三日子时崩逝。因此，有人猜测雍正帝是中风而死。

其中，雍正帝心腹大臣张廷玉在私人笔记《澄怀园主人自订年谱》中就有如下的记载：

> 八月二十日，圣躬偶尔违和，犹听政如常，廷玉每日进见，未尝有间。二十二日漏将二鼓，方就寝，忽闻宣诏甚急，疾起整衣，趋至圆明园，内侍三四辈待于园之西南门，引至寝宫，始知上疾大渐，惊骇欲绝，庄亲王、果亲王、大学士鄂尔泰、公丰盛额、讷亲、内大臣海望先后至，同至御榻前请安，出，候于阶下。太医进药罔效，至二十三日子时，龙驭上宾矣。

根据张廷玉的记述，雍正帝好像是病死的，但没有说是什么病。由于雍正帝死因不详，才引起了人们的很大猜疑。

二、宫女缢死说

柴萼《梵天庐丛录》记载：传说雍正九年（1731 年），宫女伙同太监吴首义、霍成，伺雍正帝睡熟，用绳缢杀，气将绝，被救活。

其实，宫女欲害皇帝的事情在明朝就发生过一次。明嘉靖二十一年（1542 年），宫女杨金英等“伺帝熟睡，以绳缢帝项，误为死结，得不绝”。同伙张宫女害怕，跑去报告方皇后。皇后赶到，解帛绳，帝气绝，命召太医许绅急救。《明史·许绅传》记载：“绅急调峻药下之，辰时下药，未时忽作声，去紫血数升，遂能言，又数剂而愈。”事后将杨金英等处死。巧的是，雍正帝与嘉靖帝的庙号都是“世宗”，这个清世宗雍正帝被宫女缢杀的故事，简直就是明世宗嘉靖帝被宫女勒缢故事的翻版。

嘉靖帝像

此外，还有人根据雍正帝生前喜欢炼丹药的记载，称因为炼丹药的需要，需要采集幼小宫女的初潮月经，宫女不堪忍受，所以害死了雍正帝。

三、中毒说

这种说法还可细致地分出三种说法，即被下毒、丹药中毒和春药中毒。

雍正帝道装像

（一）被下毒

传说，《红楼梦》作者曹雪芹的一个叫竺香玉的恋人被雍正帝霸占，曹雪芹为了抢回自己的恋人，千方百计谋得一个宫中差事，与恋人一起设计用毒药毒死了雍正帝，并说竺香玉就是林黛玉的化身。目前支持这种说法的人已经微乎其微了。

（二）丹药中毒

雍正帝是自己服用丹药中毒而死的。雍正帝在做皇子时，为了在康熙帝和诸皇子面前装作不问世事、只做“闲人”的姿态，经常与道士交往，穿道装，还对丹药产生了浓厚的兴趣，迷信道教的丹药有长生不老、强壮身体的作用，并做诗《烧丹》赞美道：

铅砂和药物，松柏绕云坛。
炉运阴阳火，功兼内外丹。
光芒冲斗耀，灵异卫龙蟠。
自觉仙胎熟，天符将紫鸾。

自从雍正帝当上了皇帝之后，对炼丹的道士更是崇拜，并经常吃一种叫“既济丹”的丹药。雍正八年（1730年）的春天，雍正帝得了一场大病，为了治病和强健身体，更为了长寿，于五月二十三日密令全国很多封疆大吏寻求名医和精于修炼的术士：

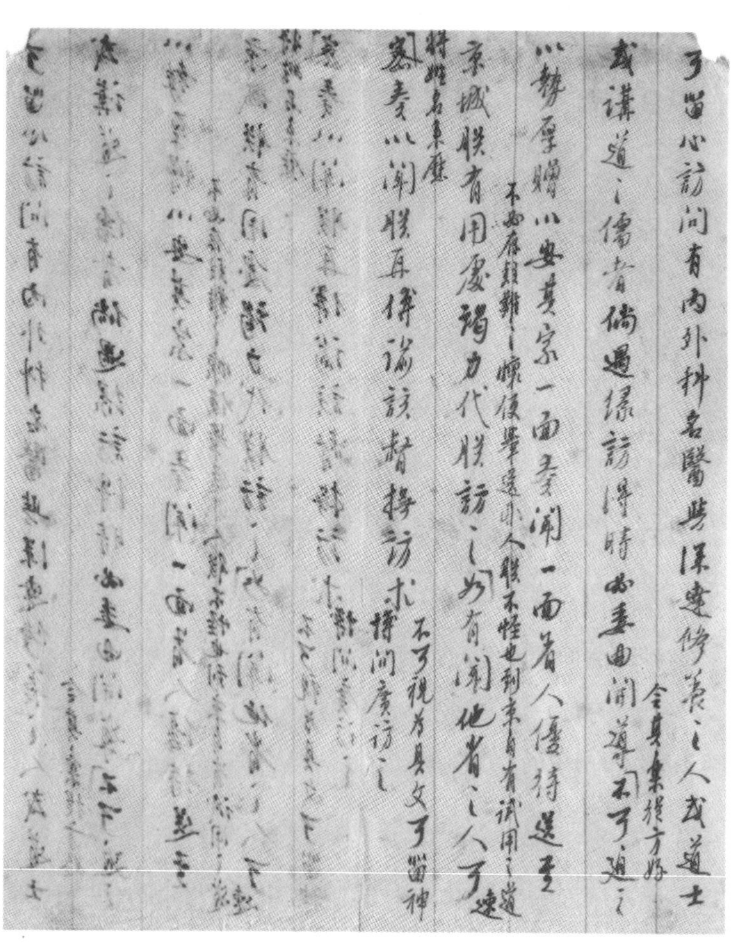
可留心訪問有內外科名醫與深達修養之人或道士
或講道之儒者倘遇緣訪得時必委曲開導令其樂從方好不可逼之
以禮厚贈以安其家一面奏聞一面著人優待送至
不必存疑難之懷便舉送非人朕不怪也朕自有試用之道
京城朕有用處竭力代朕訪之如有聞他省之人可速
將姓名來歷密奏以聞朕再傳諭該督撫訪求不可視為具文可留神博問廣訪之

雍正八年五月二十三日，雍正令田文镜寻找民间奇士的硃批

可留心访问有内外科好医生与深达修养性命之人，或道士，或讲道之儒士俗家。倘遇缘访得时，必委曲开导，令其乐从方好，不可迫之以势，厚赠以安其家，一面奏闻，一面着人优待送至京城，朕有用处。竭力代朕访求之，不必预存疑难之怀。便荐送非人，朕亦不怪也，朕自有试用之道。如有闻他省之人，可速将姓名来历密奏以闻，朕再传谕该督抚访查，不可视为具文从事，可留神博问广访，以符朕意。慎密为之！

这道密旨的大意是说：你们要尽心去寻找好的医生和会修身养性的道士，这件事情很重要，你们一旦遇到这样的人，一定要对其家属好生看待，对其本人则要好好保护，送到北京来，哪怕你们推荐和保送的人不合我的本意，我也不会怪罪你们的，倘若你们当地没有这样的人，而听说外地有的话，也一定要告诉我，这件事情要保密并且要慎重处理好。

这道密旨到底写了多少份，当时发给了多少人，发给了哪些人，现在已经难以查清，但就目前知道的情况来看，中国第一历史档案馆藏有 9 份，台北故宫保存 6 份，而且一模一样，一字不差。按照常理推算，一般内容文字相同的谕旨，都是由亲近大臣代笔，唯独这道密旨，则是雍正帝本人一笔一笔亲自书写的，而且十分工整，足见雍正帝对这道密旨的重视和缜密。

清史专家的确在清宫档案中发现了在圆明园开炉生火炼丹药的记载，并且自开炉之日起，炼丹的活动便一直没有停止过，而且由于雍正帝感觉服用丹药的效果不错，还多次将在宫内炼出的丹药赏赐给朝廷大臣和将领服用。

雍正帝死于丹药之说，虽然在 20 世纪 40 年代就有人提出过，但一直没有拿出具体的、详细的原始历史记载来证明其说法的正确性，而中国第一历史档案馆李国荣先生通过研究则使“雍正死于丹药说”趋于完善。对此，李国荣先生提出了如下的理由：

1. 雍正帝死后的第二天，刚刚继位的乾隆帝就下令驱逐了炼丹道士。新皇帝继位，有很多重大国事亟待处理，如果炼丹道士没有犯下什么大的错误，乾隆帝是不会在万机待理之时急于处理道士，并为此专门发布上谕给予解释的。

2. 乾隆帝在上谕中特别强调，雍正帝喜好“炉火炼丹”虽确有其事，但只不过是“游戏”而已，并不服用丹药。如果雍正帝真的不服用丹药的话，乾隆帝就没有必要加以解释了。这等于告诉人们，此地无银三百两。

3. 在乾隆帝驱逐道士的同一天，乾隆帝告诫宫中太监、宫女不许乱传“闲话”，免得皇太后“心烦”。雍正帝如果是正常死亡，能有什么“闲话”会引起皇太后“心烦”呢？而这“闲话”又是什么呢？

这些清宫档案的记载，使人不得不推测：雍正帝是因为服用了过多的丹药中了毒才死的，就等于死于炼丹药的道士之手。至于乾隆帝为什么不将炼丹的道士砍头，李国荣先生是这样分析的：乾隆帝很可能效仿唐太宗李世民死于丹药而唐高宗李治不治罪炼丹术士的做法，家丑不可外传。不将炼丹的道士治罪就可以说明雍正帝不是死于丹药中毒，将大事化小。这可以说明，乾隆帝只驱逐道士而不治罪的手法与唐高宗一样，这也可以反过来说明雍正帝的死因与唐太宗是一样的。

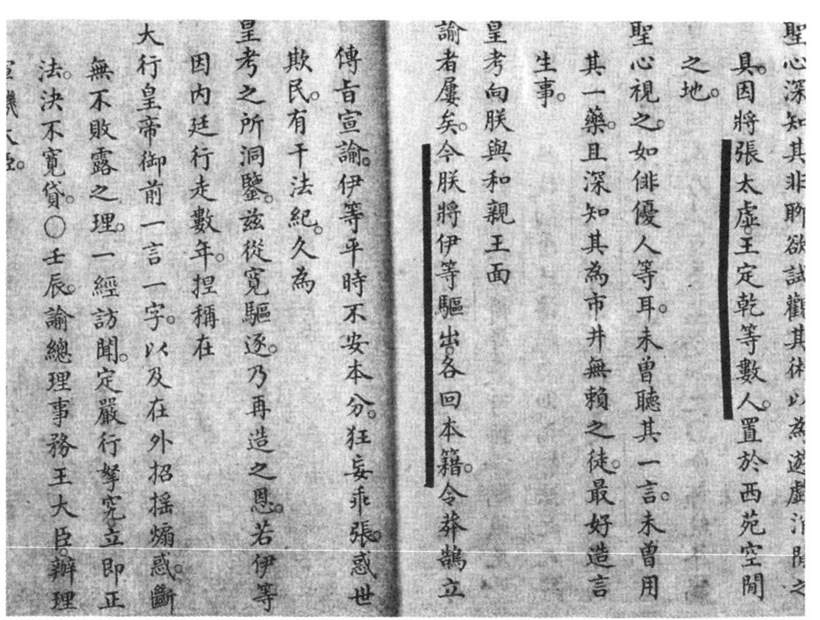
聖心深知其非所欲試觀其術以為遊戲消閒之
具。因將張太虛。王定乾等數人。置於西苑空閒
之地。
聖心視之如俳優人等耳。未曾聽其一言。未曾用
其一藥。且深知其為市井無賴之徒。最好造言
生事。
皇考向朕與和親王面
諭者屢矣。令朕將伊等驅出。各回本籍。令莽鵠立
傳旨宣諭。伊等平時不安本分。狂妄乖張。惑世
欺民。有干法紀。久為
皇考之所洞鑒。茲從寬驅逐。乃再造之恩。若伊等
因內廷行走數年。捏稱在
大行皇帝御前一言一字。以及在外招搖煽惑。斷
無不敗露之理。一經訪聞。定嚴行拏究立即正
法。決不寬貸。〇壬辰。諭總理事務王大臣。辦理

驱逐为雍正帝炼丹药的道士张太虚、王定乾回原籍的乾隆帝谕旨

众所皆知，炼丹所用的原料之中有黑铅，而黑铅则是一种有毒金属，服食会使人中毒，过量则致人死亡。因为在清宫档案《活计档》中就明确记载，在雍正帝死亡前 12 天，200 斤黑铅被运进圆明园内作为炼丹之用。

雍正帝因服食丹药中毒死亡的说法，目前已得到大多数人的支持。

（三）春药中毒

雍正帝因长期贪恋女色，乃至乱服春药，这可能是导致雍正帝最终猝死的直接原因之一。对此，朝鲜史料有一条说法："雍正晚年贪图女色，病入膏肓，自腰以下不能运用者久矣。"

这是一种新的说法。此说法的主要支持者是康熙帝第八世孙金恒源先生，他这样认为：雍正帝称帝执政 13 年，基本上处在众叛亲离、孤家寡人之态势。他在生命垂危时请同胞兄弟出山辅助又遭坚辞，其情、其状、其心态之苦也就可想而知了。此外，在雍正七年（1729 年）后，由于政敌被杀的杀、关的关，基本上也都摆平了，相对以前而言，雍正帝多少有了一点"闲"。而帝王一旦有了些"闲"，也就开始贪图女色，病也就随之暴露了出来。

这种说法概括起来则是，雍正帝因长年勤政，体力大量透支，而他还相信"天人感应、阴阳祸福"之说，因此心神不宁，夜不能寝，惧怕报应，以致神经衰弱。为了扭转这些，长期服用丹药，导致体内大量积毒，这是导致他猝死的直接原因。这种说法显然怀有偏见，不足凭信。

四、遇刺说

这是最富传奇色彩的一种说法，也是民间广泛流传的一种说法。稗官野史如《清宫十三朝》《清宫遗闻》等书，都有雍正帝遇刺身亡的记载。

雍正六年（1728 年），湖南秀才曾静不满当朝的统治，派人秘密

上书川陕总督岳钟琪。因为这位秀才天真地认为岳钟琪是南宋著名抗金将领岳飞的后代，清朝又属于金国后族，从而策动他反清。想不到岳钟琪很快把这一消息报告给清廷，雍正帝抓住这件事大做文章，下令广捕曾静同党，并大肆株连，严加审讯。除曾静等人锒铛入狱，又引出涉及这一案件的文人吕留良的文字狱案。吕家由此遭到灭族之祸——这便是清朝历史上著名的“吕留良文字狱案”。

当吕家举家罹难之时，吕留良之子吕葆中之女吕四娘因在安徽乳母家中而幸免于难。年仅 13 岁的吕四娘秉性刚强，在得知全家遭戮后，悲愤填膺，当即刺破手指，写下血书“不杀雍正，死不瞑目”八个大字。于是，她打点行装，悄悄离别乳母，只身北上，决心刺杀雍正帝，以报家仇。

吕四娘途经一座深山时，被一老道劝阻，暂时放弃了北上报仇的计划，留在深山，隐姓埋名，跟老道学习武艺。5 年之后，她出山混入京城，与一李姓男儿结婚，以此作为藏身之处。一日深夜，吕四娘短装外出，正遇雍正帝深夜召幸宫女，吕四娘便化装成宫女准备服侍雍正帝。雍正帝在深夜灯下看美女，恰好选中吕四娘行乐，吕四娘在其欢乐后的未防备下，出其不意将其刺杀，从皇宫中提回一个血淋淋的人头，对丈夫称是从雍正帝脖颈上取下之物。丈夫对四娘的作为既敬佩又恐惧，遂陪同妻子当夜远遁而去。次日，圆明园内便传出了皇帝驾崩的消息。因为雍正帝的头已经被割下带走，尸首不全的遗体自然无法下葬，于是清廷便铸了一个金头安在雍正帝的遗体上，才将其葬入生前就建好的泰陵地宫中。这就是雍正帝金头之谜的来源，直到现在也有很多人坚信其真。

而有学者认为，吕留良之案中，吕氏一门男女老幼俱已严羁，不可能逃逸。就连吕留良父子坟墓，都加以监视，吕女更不可能逃脱，并指出当时办理此事的是浙江总督李卫。李卫以擅长缉捕盗贼著称，对于捉拿吕家钦犯，是不会出现失误的。何况他曾为吕家题过匾，而在吕家东窗事发后，雍正帝并没有责罚他。为了将功补过，李卫也应死心塌地为雍正帝办好这件差事的。何况皇宫大内，戒备森严，而且雍正帝更是怕被人刺杀。所以，吕四娘行刺雍正说，实属子虚乌有，绝不可信。

嘉庆帝朝服像

对于雍正帝之死，笔者不敢贸然评价，但要是说皇宫大内的戒备丝毫没有漏洞，也肯定不是如此。在清嘉庆朝，嘉庆帝就曾大白天在皇宫门口遇刺，这就是人所共知的陈德行刺事件。

嘉庆八年（1803 年）闰二月二十日，嘉庆帝刚从大高殿行礼回来，进入神武门，正要进御花园后门顺贞门之际，提前潜伏在神武门内西厢房后面的平民陈德突然窜出，持刀扑向嘉庆帝。西厢房距顺贞门约有 30 米远，当陈德冲到顺贞门时，嘉庆帝已进了顺贞门，他并未亲眼看到行刺的场面。当时在场担任警卫的侍卫、护军有 100 多人，被这突然出现的情况惊呆了，竟木然不动，只有定亲王绵恩等 6 人反应敏捷，迅速上前拦击，与陈德搏斗。陈德终因寡不敌众，力竭被擒。经数日刑讯后，被凌迟处死，其 15 岁的儿子陈禄儿也被杀害。如果陈德提前一两分钟行动，武艺再高强些，很可能会行刺成功。陈德是在贫困交加、走投无路的情况下铤而走险的。这件事情可以说明，有些人为了自己的目的，他们会想尽办法接近皇宫的。另外，还有一点值得关注的是，传闻在雍正帝死后，清朝帝王召幸妃嫔侍寝发生了很大的改变，不允许留后宫的女人在自己寝宫过夜，并形成了专门制度。

据说，原先清朝皇帝夜晚召幸妃嫔，随意性很大，没有固定的制度。后来则演变成皇上要想召妃嫔侍寝，定在每天晚餐之后，服侍的御前太监将写有妃嫔名字的绿头签放在一个银盘中，然后跪在地上高举银盘，听候皇上吩咐。如果皇上无意找妃嫔过夜，则只需简单地说一句“退下”；如果皇上看中哪位妃嫔，便会伸手将她的绿头签翻过来。御前太监退下后，把绿头签转交给当差听事的太监。他们的任务是先通知皇上选中的妃嫔，让她洗漱准备，然后用特制的羽衣将她赤裸的身子裹住，背到皇上的寝宫。皇上与妃嫔就寝后，太监要守候在寝宫的外面。若超过了既定的侍寝时间，太监就会在外面高呼“时间到了！”如果得不到皇上的回声，太监会再次高声呼叫。如此反复三遍，皇上必须回答，而且侍寝的妃嫔一定得送回原住所。

敬事房印及印文（清朝皇帝与后、妃等房事都归敬事房太监管理、记录）

如果清朝皇帝召幸妃嫔制度的变革真的是在雍正帝死之后，那么，雍正帝的死因还真的需要再次好好研究探讨了。

虽然雍正帝死了，雍正王朝也宣告结束了，但是他身上的谜团并没有随着人和朝代的消失而消失，而是被雍正帝带进了地下，埋进了清西陵的泰陵。

第一章

“天”降阴宅

真山真水仙境般的清西陵，是清王朝在关内营建的第二处规模宏大的皇家陵园，它的出现，历史记载是因为风、水、土俱佳的缘故。

一、故事在这里开始

1980 年 4 月 8 日，《北京晚报》突然登出了这样的一条消息：

> 雍正的泰陵在清理发掘之中，证实没有被盗，现在正在破土动工，金头之谜即将解开……

泰陵陵宫建筑群

这条消息很快在社会上传播开来，人们在兴奋之余盼望着长期以来困扰人们的“雍正帝金头之谜”得到彻底的澄清。雍正帝真的是被侠女吕四娘刺死并拿走了脑袋吗？人们急切关注着泰陵地宫开启的一切消息。

这则消息引起了中国社会科学院考古研究所所长、中国著名考古专家夏鼐先生的高度重视，他了解到泰陵地宫并未被盗的事实后，经过谨慎详细的思考，向国家文物局提出停止开启雍正帝泰陵地宫的建议。国家文物局对此非常重视，采纳了他的建议，立即向清西陵文物管理处发出了停止发掘泰陵地宫的紧急通知。

夏鼐，字作铭，浙江省温州市人，生于清宣统元年十二月二十七日（1910 年 2 月 7 日），1949 年后考古工作的主要指导者和组织者之一，其中 1956 年至 1958 年在北京市昌平县主持明代定陵的发掘。

1980 年 4 月 11 日，夏鼐先生亲临清西陵泰陵地宫发掘现场，仔细考察了发掘口后，确认了泰陵地宫未被盗掘，再次重申了停止发掘的上级指示。泰陵已挖开的昔日盗洞因此被堵上了，泰陵地宫中那种种的神秘再次被蒙上了往日的面纱，揭开“雍正帝金头之谜”的事情因夏鼐先生的出面干预与人们擦肩而过。

泰陵哑巴院内的琉璃影壁，此影壁下面为地宫入口

那么，清西陵为什么想要打开雍正帝的泰陵地宫呢？

原来，20 世纪 70 年代后期，中国在经过“文化大革命”一段时期的低潮后，精神文化的需求被推向一个新的高度。在同一时期，同样是国家重点文物保护单位的、位于北京之东的遵化县清东陵先后打开了乾隆陵、慈禧陵、香妃墓的地宫。这些清代人物的地宫的清理和开放，不仅解决了历史遗留的许多疑案，更重要的是当时在一定程度上满足了人们对精神文化的需求，旅游事业因此而迅猛发展，并促进了经济和物质文化产业的连带发展。因此，守护着具有同样巨大文物价值和旅游潜力的易县清西陵也不甘寂寞，经过仔细勘察、详细论证后，他们提出了开启清理雍正帝泰陵地宫的大胆而又实际的方案，这不能不说是当时的正确抉择。因为在清西陵文物管理处成立前，人们就在泰陵的哑巴院内琉璃影壁下发现有一个盗口，洞内填满烂砖碎瓦和垃圾，而且当地人普遍认为该陵已经被盗匪盗掘过了，既然明十三陵和清东陵都已经有开启皇陵地宫的先例和成功经验，提出清理被盗掘过的泰陵地宫，国家文物局很可能批准。

雍正帝这个历史人物，是清朝皇帝中争议最多的一位。历史记载，雍正帝在其 13 年的皇帝生涯中，以强硬残酷的政治手腕惩治官

泰陵哑巴院内琉璃影壁下的神路，试图打开地宫时，此处曾被挖开

场腐败，大胆改革，推行新政，创立秘密立储制度，切实有效地扭转了康熙朝末年官场腐败、政治荒废的局面。而在民间，则是过多地流传雍正帝改诏篡位、弑父逼母、杀兄屠弟及他远离祖陵建陵和有无头颅之谜等一系列传说故事，所有这一切都留给了人们太多遐想的空间和创作的思维。

在现在的人们看来，也许所有雍正帝之谜都能在雍正帝的陵寝中找到答案或者有相关的蛛丝马迹。即使站在历史研究和陵寝保护角度上，雍正帝陵墓地宫都有打开的必要。在精神和物质文明高速发展的今天，人们和历史研究者都将期待的目光瞄向了清西陵。

事实上，清西陵文物管理处果然不负众望，及时明确地向国家提出了这一要求，国家文物局为了满足人们日益增长的文化需求，欣然同意了清西陵开启泰陵地宫的申请。

1980 年 4 月 8 日，清西陵文物管理处为了顺利开启雍正帝的泰陵地宫，事前做了精心、详细、周密的开启计划和准备。河北省文物局文物处的主要领导、专家，保定地区和易县文化局的相关领导都到现场坐镇指挥。负责这次开启泰陵地宫任务的则是当地驻军 58001 部队的部分官兵，因为军队官兵不仅身体强壮，而且纪律严明。为了防

泰陵哑巴院内的四根水泥梁柱和一块水泥板，是当年为开启地宫而准备

止琉璃影壁坍塌，还提前浇筑了四根水泥梁柱和一块水泥板。于是，“雍正皇帝的地宫要开启了”的消息很快传遍了京津地区，许多新闻媒体纷纷赶到易县的清西陵，清西陵一时成了人们议论和新闻媒体关注的焦点。

二、风景如画的陵园

清西陵位于河北省易县梁格庄西，是清朝帝王选中的另一处山川秀丽、景色优美的风水宝地。

雄峻的永宁山层峦飞翠、叠嶂腾辉，犹如一道天然的围屏矗立于陵区北面，成为西陵之祖山。陵区西侧是太行山东麓，著名的西陵八景之一的云濛山层峦叠嶂、蜿蜒起伏。东面的金龙峪等山峦盘旋远去。元宝山作为泰陵的朝山，端峙陵园之南。元宝山的东西两翼是东华盖山和西华盖山，巍峨耸峙，成为陵区之南的屏障。在大红门两旁又有九龙山和九凤山东西对峙，如天然门阙，其间形成了一个天然的陵口。西面的拒马河奔腾咆哮、波涛汹涌，南面的易水河清波粼粼、

永宁山

潺潺流淌。整个陵园群山拱卫，众水环流。陵园之内“纷郁丽九光之霞，郁葱翠万年之秀”，就像一幅绚丽多彩的风景画展现在眼前，数以万计的苍松古柏形成了一望无垠的翠海，遮天蔽日，松涛阵阵。在万顷绿涛碧海之中，红墙、黄瓦、拱桥、石雕镶嵌其间，飞金耀日、富丽堂皇、博大精深、气象万千。而在陵区之外，另有荆关紫气、云濛叠翠、拒马奔腾、峨眉晚钟、奇峰夕照、福山捧日、华盖烟岚、易水寒流等八大美景尽收眼底。在“万年龙虎抱，日夜鬼神朝”的皇家陵园，风景如此美妙，令人震撼，令人向往。

清西陵是在我国古代风水理论指导下，将建筑的人文美与山川形胜的自然美高度有机结合的又一杰出典范。对此，清朝的官书有详尽的描述。其中，《清朝文献通考》上记载：

> 世宗宪皇帝陵曰“泰陵”，孝敬宪皇后合葬，敦肃皇贵妃从葬，在易州西三十里永宁山，本名“太平峪”。山势自太行来，巍峨耸拔，脉秀力丰。峻岭崇山远拱于外；灵岩翠岫环卫其间。前则白涧河旋绕，而清、漋、沙、滋诸水汇之；后则拒马河潆流，而胡良、琉璃、大峪诸水汇之。信天设之吉地也。

泰陵朝山——元宝山

清西陵前的北易水河

清西陵地势全图

《续文献通考》上也有如下的记载：

> 秀若拱璧，簇若云屯。考其潆洄，延袤千里计，所汇纳襟带百川。崇寝殿之駊騀，信天造之吉壤也。

在雍正、乾隆两朝担任过多年直隶总督的李卫对永宁山的山水形胜也有如下精彩描述：

> 龙蟠凤翥、源远流长、左右回环、前后拱卫，诚如金城玉笋。蜀日记称易州一带山势峭拔、如花如火，龙虎森严，灵气所钟，甲于寰宇。皆实录也。

真山真水仙境般的宝地，自然会招来“金凤凰”。

永宁山，这片沉睡在山水间的奇迹，曾经安静地藏在大自然赋予它的大好年华里，春花秋月，年复一年。忽然间，一群俗称“风水先生”的人来到这里观光浏览，于是，大清帝国的又一座皇家陵墓群——清西陵在这片山水之间诞生了。

三、从东陵到西陵

“人固有一死，或重于泰山，或轻于鸿毛。”立德、立功、立言于世者，虽身死形骸化，其精神和英名也可千古不朽。

历代帝王，以“天子”之尊，比仁于山、比德于水，葬诸山川形胜之地，以生生不息、永恒不朽。崇高伟大的山川自然激发和寄托着后世人们对自己的缅怀和敬仰，故有“圣天子孝先天下，首重山陵”之说。在封建帝王的思想中，陵寝是至高无上、神圣不可侵犯的重地。

雍正帝继位不久，派大臣带领风水人员开始选择自己的万年吉地，先后在河北遵化州（即现在的遵化市）境内昌瑞山下的孝陵、景陵附近相度吉壤。经过反复相度，最终相中了遵化州境内的九凤朝阳山，很快就确定为万年吉地，运去了大量的建筑材料。就在即将动工之际，有位精于堪舆之术的大臣对雍正帝说，九凤朝阳山吉地“规模虽大而形局未全，穴中之土又带砂石，实不可用”。这在古代风水中可是一大忌。

按照风水理论，选址建宅要仔细相度其龙、穴、砂、水、明堂、远朝、近案、后靠、两翼等各个环节，要尽善尽美。因为古代风水理论认为，人之居处宜以大地山河为主，其来脉气势最大，关系人的祸福最为切要。然而，并不是说处在市井之中就没有风水可言。屋宇、墙垣、道路等虽属人为环境，也具有自然生态系统中的龙、穴、砂、水、明堂、近案及生气等环境要素，也需要综合考虑。就住宅来说，风水中就有这样的歌诀：“一层街衢为一层水，一层墙屋为一层砂，门前街道即是明堂，对面屋宇即为案山。”所以，辨别有无风水还需仔细相度四周建筑环境。正所谓，“万瓦鳞鳞市井中，高层连脊是真龙。虽曰汉龙天上至，还须滴水界真宗。”在这一理论下，风水学说自觉不自觉地兼收并蓄了水文、地质、土壤、气候、环境、哲学、美学等的科学成分，在古代充当规划设计者的风水师们也有意无意地恪守着这些原则和宗旨。

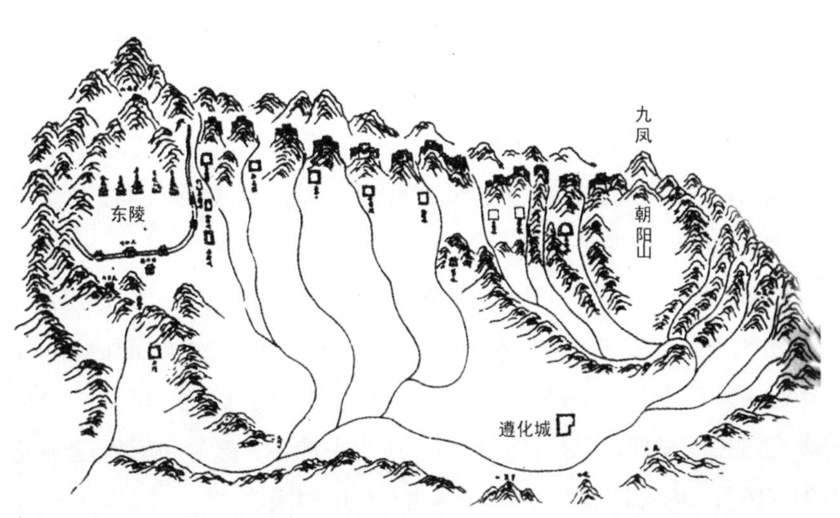

九凤朝阳山吉地与东陵位置图（清·样式雷绘）

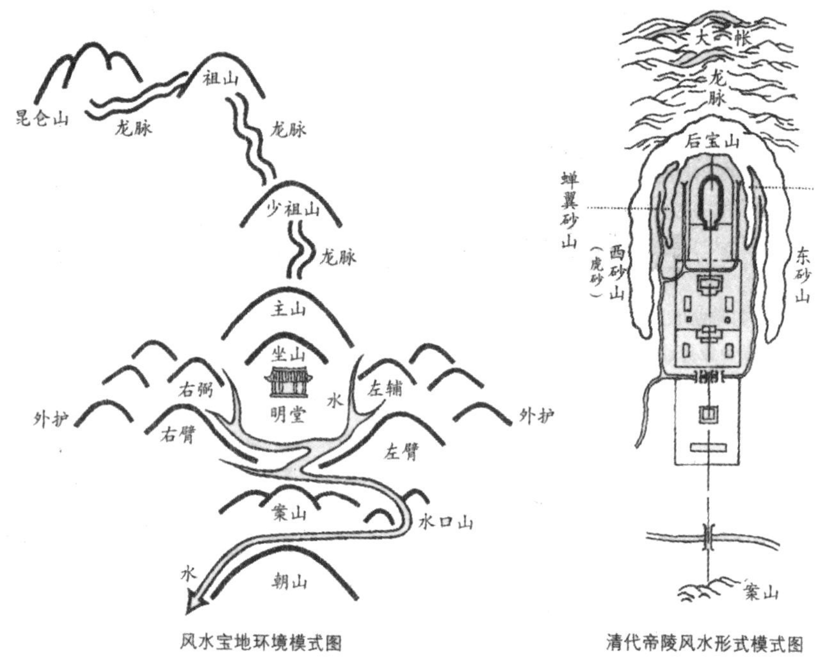

清朝帝陵风水模式图

在今天看来，风水是人间天才的一种偶然发现。然而只有了解中国古老文化的人才真正知道，风水是古代中国人对人与自然关系的一种特殊的理解，这种理解实际上就是现在人们常说的“天人合一”。人是自然的一部分，人依赖于自然，而不能改变自然，要适应自然，达到与自然的协调融合。天地间有普遍的规律，人道即天道，人要适应大自然的这种规律。

常言说，“人争一口气，佛争一炷香。”这里说的“气”，包含生存之气、宇宙之气。人生活在地球上，存在于宇宙之间，而地球、宇宙之中则包含着地球的生气、宇宙间的风气。两气是生命与宇宙之间存在过程的发现信息，被强化者，风水中称为“吉”，被消弱者则定为“凶”，也因此而产生生命个体生与死的界限。

《礼记·祭义》中记载：“众生必死，死必归土，此谓之鬼。骨肉毙于下，阴为野土。”中国传统文化很大一部分是儒家文化，儒家思想以忠、孝为主旨，“生养死葬”是尽孝的一个最基本的标准。儒家本着“事死如生”“事亡如存”的观念，开创了我国丧葬礼制的先河。因此，选好阴宅对于人们生前死后都十分重要。人的生存时间是短暂的，而死后的世界却是漫长的，所以人们认为阴宅比阳宅更为重要。因此，历代堪舆家均以相度阴宅为“先务之急”。孔子曾说：“卜其宅兆而安厝之，则神灵安，而子孙盛也。”

雍正帝作为一代帝王，对自己的万年吉地的要求十分严苛，不可能容忍自己的万年吉地有一丝的瑕疵，因此毅然放弃了九凤朝阳山，派大臣在京畿一带再行相度。在为雍正帝相度陵址一事上，主要人物是怡亲王允祥和精通风水的福建总督高其倬。

雍正帝观书像

为了找到上吉之地，他们披星戴月、顶风冒雪、不辞辛苦、殚精竭虑，为陵寝的选址做出了重要贡献，受到了雍正帝的高度称赞。允祥、高其倬在京畿一带往来踏勘，选看了许多吉地。他们曾经在东北的盛京（沈阳）一带找出了11处备选吉地。但最后经过认真筛选，一致认为易州泰宁山下的太平峪最为理想。于是绘图帖说，将太平峪这个地方上奏给皇帝。他们在奏折中说：

> 相度得易州境内泰宁山太平峪万年吉地，实乾坤聚秀之区、阴阳和会之所，龙穴砂水无美不收，形势理气诸吉咸备。

雍正帝阅看了相度大臣的奏疏和风水说帖、图纸，对太平峪这个地方非常满意，但城府颇深、虑事周详的雍正帝没有立即表态。他担心如果自己的陵寝建在易县的太平峪，远离遵化祖陵，另辟陵区，有可能违背古礼，背上不孝之名。因此，雍正帝将这个难题抛了出去，让大臣们查找历史上有没有远离祖陵、另辟陵区的先例。对此，他是这么说的：

> 朕之本意，原欲于孝陵、景陵之旁卜择将来吉地，而堪舆之人俱以为无可营建之处，后经选择九凤朝阳山吉壤具奏。朕意此地近依孝陵、景陵，与朕初意相合。及精通堪舆之臣工再加相度，以为规模虽大，而形局未全；穴中之土，又带砂石。实不可用。
>
> 今据怡亲王、总督高其倬等奏称，相度得易州境内泰宁山太平峪万年吉地，实乾坤聚秀之区，为阴阳和会之所。龙穴砂水，无美不收；形势理气，诸吉咸备等语。朕览所奏，其言山脉水法，条理分明，洵为上吉之壤。但于孝陵、景陵相去数百里，朕心不忍，且与古帝王规制典礼有无未合之处，著大学士、九卿详悉会议具奏。

遵照雍正帝的谕旨，内阁、六部及都察院等衙门立刻行动起来。大臣们经过认真查阅史书，找出了许多这方面的实例，按照《帝王世

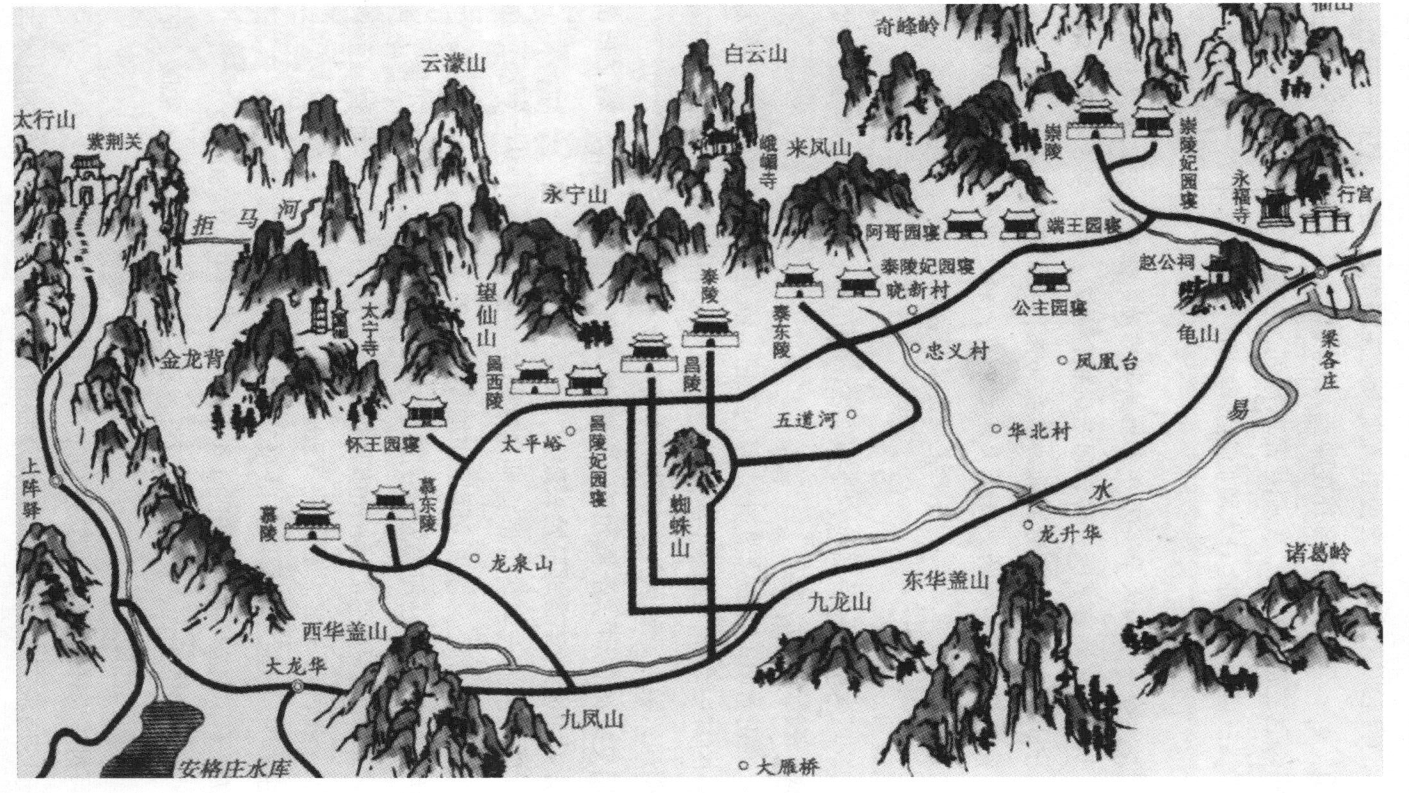
太行山
紫荆关
拒马河
云濛山
金龙背
太宁寺
望仙山
昌西陵
怀王园寝
太平峪
昌陵妃园寝
上阵驿
慕东陵
慕陵
龙泉山
西华盖山
大龙华
九凤山
安格庄水库
永宁山
白云山
峨嵋寺
来凤山
泰陵
昌陵
蜘蛛山
泰东陵
五道河
九龙山
东华盖山
大雁桥
奇峰岭
阿哥园寝
端王园寝
泰陵妃园寝
晓新村
公主园寝
忠义村
凤凰台
华北村
崇陵
崇陵妃园寝
永福寺
行宫
赵公祠
龟山
梁各庄
易
水
龙升华
诸葛岭

清西陵平面示意图

纪》《通志》《通考》所载，“历代帝王营建之地，如夏禹在浙江之会稽，而自启以下在山西之夏县，少康又在河南之太康，其间相去奚止千里？……至若汉唐诸帝并在陕西，然汉高帝、文帝、景帝、武帝分建于今之三原、礼泉、乾州、蒲城等处，其间相去，远者四五百里，近者二三百里。”因此，大臣们上奏雍正帝说：

> 今泰宁山太平峪万年吉地虽与孝陵、景陵相去数百里，然易州及遵化皆与京师密迩，同居畿辅，并列神州，实未为远。又泰宁山雄高群巘，抽脉自管涔恒岳而来，襟带百川，分水以拒马滹沱为界。相其形局，既属大地之凝庥；稽之典章，又合三代而同揆。伏乞钦派大臣，遵照定制，敬谨办理。

经过大臣们引经据典、详细陈述，雍正帝心满意足地解除了思想顾虑，表示“朕心始安”。

雍正七年（1729年）十二月初二日，雍正帝正式决定太平峪作为自己的万年吉地。随即任命内大臣常明、尚书海望和查克丹、侍郎留保和德尔敏为承修大臣，郎中苏尔泰、罗丹苏、住安图等人为监督，以后又续派侍讲学士塞尔敦、朝阳等人加入其中。雍正八年（1730年），太平峪万年吉地开始兴建。

雍正帝的太平峪万年吉地是清西陵首建的陵寝，之后又陆续建了其他的皇帝陵。清西陵陵区占地面积达83平方公里，是清王朝在关内开辟的第二处规模宏大的皇家陵园。从雍正八年（1730年）到民国三年（1914年）光绪帝的崇陵建成，历时185年，建有皇帝陵4座、皇后陵3座、妃园寝3座、亲王园寝2座、阿哥园寝1座、公主园寝1座，葬入4位皇帝、9位皇后、57位妃嫔、2位亲王、4位皇子、1位阿哥及阿哥的1个儿子、2位公主，共80人。

清西陵的出现，使得清朝帝王陵墓达到了五处：永陵、福陵、昭陵、东陵和西陵。

对于为什么有了东陵又出现西陵，目前有三种说法。

1. 追求完美风水。即上文所提的，因东陵附近无上好的风水吉地。目前，这种说法为大多数人所认可。

2. 怕报复说。传说雍正帝害死了康熙帝而非法继承了皇位，并对自己的政敌大打出手，包括亲兄弟也不放过。死后怕皇父报复，故此将陵寝建在远离皇父景陵 400 多里的太平峪。

3. 保卫北京说。这是近几年来的一种新说法。说西陵的位置处于易县西部紫荆关附近，而紫荆关是进入北京的重要关口，因此屯兵紫荆关这个兵家必争之地特别重要，而在此建立皇陵，则突出此地的重要性。雍正帝在易县建陵是为了政治考虑而做出的超常之举，意义重大。

对于第三种说法，笔者实在不敢苟同。首先，皇陵的重要性不亚于京城，用自己或者祖宗坟地来保护活人的城市，如果那样的话，北京城四周都应该建上大清国的皇陵，用坟地包围北京、保卫北京。众所周知，在中国，祖坟需要一个风水好且安宁的地方，自己祖坟假如被人破坏，那会被认为是奇耻大辱，是要遭到天大的报应的，是会断子绝孙的。雍正帝对此岂能不知？其次，再来看看西陵出现后，易县并没有因此而驻扎过多的兵丁，反倒因西陵的出现增添了很多地方的负担。所以对于雍正帝建西陵是为了保护北京之说，笔者觉得好笑，更感到气愤，一些无聊的人居然想到“雍正帝用坟地来保卫北京”之说。

事实上，雍正帝另辟陵园、创建西陵，真的是因为东陵没有好的风水吉地吗？不妨看一看乾隆帝在确定东陵、西陵昭穆制度时说过的一段话：

> 但堪舆术士每多立异邀功之习，所言最不可信。即如朕选择万年吉地时，定于东陵界内之胜水峪，而进爱又欲改卜，经朕查出，即将进爱治罪示惩。万世子孙皆当以此为法，庶不为形家之言所惑。

乾隆帝的意思是说，风水先生的话最不可相信，当初我已将万年吉地选定在胜水峪，却有人提出要改选吉地，我没有听，将这个人治罪了。我的后代人都要以此为戒，不要相信风水先生的言语。事实上，乾隆帝的裕陵风水也有欠缺，存在“左边贴身界气之砂稍低，须用人力培补”的不足，而乾隆帝则通过人工培堆的方法给予了弥补。

乾清宫

养心殿前院

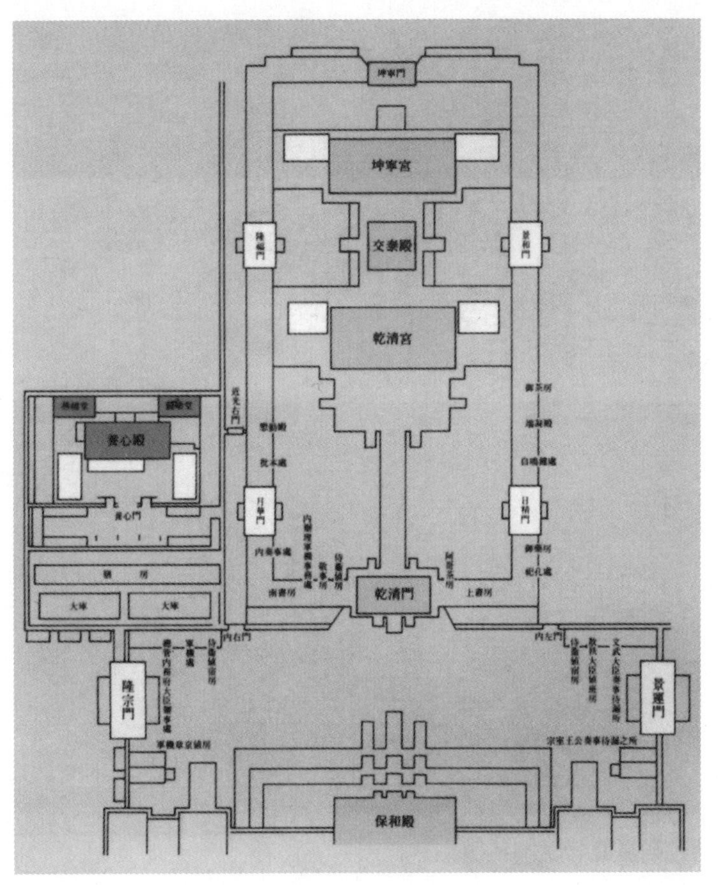

乾清宫与养心殿位置示意图

也许有人会说，雍正帝之所以不葬在东陵而另建西陵，是因为迷信鬼神之说怕报应。雍正帝本人深信“天人感应、阴阳祸福”之说，因他弑父继位，所以离开畅春园而居住在圆明园，不在康熙帝生前居住的乾清宫居住而搬到了养心殿，并且在执政的 13 年中，康熙帝喜欢居住的避暑山庄，雍正帝一次也没去过。清东陵的帝、后、妃陵寝都是建在风水墙内，而雍正帝初选定的九凤朝阳山吉地，其地理位置是在东陵风水墙外东北 60 余里的地方。对此，民间和清史专家又各有说法，由此看来，清西陵出现的真相，还有必要从康熙大帝之死说起了。

第二章

黑色的历史旋涡

雍正帝是否合法继位，一直以来是人们争论最多的一个历史话题，因为不仅仅他继位疑点颇多，就连他的父亲康熙帝的死因也不明不白，还有他上台后大肆处置兄弟和宠臣的手段也是匪夷所思。历史上发生的这些事情在今日看来依然是迷雾重重，想要理清这错综复杂的问题，我们还需回到烛影摇曳的那天晚上。

一、康熙帝突然死亡

公元 1722 年 12 月 20 日夜，即康熙六十一年十一月十三日戌时，中国历史上卓有成就的一代君主、开创大清盛世的康熙帝在北京畅春园清溪书屋驾崩，享年 69 岁，死后被安葬在北京以东遵化的马兰峪境内的景陵。因他生前“经文纬武，寰宇一统，虽曰守成，实为开创”，所以庙号“圣祖”，庙谥“仁”，称为“圣祖仁皇帝”。

康熙帝半身像

然而，就是这样一位被后人称为“千古一帝”“康熙大帝”的明主，却是在悲苦中或者说是在无奈中离开了人世。他的死在历史上成为一个千古之谜，也引起了雍正帝继位是否合法的多种猜测。

老年康熙帝像

由于清初没有立皇储的制度，大多的宫廷制度是仿照明朝，康熙帝玄烨之所以能当上皇帝，很大程度上是因为他出过天花，有了免疫力，最终在孝庄文皇后和外国传教士汤若望的极力支持下才得以继位。康熙帝虽然雄才大略，但在立储一事上却是失败的。他仿照明制确定了皇太子，但却在此问题上犹豫不定、反复多变。他两立两废皇太子的做法，不仅大伤了自己的元气，减损寿命，还使自己的骨肉自相残杀。因为康熙帝长寿，后妃众多，所以生育子女也多。康熙帝有 35 个儿子、20 个女儿，成年且受册封的皇子就有 20 人，而其中年龄较大者有 12 人。每个人都想当皇帝，而每个人还都有当皇帝的可能。康熙帝一天比一天年老，却仍牢牢地占据着皇帝之位，这对于已被立为皇太子达 30 多年的皇二子允礽来说，已经到了忍无可忍的地步。而康熙帝却总也不死，虎视眈眈窥视皇位的皇子的表情被十分警惕的康熙帝有所发觉。因此，康熙帝在废皇太子后曾说过："朕未卜今日被鸩，明日遇害，昼夜戒慎不宁。"康熙帝感到他的生命因皇位继承问题而受到威胁，因此特别悲观地说："日后我死后，将我（指遗体）放在乾清宫内，你们（指儿子）都别管我（指遗体），相互争斗抢夺皇位吧！"

雍正帝"戒急用忍"挂屏

在康熙帝众多的皇子中，为谋皇位，皇四子胤禛智谋深远、不露声色、处处小心，可谓棋高一着。康熙四十一年（1702年），胤禛恳求康熙帝不要将在谕旨中批评他的“喜怒不定”四个字载入档册。在笔者看来，这无非就是雍正帝怕这四个字影响他的前途和声誉。雍正帝继位后，曾做一个“戒急用忍”挂屏作为座右铭，原因就是康熙帝深知胤禛有两个缺点：喜怒不定和遇事急躁。“知子莫若父”，作为一代明主，康熙帝更是深刻了解自己的每一个儿子的脾气秉性。

康雍时期萧奭的《永宪录》记载，十一月初七日，康熙帝由南苑回到畅春园，次日有病，传旨：“偶患风寒，本日即透汗，自初十至十五静养斋戒，一应奏章，不必启奏。”十三日戌时死于畅春园。《皇清通志纲要》记载则更是简单：“十一月初十日，上幸南苑，不豫，回畅春园。十三日甲午戌刻，上升遐。”

康熙帝的死因，目前主要有两种说法：病死、被害死。

（一）康熙帝病死说

有人这样评价康熙帝的死：年老体衰、晚年悲苦、积劳成疾，并总结他不高寿的三个理由：遗传基因、心身忧劳、后妃太多。对此观点，笔者并不赞同。

首先，难道因为康熙帝的祖父和父亲不高寿他就不能超过69岁吗？如果这是基因在起作用的话，那雍正帝寿命不长，可他的儿子乾隆帝却在清朝皇帝中是最高寿的，这怎么解释呢？其次，“心身忧劳”也能成为寿命不超过69岁理由的话，那乾隆帝89岁还操劳国事呢，这又怎么解释呢？如果说康熙帝后妃多也是不高寿的理由，那么乾隆帝后妃也多，怎么就高寿呢？同治帝后妃少，怎么就短命呢？

所以说，康熙帝病死不是没有可能，并且不排除劳累生病，但是要说他不高寿而死是因为这三个理由，似乎有点牵强附会，那是一家之言。

（二）康熙帝被害死说

据《圣祖仁皇帝实录》《世宗宪皇帝实录》《大义觉迷录》等记载，康熙帝在临终前（十三日）寅时，宣召皇三子允祉、皇七子允祐、皇八子允禩、皇九子允禟、皇十子允䄉、皇十二子允祹、皇十三子允祥等七位皇子和理藩院尚书兼步军统领隆科多进宫，这里面没有皇四子胤禛，故胤禛并没有听到康熙帝亲口宣布他为继承人。所谓的"遗诏"是隆科多单独向胤禛宣读的。有人说当时宣读的是口谕，也有人说口谕是满文，并且最重要的继位凭证《康熙帝遗诏》是在康熙帝死后四天才公布的。另外值得疑惑的是，皇四子胤禛那天在十个小时内三次进宫给康熙帝问安，康熙帝为什么不趁着清醒的时候就宣布胤禛为新皇帝呢？康熙帝死时，身边除了胤禛之外没有任何其他的大臣、皇子、后妃；在胤禛为死后的康熙帝更换内衣时，也只是他一人在现场；而将遗体移往紫禁城时，还是只有胤禛一人在现场。这一切都无不令人怀疑：一向以精明老练著称的胤禛，在十三日那天，居然对于那天发生的所有事情一无所知，并且不闻不问，处于任人摆布的状态，何也？康熙帝死后北京为什么关闭六天城门、禁止出入呢？

据《世宗宪皇帝实录》记载，《康熙帝遗诏》是十一月十三日宣读的，但那天宣读的只是满文，没有汉文遗诏，为何？康熙帝平时对儿子习惯用语直呼其名或者"某阿哥"，或按爵位称呼"某亲王""某贝勒"。没有发现在康熙朝满文奏折里面写过"皇某子"。为什么这次在遗诏中却出现了"皇四子胤禛"这种说法呢？康熙帝死后，胤禛解释他不住在康熙帝生前居住的乾清宫而改居养心殿说法可信吗？雍正帝在位期间为什么不到康熙帝最喜爱的避暑山庄避暑？雍正帝死后为什么不葬在清东陵而葬在清西陵？雍正帝生前大肆宣讲的并亲笔为自己辩解的《大义觉迷录》，为什么在其死后却被乾隆帝作为禁书而销毁？

康熙帝的孙子、皇八子允禩长子弘旺所编《皇清通志纲要》和康雍时期萧奭的《永宪录》，是记载有康熙帝去世情况的两本私人著作。令人奇怪的是，在这两本书中，都没有记载上文中所说的康熙帝临终前召见七位皇子和下达传位遗诏这件事。

康熙帝遗诏（中国第一历史档案馆藏）

又如，“八人同受遗诏”是出自雍正帝本人之口，然八人中，允禩、允禟已经不明不白地死去；隆科多已经被禁锢而亡；允䄉正在禁锢中；允祉、允祹，一个被革亲王，一个被革郡王；允祐明哲保身，唯求苟活；允祥又是雍正帝的心腹。没有一个人可能出来对证雍正帝所说之话是真是假。

以上所列种种迹象表明，雍正帝不是正常或者干脆说不是合法继位的皇帝。有人说那《康熙帝遗诏》又怎么解释？或者说怎么会在台北和北京各有一份遗诏？

在北京的中国第一历史档案馆里，的确保存着一份《康熙帝遗诏》，诏书中用满文和汉文两种文字书写，汉文 1104 个字，其中写道：“……皇四子胤禛，人品贵重，深肖朕躬，必能克承大统。著继朕登基，即皇帝位。……”然而满文却在最关键的地方断档、缺损，并没有指定皇四子胤禛继位的记载。而珍藏在台北历史语言研究所的另一份满汉合璧的《康熙帝遗诏》，则满文内容仅有 11 个字“熙六十一年十一月十三日”。汉字内容也是 1104 个字，与中国第一历史

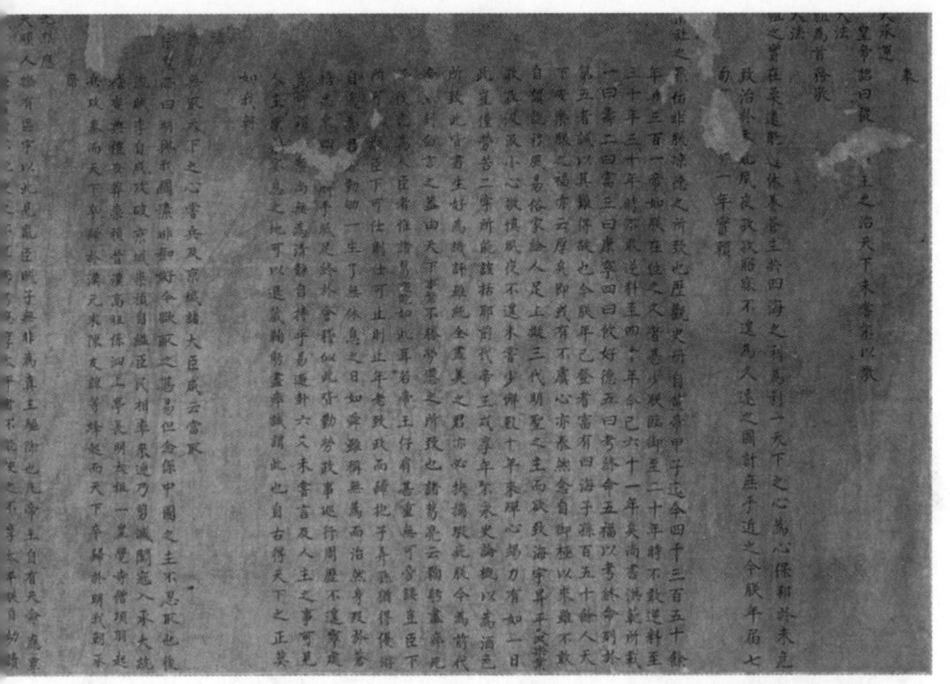

档案馆的珍藏相同，只是每行字数多少有些差异。

金恒源先生经过仔细研究后认为，北京的《康熙帝遗诏》与台北的《康熙帝遗诏》是一式两份原始的遗诏，只不过台北的是两份遗诏中先写的一份。因为其中汉文遗诏文本部分两次盖有“皇帝之宝”大印，且特别郑重、醒目，文字也十分规范、整洁、工整，毫无涂改、污迹。而北京的《康熙帝遗诏》则有四处明显涂改的地方，甚至有墨汁污点洒泼其上。从字体和字体排列格式看，明显是两个人书写的。这些区别似乎在暗示两份遗诏谁是正本和副本。由于台北的《康熙帝遗诏》满文部分基本没有一点有价值的内容，因此判断是遭受损坏最严重的。

金恒源先生通过研究后，为我们勾画了这两份《康熙帝遗诏》的来源。十三日康熙帝死后，胤禛立刻利用所谓的为康熙帝换寿衣的机会寻找到康熙帝留下的遗诏，将满文部分损毁，并严密控制畅春园。十六日宣读的是隆科多起草、书写的满文遗诏。二十日宣读汉文遗诏，用的是找到的遗诏，宣读的时候把损毁的满文部分卷了起来，

康熙帝遗诏（台北历史语言研究所藏）

只露出有日期部分。而第二份即现在北京的《康熙帝遗诏》，则是后来找到的，由于遗诏都已经宣读了，于是只是把满文部分修改，汉文部分就按照第一份遗诏抄写了一遍。至于为什么遗诏得以保存下来而没有被彻底销毁，金先生是这样认为的：胤禛虽然当上了皇帝，但是由于传闻很多，攻击和责难不断，为了证明自己是合法正统继位，就很有必要保留原始遗诏。即使这样解释，依然没能很好地解决遗诏留给人们的疑惑。还有，既然遗诏的满文部分是书撰的结果，汉文是后来填写上的，那么为什么不干脆重新写一份新的遗诏保存起来呢？

在此，笔者支持康熙帝被雍正帝害死之说，并且是被人参汤毒死。

内务府御医用人参药方

有专家考证，康熙帝因是北人，所以没有喝人参汤的习惯。但据历史档案记载，康熙帝不仅不反对服用人参，还对祖母孝庄文皇后进参，向十四阿哥允禵和很多大臣赐参。雍正帝也承认在康熙帝临终前给康熙帝进奉过人参汤。在这里需要说明的是，这里说的康熙帝被人参汤毒死，并不是说人参汤里面被人下了毒，而是因为处于激动、紧张、大悲大喜、大惊大恐状态下的病人，是不适合喝人参汤的。康熙帝也曾说过，若与症不合，虽人参本无毒，却中毒也难为人知。而胤禛在明知康熙帝病重的情况下，还进奉人参汤，其阴险狠毒显而易见。

有人认为康熙帝被害死、胤禛继承皇位不合法的说法，缺乏强有力的历史文字支持。笔者认为，除了打开景陵地宫化验康熙帝遗骨之外，现存的历史文字档案也能透露出一些能够证明康熙帝被害死的蛛丝马迹。因为雍正帝亲笔撰写的《大义觉迷录》这本书已经隐含地透露出了很多宫廷秘密，乾隆帝对此也有体察，故此在他上台之后就下令回收并销毁此书。

二、皇帝与囚徒的辩论

社会上的一些流言和一桩惨绝人寰的文字案纠缠在一起后，在雍正帝的直接干涉下，演变成一场皇帝与囚徒之间的大辩论。很明显，在强者皇权的高压下，这场辩论的最终结果不难预测。但是在这场史无前例的吵闹中，皇帝的如意算盘还是落空了，反倒牵扯出很多宫廷内幕来。

在康熙朝后期激烈的皇位争夺中，皇四子胤禛最终出乎人们意料地脱颖而出，继承了皇位。以前一直默默无闻或者说才貌都不显山露水的雍亲王能当上皇帝，这无论是在帝梦成空的皇位竞争者眼里还是在普通百姓心中，绝对是一件原本不可能发生的事情。但就是这样一个小概率事件的发生，除了引发了政敌的心生不满，还引来了人们种种的质疑和揣测，康熙帝还没有来得及公布皇储，就突然离世。人们对《康熙帝遗诏》本来就有质疑，而雍正朝官书中关于雍正帝本人对于皇位的继承说明，是既不详且言语矛盾。康熙帝的骤死、雍正帝同母之弟被软禁、雍正帝生母突然死去，以及其他皇子遭到严厉打击惩罚和雍正帝昔日的左膀右臂大臣相继被肃清，这一切不仅加深了对雍正帝继位合法性的质疑，也再次引发了人们对康熙帝死亡的猜测。俗话说，谎言说一百遍，就成真理了。那么，面对那些神神秘秘流传在社会上、在紫禁城里面的谣言，虽然雍正帝总是以身正不怕影子斜来安慰自己，但时间久了，雍正帝终于也按捺不住了。于是，雍正帝在多年之后找到一次机会，公开为自己辩解，《大义觉迷录》一书就这样出版并广泛在大清帝国版图范围内发行，并巡回讲授。

泥塑彩绘雍正帝像，原与雍正帝画像一起陈放在敬奉清朝祖先画像的寿皇殿内，估计是雍正帝做皇子时的写实像，也是清朝帝王唯一清宫所藏帝王塑像

《大义觉迷录》书影

《大义觉迷录》是雍正七年（1729 年）因为一场吕留良文字狱并出于政治宣传目的出版的，因此保存了当时许多珍贵的历史资料。该书里面收录了有关上谕 10 道、审讯词和曾静口供 47 篇、张熙等口供 2 篇，后附曾静《归仁说》1 篇。此书不仅保存了曾静、吕留良和严鸿逵大量激烈的反清言论，还部分揭示出康熙朝诸皇子争夺王位、雍正帝得位及其后的相应措施等具体细节。但书中所收材料都是有选择性的，比如所收上谕有一部分见于《世宗宪皇帝实录》，但其中涉及皇位继承问题的内容已被删去；审讯词、口供和《归仁说》则不见于他书。另外，曾静致岳钟琪书的部分内容见于雍正帝的有关上谕，全文始终没有公布。此书的发行在实际中并没有达到预期的效果，在客观中反倒传播了不利于清皇室的言论，所以，乾隆帝继位之后即下令禁毁。也正因此，康熙帝的死和雍正帝的继位，留给了人们更多的遐想猜测的空间。

《大义觉迷录》源于曾静的谋反案，以及其后在雍正帝的“出奇料理”下，以吕留良为对象酿成的一桩震惊全国的文字狱而成书的。所谓文字狱，就是因为写的文章、文字触犯了统治者而遭受的牢狱之灾。《汉语大词典》解释为“旧时谓统治者为迫害知识分子，故意从其著作中摘取字句，罗织成罪”；而《中国大百科全书》则定义为“明清时因文字犯禁或藉文字罗织罪名清除异己而设置的刑狱”。

岳钟琪像

雍正六年（1728年）九月二十六日，川陕总督岳钟琪在回府衙途中，一名自称张倬（原名张熙）的人投书，声言岳钟琪是南宋抗金名将岳飞后人，策划其兴兵谋反，称“为宋明复仇，恢复大汉河山”。书中谋反的内容大致有四方面。

1. 提出“华夷之分大于君臣之论”，认为满族是夷人，乃野兽，不配统治全国，否定清朝统治的合理性。

2. 具体列举了雍正帝犯有“谋父”“逼母”“弑兄”“屠弟”“贪财”“好杀”“酗酒”“淫色”“怀疑诛忠”“好谀任佞”等十大罪状，否认其继位的合法性。

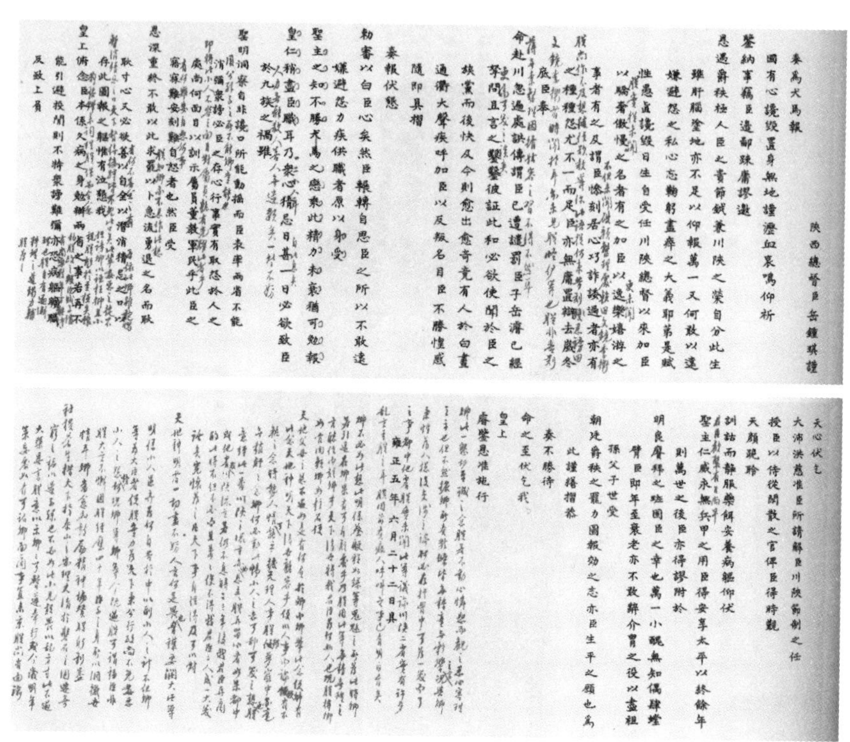

陝西總督臣岳鍾琪謹
奏為犬馬報
國有心讒毀置身無地謹瀝血哀鳴仰祈
鑒納事竊臣遭逢殊常謬邀
恩遇爵秩極人臣之貴節鉞兼川陝之榮自分此生
雖肝腦塗地亦不足以仰報萬一又何敢以違
嫌避怨之私心忘鞠躬盡瘁之大義耶第是賦
性愚直讒毀日生自受任川陝總督以來加臣
以驕奢傲慢之名者有之加臣以逸樂嬉游之
事者有之及謂臣慘刻居心巧詐誘通者亦有
之種種怨尤不一而足臣亦無庸置辯去歲冬
底臣奉
命赴川忽遇處訛傳謂臣已遭譴罰臣子岳濬已經
擎問且言之鑿鑿彼誣此和必欲使聞於臣之
族黨而後快及今則愈出愈奇竟有人於白晝
通衢大聲疾呼加臣以反叛名目臣不勝惶感
隨即具摺
奏報伏懇
勅審以白臣心矣然臣輾轉自思臣之所以不敢遠
嫌避怨力疾供職者原以身受
聖主之知不勝犬馬之戀乘此精力和衰猶可勉報
皇仁稍盡臣職耳乃衆心猜忌日甚一日必欲致臣
於九族之禍雖
聖明洞察自非讒口所能動搖而臣衷靡兩者不能
消彌衆謗必臣之存心行事實有取怨於人之
處尚何面目以訓示屬員董數軍民乎此臣之
寢寐難安刻難自恕者也然臣受
恩深重終不敢以此求罷以卜急流勇退之名而耿
耿寸心又必欲善以自全以潛消猜忌之口
存此圖報之軀惟有泣懇我
皇上俯念臣本係久病之身勉辦兩省之事若再不
能引避投閒則不特衆謗難弭亦恐病軀難賦
反致上負
天心伏乞
大沛洪慈准臣所請解臣川陝節制之任
授臣以侍從閒散之官俾臣得時覲
天顏聆
訓誥而靜服藥餌安養病軀仰伏
聖主仁威永無兵甲之用臣得安享太平以終餘年
則萬世之後臣亦得謬附於
明良賡拜之班固臣之幸也萬一小醜無知偶肆螳
臂臣即年至衰老亦不敢辭介胄之役以盡祖
孫父子世受
朝廷爵秩之寵力圖報效之志亦臣生平之願也為
此謹繕摺恭
奏不勝待
命之至伏乞我
皇上
睿鑒恩准施行
雍正五年六月二十二日具

岳钟琪为谗言自辩奏折

3. 认为雍正帝继位以来，天下寒暑易序、旱涝成灾、积尸遍野、民不聊生，老百姓已无法忍受，只要有人造反，定会一呼百应，一举推翻清朝的统治。

4. 指出岳钟琪是南宋抗金名将岳飞之后裔，虽任川陕总督，但雍正帝对其多有猜疑，要利用“握重兵，据要地”之条件“乘时反叛，为宋明复仇”。

显然，这是明目张胆地策动一位封疆大吏暴动反清的“大逆不道”之举，乃“十恶不赦”之大罪。对此，岳钟琪可吓坏了，因为他是汉人，之所以能坐在川陕总督这个只有八旗人才能充任的位子上，是因为年羹尧被拿下马之后，一方面雍正帝为了证明自己是任人唯贤的明君，另一方面也有考验汉人、拉拢汉族官员成为自己亲信的目的。对于岳钟琪担任川陕总督，本来朝中就有非议。而雍正帝本人还生性多疑，喜怒无常，他的政治生涯又是处在多议的浪潮中，岳钟琪深深知道这其中的厉害。于是，他当场将张熙拿下，严刑拷打，追问其幕后指使者。但张熙宁死不屈，视死如归，毫不畏惧。岳钟琪没有办法，只能使用欺诈的手法，好酒好肉招待张熙，引诱张熙说出实话，套出他的老师曾静（化名夏靓）是幕后主使的信息，至此，曾静也落入虎口。

为了表白自己的忠心，岳钟琪将曾静的书信和刑讯的口供上奏雍正帝，拟请将人犯押京审理。雍正帝即予硃批："此事在卿利害攸关，朕量卿不得已而然，但料理急些了，当缓缓设法诱之，何必当日追问即加刑讯。"雍正帝除了高兴之外还对岳钟琪表示，希望岳钟琪"多福多寿多男子"。得到夸奖的岳钟琪再次威逼利诱曾静，最终供出了吕留良等一干人犯来。

吕留良（1629—1683 年），又名光轮，一作光纶，字庄生，一字用晦，号晚村，别号耻翁、南阳布衣、吕医山人等，崇州崇德县（今浙江省桐乡市崇福镇）人，明末清初杰出的学者、诗文家、时文评论家、出版家。吕留良自幼聪慧过人，8 岁就能赋诗作文。15 岁时，明王朝覆亡，清廷即颁布剃发令，对汉族人民施行高压政策，激起汉族人民的强烈反抗，从此民族矛盾成为国内的主要矛盾。由于他有过激的反清思想，曾于康熙五年（1666 年）、康熙十七年（1678 年）、康熙十九年（1680 年）三次拒绝做大清国官员。为了避免麻烦，于是决意出家为僧，遁迹吴兴县妙山，筑风雨庵著书、讲学，所著诗词文章多有"谤议及于皇考"言论。主要著作有《吕晚村先生文集》《东庄吟稿》等。然而，令吕留良想不到的是，在他死后 49 年，受湖南儒生曾静反清一案牵连，在雍正十年（1733 年）被雍正帝钦定为"大逆"罪名，惨遭开棺戮尸枭示之刑，其子孙、亲戚、弟子广受株连，无一幸免，铸成了清朝历史上震惊全国的文字惨狱。

由于曾静反清案的发生，雍正帝深知自己在当时社会中给老百姓留下的形象不好，雍正帝为了证明其皇位继承及清朝统治的合理合法，于是决定亲自出马料理此事。他在给另一宠臣河南总督田文镜的奏折批示中写道："遇此种怪物，不得不有一番出奇料理，倾耳一听可也。"这说明雍正帝对此案已了然于胸，已经想出了利用对此案的处理形成一整套特殊的方法手段，即所谓"出奇料理"，并提醒臣民"倾耳一听"。

吕留良像

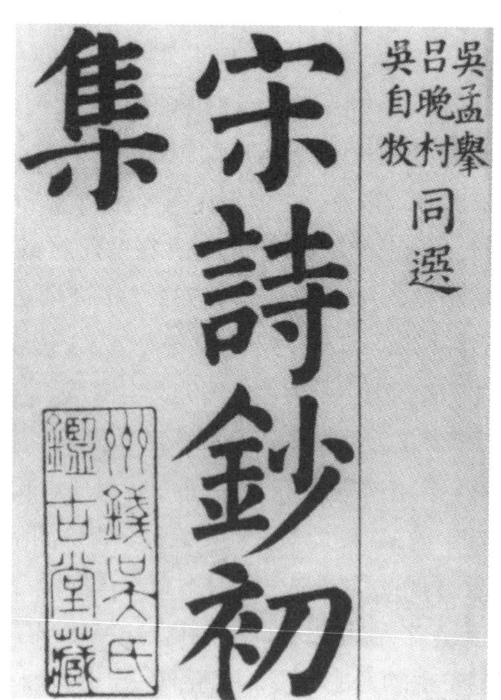

吳孟舉
吕晚村
吳自牧
同選

宋詩鈔初集

吕留良等选编的《宋诗钞初集》

雍正帝是怎么“出奇料理”的呢？

雍正帝亲自审问犯人曾静，利用软硬兼施的手段，使曾静俯首帖耳。一方面让曾静对雍正帝歌功颂德，极尽阿谀奉承之能事；一方面又把自己骂成禽兽不如，痛自悔恨，说什么“我皇上御极以来，德盛民化、风清弊绝，民间无丝毫烦扰”“圣德神功，上承列祖，尤无纤毫不惬于心”，而自己作为“弥天重犯为谣言蛊惑，遂戴天不知天之高、履地不知地之厚”，并自称“向为禽兽，今转人胎”。他还在雍正帝的教化唆使下写了《归仁说》，其中肉麻地吹捧雍正帝至孝纯仁，康熙帝传位于他兼得传子、传贤之意，还说雍正帝朝乾夕惕、勤政爱民，并表示：“此身若在，愿现身说法，化导愚顽。倘不能生，则留此一篇，或使凶顽之徒，亦可消其悖逆之念。”而后，雍正帝将自己就此案的有关谕旨及曾静的供词等编成《大义觉迷录》一书，并为此颁发谕旨，命将此书“通行颁布天下各府、州、县、远乡僻壤，俾读书士子及乡曲小民共知之，并令各贮一册于学宫之中，使将来后学新进之士，人人观览知悉”，而且还警告地方官员：“倘有未见此书，未闻朕旨者，经朕随时察出，定将该省学政及该县教官从重治罪。”这也透露出雍正帝想用自己的思想统一并强加给全国士民，甚至想延及后世。

另外，雍正帝还利用行政权力恩威并举。一方面对曾静“无罪释放”，并给一千两白银资助其生活，让其到各地演讲“事实真相”和“皇恩浩荡”；另一方面则对已经死去的吕留良毫不留情地严厉惩罚处置，将只是文字思想犯的吕留良“剖棺戮尸”，并广为株连，由此导演出一桩震惊全国的文字大狱。凡与吕留良有关的人员，其已故和在世的子孙，有交往的师友、学生及编刻吕氏著作或购买吕氏之书者，均受到查抄和搜捕，或杀或充军或变卖为奴，均遭到严厉处罚，留给后人一个既仁慈又残暴君主的形象。

雍正帝在《大义觉迷录》中所陈述的事情，或真或假，亦真亦假，真真假假，因为雍正帝既是普通人也是一代封建君主，这自然逃脱不了封建礼教和统治思想的束缚和局限。通过研究《大义觉迷录》，也可以看出，这时期的历史记载的矛盾和疑点颇多。

三、兔死狗烹的屠杀

春秋时期，吴、越两国之间经常发生战争。公元前 497 年，战事再起，最终吴国胜利，越王勾践被迫向吴国求降，委曲求全的越王只能带着王后去吴国给吴王夫差当奴仆。在大夫范蠡的帮助下，越王勾践终于骗得吴王夫差的信任，三年后被释放回国。辅助越王勾践奋发图强报仇雪恨的主要有两个人：范蠡和文种。范蠡劝勾践主动向吴王示好，以便争取时间发展生产、增强国力、提高军事力量；文种则劝越王勾践向吴王进贡美女，以迷惑其斗志。

勾践为了不忘国耻，激励自己的斗志，以图将来报仇雪恨。在生活上，他每天晚上睡在柴草上，坐卧的地方也悬着苦胆，每天吃饭之前都要先尝一口苦胆。他不仅关心百姓生活，还每天都与百姓一起劳作。在国家军事上，他暗中苦练精兵。在外交上，越王勾践不仅与吴国表面结交，以便使得吴国对越国放松警惕，并且派范蠡将国内花容月貌、具有沉鱼之美的女子西施献给了吴王。吴王果然中计，被西施迷住了，把她当作下凡的仙女，宠爱得不得了，因此逐渐放松了对勾践的监视。范蠡和文种还帮助勾践设计杀了吴国忠臣伍子胥。为了制造吴国社会动荡，他们送给吴国浸泡过、不能发芽的种子，害得吴国当年颗粒无收，到处闹饥荒，国内人心大乱，最后吴国被越国打败。

越国能够灭掉吴国，范蠡和文种是最大的功臣。勾践在灭掉吴国后，便拜范蠡为上将军，文种为国相。但是范蠡不仅不接受封赏，还执意要离国远去。他不顾勾践的再三挽留，离开越国，隐居齐国。范蠡离开后，还惦记着好友文种的安危，于是派人悄悄送了一封信给文种，在信上告诉他：你也赶快离开吧，我们的任务已经完成了，勾践心胸狭窄，只可与他共患难，不能同他共富贵，你要记住“飞鸟尽，良弓藏；狡兔死，走狗烹”。但是，文种不相信越王会加害自己：“我立下这么大的功劳，正是该享受的时候，怎么能就这样离开呢？”果然，文种当国相不久，勾践就给他送来当年夫差令伍子胥自杀时用的那把剑，令文种自杀。

这就是出自西汉司马迁《史记·越王勾践世家》的著名成语典故

“兔死狗烹”——“飞鸟尽，良弓藏；狡兔死，走狗烹。越王为人长颈鸟喙，可与共患难，不可与共乐。子何不去？”在封建社会，“兔死狗烹”作为一种政治手段，这是统治者惯用的巩固和保护自己政权的方法。

对于胤禛能顺利当上皇帝，民间也广泛流传着他“内靠隆科多，外仗年羹尧”的说法。而当雍正帝皇位稳固的时候，作为最详知内幕的两个功臣的末日也就到了。当初的功臣则成为他的心腹大患，不难想象“兔死狗烹”也就成为雍正帝对付自己“帮凶”的方法了。

雍正帝在《大义觉迷录》中声称：康熙帝临终前曾向隆科多口述传位于皇四子；而隆科多在被捕后却供认：先帝宾天时，他并不在御前，也未派任何人近御前。对于康熙帝临终前有没有“顾命托孤”，离世当天有没有宣读遗诏，这在《圣祖仁皇帝实录》和《世宗宪皇帝实录》中都没有记载。经查找，最早见于官方记载的是在雍正二年（1724 年）下半年的《上谕八旗》和《雍正朝起居注》，向国人公示时间则是雍正七年（1729 年）下半年，见于《大义觉迷录》一书的记载。

由此可见，康熙帝向隆科多口述“传位于皇四子”这件事情是雍正帝一手编造出来的弥天大谎。

雍正三年（1725 年）十二月，领侍卫内大臣马尔赛和步兵统领阿齐图来到京师刑狱前，向关押在这里的原川陕总督年羹尧传旨：

> 历观史书所载，不法之臣有之，然当未败露之先，尚皆为守臣节。如尔之公行不法，全无忌惮，古来曾有其人乎？朕待尔之恩，如天高地厚，意以尔实心报国，尽去猜疑，一心任用。尔乃作威作福，植党营私，辜恩负德，于心果忍为之乎？……朕统御万方，必赏罚分明，方足为治。尔悖逆不臣至此，若枉法曲宥，曷以彰宪典而服人心？今宽尔磔死，令你自裁……尔非草木，虽死亦当感涕也。

年羹尧听罢，却迟迟不肯自裁。然而，雍正帝决心已下，令年羹尧的冤家对头蔡珽为监刑官，在多次催逼之下，年羹尧最终不得不上

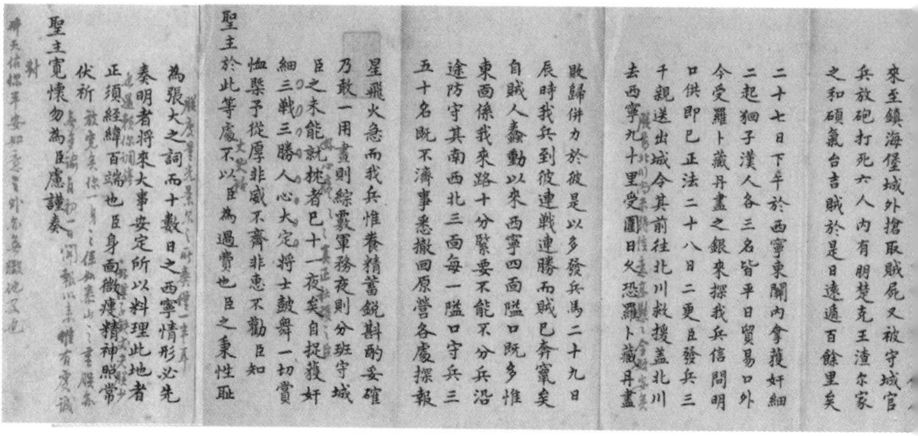

來至鎮海堡城外擄取賊屍又被守城官
兵放砲打死六人內有朋楚克王渣尔家
之和碩氣台吉賊於是日遠遁百餘里矣
二十七日下午於西寧東關內拿獲奸細
二起獮子漢人各三名皆平日貿易口外
今受羅卜藏丹盡之銀來探我兵信問明
口供即已正法二十八日二更臣發兵三
千親送出城令其前往北川救援蓋北川
去西寧九十里受圍日久恐羅卜藏丹盡
敗歸併力於彼是以多發兵馬二十九日
辰時我兵到彼連戰連勝而賊已奔竄矣
自賊人蠢動以來西寧四面隘口既多惟
東西係我來路十分緊要不能不分兵沿
途防守其南西北三面每一隘口守兵三
五十名既不濟事悉撤回原營各處探報
星飛火急而我兵惟養精蓄銳斟酌妥確
乃敢一用晝則綜覈軍務夜則分班守城
臣之未能就枕者已十一夜矣自捉獲奸
細三戰三勝人心大定將士鼓舞一切賞
恤槩予從厚非威不齊非惠不勸臣知
聖主於此等處不以臣為過費也臣之秉性恥
為張大之詞而十數日之西寧情形必先
奏明者將來大事安定所以料理此地者
正須經緯百端也臣身面微瘦精神照常
伏祈
聖主寬懷勿為臣慮謹奏

雍正元年，年羹尧奏报西宁攻占奏折（此折说明雍正继位之初与年羹尧的亲密关系）

吊自杀。至此，一代名将“年大将军”在雍正三年（1725 年）十二月二十一日毙命。

早在雍正二年（1724 年）五月，年羹尧的幕僚汪景祺就对年羹尧提出过警示：

> 鸟尽弓藏，古今同概……举酬勋之典，受殊爵之荣，位极人臣，威似王者，又何所苦而反乎？横加猜疑，致成嫌隙。进不得尽其忠节，退不得保其身家，抚驭乖方，君臣两负。呜呼，千古之豪杰英雄所为椎心而泣血者也……疑也、畏也、怒也、厌也，以此四者待功臣，有不凶终而隙未者乎？

年羹尧，字亮工，号双峰，原籍安徽怀远，汉族，后改隶汉军镶黄旗。年羹尧的妹妹是雍正帝的敦肃皇贵妃，因此他是雍正帝的大舅哥。他还是康熙朝进士，曾任内阁学士、四川巡抚、四川总督。康熙五十九年（1720 年）任定西将军，平定西藏叛军，之后任川陕总督。康熙六十一年（1722 年），与岳钟琪平青海郭罗克叛乱。雍正元年（1723 年）接替十四阿哥允禵任抚远大将军，主持西北军务，与岳钟琪讨伐罗卜藏丹津叛乱。雍正二年（1724 年）平叛后加强西北的统治，并开发西北屯垦，深得雍正帝的宠信。但此时的年羹尧一点也没有感觉到，现在的雍正帝已非当初的雍正帝了，政权稳固、政治经验丰富的雍正帝已经不再需要他了，一把无影的大砍刀已经对准了他。而年羹尧依旧我行我素，居功自傲，行为不加检点，贿赂营私，傲视百官，他所推荐的官员有“年选”之称。不仅如此，他还不遵守臣道，吃饭称“进膳”，赏给属员物品称“赐”，所到之处官员跪迎。种种居功自傲、僭越礼制行为都为他自己埋下了祸根。

雍正三年（1725年）二月，年羹尧因功高骄横、滥杀无辜，遭弹劾查办。同年四月十二日，免年羹尧川陕总督职务，调任杭州将军。同年九月下令捕拿年羹尧押送北京会审。十二月，朝廷议政大臣向雍正帝提交审判结果，给年羹尧开列92款大罪，请求立正典刑。其罪状分别是：大逆罪5条、欺罔罪9条、僭越罪16条、狂悖罪13条、专擅罪6条、贪婪罪18条、侵蚀罪15条、忌刻罪6条、残忍罪4条。之后，赐其狱中自裁。年羹尧的父、兄中任官者俱革职，嫡亲子孙发遣边地充军，家产抄没入官。

在历史上，年羹尧的确算得上是一位才华卓越的军事指挥者，著有《治平胜算全书》《年大将军兵法》等15万字的兵书。康熙帝在世的时候，就对年羹尧比较赏识，称其“实心用事”“治事明敏”，在官爵上屡屡加封。康熙帝死后，作为妹夫的雍正帝对他恩赏有加，更是加官晋爵。雍正帝还经常说：“朕福薄，不能得尔十来人也。”并表示希望能与年羹尧“做千古君臣之遇的榜样”。看到年羹尧在平定青海叛乱上奏的奏折中有“臣之未能就枕者，已十一夜矣”时，雍正帝批示道：“好心疼心疼，真正社稷之臣。”年羹尧奏“身面微瘦，精神照常”，雍正帝则批示“好汉子，铁丈夫，朕少放宽矣。你一身之系如泰山之重，惟有虔诚对佛天佑你平安如意之外，亦无他暇他及也”。而当年羹尧平定青海叛乱回北京时，雍正帝则表现出来欣喜若狂的姿态，多次在奏折上写道“大功告成，西边平静，君臣庆会，亦人间乐事！”“大功告成多日，君臣庆会在迩，临书不胜欣喜！”“一路平安到来，君臣庆会，何快如之！”这种感情的表现，足以体现雍正帝对年羹尧的关心和重视，而这一切均是在胤禛当了皇帝之后。

人们不禁要问：年羹尧作为一代封疆大吏，何以能得到雍正帝如此宠信？难道仅仅因为他是雍正帝的大舅哥吗？

答案非也，这里面有着重大的机密事件。雍正帝继位后年羹尧上奏的第一份奏折里面就明显透露出了不可告人的秘密，这份奏折是这样写的：

署理大将军印务公臣延信、四川陕西总督臣年羹尧为密陈下悃，仰祈圣训，以免贻误事。

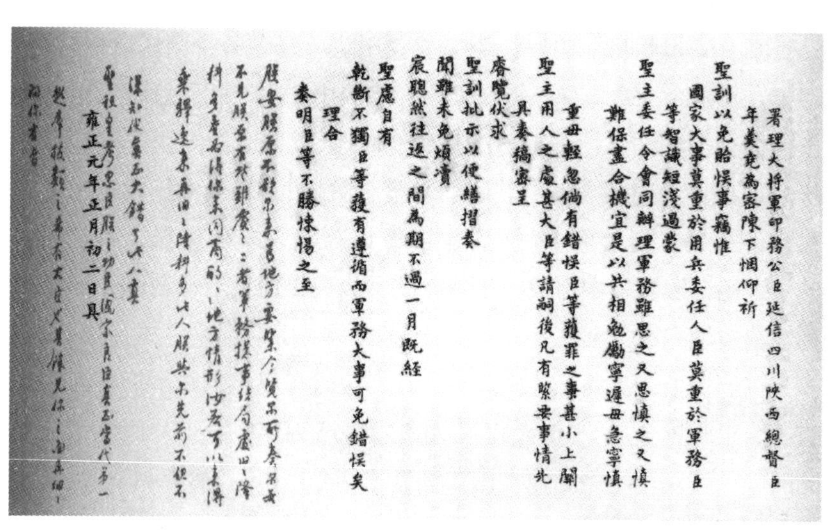
署理大將軍印務公臣延信四川陝西總督臣
年羹堯為密陳下悃仰祈
聖訓以免貽悞事竊惟
國家大事莫重於用兵委任人臣莫重於軍務臣
等智識短淺過蒙
聖主委任令會同辦理軍務雖思之又思慎之又慎
難保盡合機宜是以共相勉勵寧遲毋急寧慎
重毋輕忽倘有錯悞臣等獲罪之事甚小上關
聖主用人之處甚大臣等請嗣後凡有緊要事情先
具奏稿密呈
睿覽伏求
聖訓批示以便繕摺奏
聞雖未免煩瀆
宸聰然往返之間為期不過一月既經
聖慮自有
乾斷不獨臣等獲有遵循而軍務大事可免錯悞矣
理合
奏明臣等不勝悚惕之至
雍正元年正月初二日具

雍正帝继位后，年羹尧上奏的第一份奏折

窃惟国家大事莫重于用兵，委任人臣莫重于军务。臣等智识短浅，过蒙圣主委任，令会同办理军务，虽思之又思，慎之又慎，难保尽合机宜。是以共相勉励，宁迟毋急，宁慎重毋轻忽，倘有错误，臣等获罪之事甚小，上关圣主用人之处甚大。臣等请嗣后凡有紧要事情先具奏稿密呈睿览，伏求圣训批示，以便缮折奏闻。虽未免烦渎宸聪，然往返之间，为期不过一月。既经圣虑，自有乾断，不独臣等获有遵循，而军务大事可免错误矣。理合奏明，臣等不胜悚惕之至。

雍正元年正月初二日具

（硃批）朕安。朕原不欲尔来，为地方要紧。今览尔所奏，尔若不见朕，原有些难处。难处者，军务总事结局处。舅舅隆科多奏，必得你来同商酌商酌地方情形，汝若可以来得，乘驿速来。再，舅舅隆科多，此人朕与尔先前不但不深知他，真正大错了。此人真圣祖皇考忠臣、朕之功臣、国家良臣，真正当代第一超群拔类之稀有大臣也。其余见你面再细细问你。有旨。

在这份奏折里面，年羹尧对雍正帝表示出小心谨慎的设防姿态，不想来北京，而雍正帝则表示：朕原不欲尔来，舅舅隆科多奏，必得你来同商酌商酌。为了表示对年羹尧的信任，雍正帝在批示里面还这样评价隆科多："舅舅隆科多，此人朕与尔先前不但不深知他，真正大错了。此人真……朕之功臣，……其余见你面再细细问你。……"这时候的年羹尧对于雍正帝来说是非常的重要，从谕旨中也可以看得出来，雍正帝有重要事情与年羹尧、隆科多商量，而且是隆科多提议的。什么事情这么重要，非要年羹尧来北京面谈呢？在批示的一开始说是"军务总事"，后面则隐含着还有其他的重要事情。虽然目前还没有直接证据说明年羹尧在雍正帝继承大统上帮助过雍正帝，但这里面也可以看得出来，年羹尧对于刚刚继位的雍正帝的重要性，非一般军务大臣所能相比的。雍正帝在批示中口口称没有在跟前的隆科多为"舅舅"，一来表示对隆科多的尊重，二来也是对年羹尧的一种暗示：我虽然是高贵的皇帝了，但依然在心里把你和隆科多当成了亲人，你我之间是亲戚关系，但你在我心中的地位却在隆科多之上。

换个角度思考，以上奏折和批示则可以这样理解，在宫中，虽然隆科多帮助雍正帝夺嫡成功，但此时的雍正帝政敌太多，而且有实力最强悍的十四王允禵在外拥有重兵，一旦允禵发动军事政变攻击北京，雍正帝的皇位很可能得而复失，并且可能落得个最悲惨的下场。而年羹尧在川陕总督这个位置上有重兵，因此能够保护北京的安全，保护他皇位的稳固、人身的安全。因此，此时同样握有重兵的年羹尧对于雍正帝的重要性，已经远远超过了隆科多。雍正帝深知这一点，自然利用拉关系、套近乎的方法手段笼络年羹尧。雍正帝为了保证年羹尧与隆科多能真正成为自己辅政的左膀右臂，后来干脆自己做主，将年羹尧的儿子过继给了隆科多，也就是出于他的这种政治考虑。

后来的事实也说明雍正帝用心叵测，正因为有年羹尧这个统兵大员的威慑，十四王允禵未敢轻易发动兵变。在被解除兵权软禁之后，雍正帝将允禵的"抚远大将军"权力交给年羹尧掌控，年羹尧也因此成为雍正帝最宠信的亲信，滋长了骄横跋扈的气焰。但这并不是主要的，主要的是雍正帝在皇位巩固后对知情人的陷害打击，用以维护自己统治的合法和延续。因为年羹尧知道了太多的内幕，也因为后来的年羹尧没有了利用价值，于是雍正帝抓住年羹尧的一时疏忽错误，开始了史无前例的打击行动。

雍正三年（1725 年）三月，出现了"日月合璧，五星联珠"的所谓"祥瑞"，群臣称贺，年羹尧也上贺表称颂雍正帝夙兴夜寐、励精图治。但表中字迹潦草，又一时疏忽把"朝乾夕惕"误写为"夕惕朝乾"。雍正帝抓住这个把柄借题发挥，公开批评年羹尧说：

> 年羹尧所奏本内字画潦草，且将"朝乾夕惕"写作"夕惕朝乾"，年羹尧非粗心办事之人，直不欲以"朝乾夕惕"四字归之于朕耳！……今年羹尧既不以"朝乾夕惕"许朕，则年羹尧青海之功，亦在朕许与不许之间而未定也。

雍正帝说年羹尧故意把字写错，其原因在于年羹尧认为自己"自恃己功，显露不敬之意"。借此，雍正帝故意抹杀年羹尧的青海战功，说年羹尧在青海的战功，也是在可给与可不给之间。原本“朝乾夕惕”是形容一天到晚勤奋谨慎，没有一点疏忽懈怠；而写成“夕惕朝乾”不但不通顺，还意思大变，把原本说雍正帝勤奋谨慎说成雍正帝快要死了。这是很明显的大不敬之罪。

借此机会，在这之后，雍正帝更换了四川和陕西的官员，先将年羹尧的亲信甘肃巡抚胡期恒革职，署理四川提督纳泰调回京，使其不能在任所作乱。四月十二日，雍正帝则干脆解除了年羹尧川陕总督职，命他交出抚远大将军印，调任杭州将军。此时雍正帝“必处置年羹尧”的用意很明显了，而此时的年羹尧对雍正帝还抱有幻想，希望雍正帝能放过自己。五月十九日，年羹尧在西安与岳钟琪办理交接。六月十七日，年羹尧离西安赴杭，但在赴杭州的路上滞留不前。这更让雍正帝恼羞成怒，于是在年羹尧上奏谢恩杭州将军奏折上这样批复：

> 朕闻得早有谣言云“帝出三江口，嘉湖作战场”之语。朕今用你此任，况你亦奏过浙省观象之论。朕想你若自称“帝”号，乃天定数也，朕亦难挽；若你自不肯为，有你统朕此数千兵，你断不容三江口令人称“帝”也。此二语不知你曾闻得否？……看此光景，你并不知感悔。上苍在上，朕若负你，天诛地灭；你若负朕，不知上苍如何发落你也！……你这光景，是顾你臣节、不管朕之君道行事，总是讥讽文章、口是心非口气，加朕以听谗言、怪功臣之名。朕亦只得顾朕君道，而管不得你臣节也。只得天下后世，朕先占一个“是”字了。

这实际上就是雍正帝对年羹尧发出的一个最明显的信号：我决心已下，你必将受制。

有人说年羹尧死有余辜，罪有应得。但是要知道，其实在年羹尧的 92 款大罪还没有出炉之前，雍正帝就已在心里下定决心：年羹尧必须死！

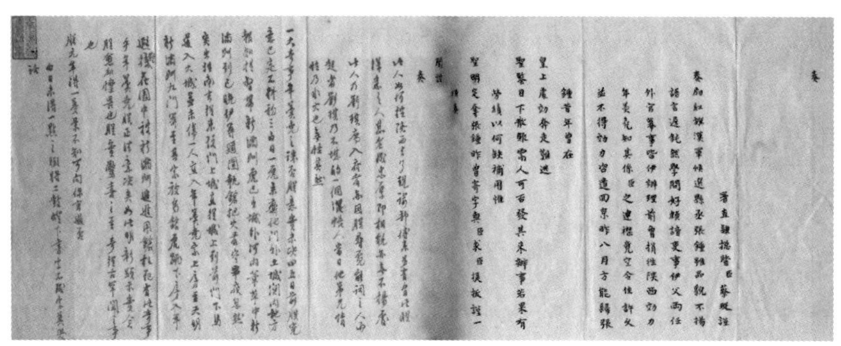

雍正三年十二月，雍正帝在蔡珽奏折上流露出必杀年羹尧的决心

雍正三年（1725年）十二月初四日，蔡珽上奏雍正帝奏请提拔张钟办理账务，然而雍正帝的重点则是向年羹尧的政敌蔡珽答非所问的批示，即准备处理年羹尧的心路历程和最后决定。

蔡珽，何许人也？

蔡珽（？—1743年）字若璞，汉军正白旗人，云贵总督蔡毓荣（？—1699年）之子，康熙三十六年（1697年）为进士。康熙六十一年（1722年），任四川巡抚的蔡珽与时任川陕总督的年羹尧因采铅矿发生矛盾而获罪，此时雍正帝已经开始着手处理年羹尧案件。

于是，为了严厉打击年羹尧，雍正帝决定利用其政敌来铲除权臣年羹尧，于是不但没有杀蔡珽，反倒重用，授左都御史并监视年羹尧。因此，雍正帝在蔡珽奏折上这样写道：

> 一大奇事，年羹尧之诛否，朕意实未决。四五日前，朕宽意已定，不料初三白日，一虎来齐化门外土城关内，地方报知提督，带新满洲，虎已出城外河内苇草中。新满洲到已晚，伊等周围执枪把火看守半夜，忽然突出往南去，从东便门上城，直从城上到前门，下马道，入大城，并未伤一人，直入年羹尧家上房。至天明，新满洲九门等至其家，放鸟枪，虎跳下房，入年遐龄后花园中，被新满洲追进，用枪扎死。有此奇事乎？年羹尧，朕正法意决矣！如此明彰显示，实令朕愈加懔畏也，朕实惊喜之至。奇！从古罕闻之事也！

将雍正帝在奏折上批示重点意思圈点出来就是："年羹尧之诛否，朕意实未决。四五日前，朕宽意已定，不料初三白日，一虎直入年羹尧家上房，被新满洲追进，用枪扎死。年羹尧，朕正法意决矣！"其大概意思是说：是否杀年羹尧，我还没有想好。在四五天前，我还打算宽恕他，不料在初三那天发生了一件很奇怪的事情。一只老虎来到城里，进入年羹尧的家，最后被官府打死。因为这件事很是奇怪，这是天意暗示我的意思，于是我联想到年羹尧，决定杀他了。

正因为雍正帝决定要杀年羹尧，因此通过老虎事件来判断年羹尧的凶兆，于是在奏折上写下："年羹尧，朕正法意决矣！"由这里可以看出，雍正帝杀年羹尧的决心比年羹尧罪状的最终出台早了八天。

年羹尧之死，到底是罪有应得还是雍正帝杀人灭口，或者说是借年羹尧之罪而杀人灭口，现在很难辨析，因为雍正帝不可能让这些文字在历史上留下把柄或痕迹。

现在，我们再来看看与雍正帝继承大统有着重要关系的另一个人物——雍正帝的所谓"舅舅"隆科多之死。

隆科多（？—1728 年），满洲镶黄旗人，佟佳氏，其父为一等公佟国维，他是康熙帝孝懿仁皇后的弟弟。隆科多在康熙朝末年任理藩院尚书、步军统领。康熙帝死时，隆科多任九门提督统领，卫戍京师。雍正帝继位后，任总理事务四大臣之一，官至吏部尚书，加太保。荣宠备至的隆科多执掌用人大权，专断独行。经他选派的官员被称为"佟选"，吏部属官对他"莫敢仰视"。隆科多种种行为因此受到雍正帝的疑忌，隆科多自己也有所察觉。雍正三年（1725 年），他主动辞去步兵统领。但在雍正四年（1726 年），隆科多被查出私藏玉牒底本，遭逮捕。雍正五年（1727 年），隆科多被定 41 条大罪，雍正帝命在畅春园外临时建屋三间，将其永远禁锢。雍正六年（1728 年）六月，隆科多死于禁所。

隆科多虽是皇亲国戚、重臣元老，雍正帝也称其为"舅舅"，但实际上隆科多并不是雍正帝生母孝恭仁皇后的亲弟弟，而是康熙帝孝懿仁皇后的弟弟。据考证，雍正帝称隆科多为"舅舅"，始于雍正帝继位之后。康熙六十一年（1722 年）十一月二十日《上谕内阁》上记载，雍正帝规定："孝懿皇后，朕之养母，则隆科多即朕之舅舅。"至

于隆科多与胤禛何时开始了谋取皇位政治合谋，应该是在康熙六十一年（1722 年）十月初九日至十一月初六日，隆科多与胤禛一起奉命查勘通州粮仓之事时。在那个时候，胤禛接近隆科多，或引诱或许诺，而有所行动。但这一切似乎被康熙帝觉察，康熙帝将胤禛调离自己身边，而隆科多却因此胆战心惊，总感觉自己也很危险，所以隆科多很可能这时候铤而走险支持胤禛。也因此，在一天时间内，胤禛能三次探视康熙帝。而当康熙帝召见胤禛时，胤禛也能在隆科多的帮助下拖延八个小时的时间不进宫而去做好夺位准备。康熙帝死后，隆科多秘不发丧，帮助胤禛把康熙帝遗体偷运回紫禁城，并关闭北京九座城门，切断宫中和外界的联系。而胤禛则在紫禁城利用给康熙帝遗体大殓时机，演出了一台武戏文唱逼迫众皇子和大臣就范的逼宫闹剧，强行登基，发布上谕，命令隆科多起草改写《康熙帝遗诏》。

隆科多在康熙朝时虽受康熙帝信任和重用，但还称不上大贵。其理由有二：一是隆科多的官职只是从一品，也就是人们常说的副一品；二是他父亲佟国维（即康熙帝生母孝康章皇后的弟弟）曾请求其儿子（隆科多）承袭一等公爵位，但直到佟国维死了四年，康熙帝也一直没有给解决。然而，在雍正帝当上皇帝的第二天，百忙之中的雍正帝竟然想起给隆科多承袭一等公爵的待遇，在康熙帝死后的十一月二十五日，雍正帝又谕令内阁："隆科多应称呼'舅舅'。嗣后启奏处书写'舅舅隆科多'"。何也？雍正帝在给年羹尧的第一份批示中曾称隆科多"此人真朕之功臣"，何也？按照常理来说，不管谁当皇帝，隆科多辅佐谁就是分内之事，是必须应该做的工作。

据考证，隆科多属于那种见机行事、"墙头草，哪边风硬哪边倒"的政治人物，在康熙朝曾被康熙帝革职并两次点名批评，但在康熙五十年（1711 年）却被委以重要的职务——步军统领，掌管京师卫戍部队，即相当于现在的北京卫戍区司令，负责京城守卫、稽查、门禁、巡夜、禁令、保甲、缉捕、审理案件、监禁人犯、发信号炮等，当然也包括保卫皇帝的安全。

雍正帝在未当皇帝之前，虽是和硕亲王的爵位，但却没有实际官职，更谈不上功名政绩。在众多皇子中，他可以说是默默无闻的一个普通人，当然不排除他在背后搞一些小动作。实际上他也在搞"窥视皇位”的灰色行动，只不过他做得很隐蔽，不露声色，深居简出，有时故意藏拙，甚至还为废太子求情。就这样一个看似很平凡的人突然坐在至高无上的皇帝宝座上，人们自然把这一切责任归到负责保卫皇帝安全的隆科多身上。因为在康熙六十一年（1722 年）十一月十三日这天发生了太多不可思议的事情，那么多的疑问，除了雍正帝胤禛之外，也许只有隆科多最清楚了。还因为当胤禛当上皇帝之后，隆科多就对儿子说：“白帝城受命之日，即是死期将至之时。”“受命”？隆科多受谁之命？又何以至死？隆科多何以私自收藏玉牒底本？这是不是隆科多为自己保命而特意留了一手？

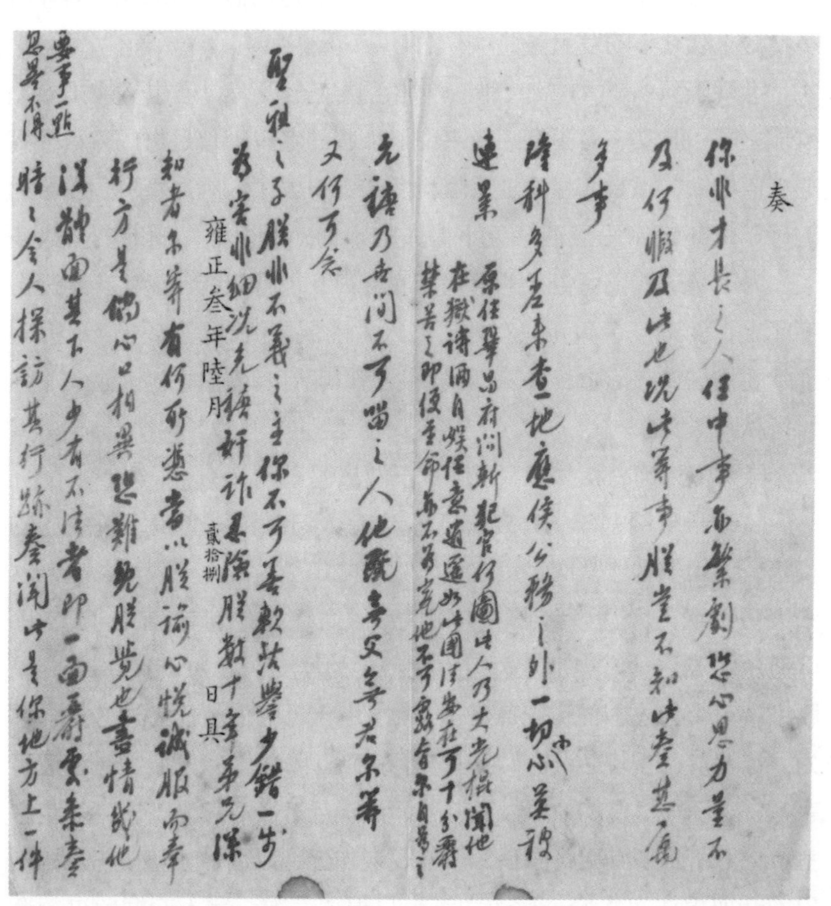

雍正三年六月二十八日，雍正帝训诫甘肃巡抚石文焯时，说出对隆科多和允禟的憎恶

其实，隆科多所说的“受命”就是雍正帝所说的：先帝向隆科多“托孤”和隆科多后来所谓的“宣诏”。因为隆科多心里知道，根本没有什么托孤，更没有什么宣诏，这一切只不过是雍正帝强加给自己的一种说法，雍正帝用此谎言欺骗了众皇子，欺骗了诸大臣，也欺骗了普天之下的大众。这是一个惊天动地的政治骗局，这一切就是为了他能当上皇帝。而这一骗局，虽是玩火，可是却能把康熙帝身边最重要的一个政治人物——隆科多拉下水，拉到自己的身边，令其成为自己的帮手。作为雍正帝的爪牙和帮凶，隆科多不得不按照雍正帝的指示办事，但隆科多也知道会因此招致杀身之祸，为了保命，隆科多才说出“白帝城受命之日，即是死期将至之时”这句话，也因此才有隆科多私藏玉牒之事的发生。

纵观隆科多的 41 条大罪，不能否认完全没有，但也不能排除是欲加之罪。其实，对于雍正帝来说，那些罪名只不过是封住隆科多嘴的一道枷锁，是堂而皇之地杀隆科多的借口罢了。因为隆科多在背后的确帮助雍正帝干了很多见不得人的事情，所以他知道的内幕太多了。为了将这些不可告人的事情彻底毁灭，那就只能让隆科多永远把嘴闭上，而雍正帝深知只有死了的人才能保持沉默。为了做到这点，那就要找借口铲除隆科多。那找什么借口呢？其借口之一就是——隆科多私藏玉牒。

隆科多为何有私藏皇家玉牒这一做法呢？

清朝于顺治九年（1652 年）设立宗人府，专门负责掌管皇族的属籍，每届十年修一次，每逢纂修玉牒之年份，成立玉牒馆，皇帝钦派大员组织人力从事编修。清朝皇帝以血缘而分别其亲疏远近，即以努尔哈赤之父塔克世（显祖宣皇帝）为本支，称为“宗室”，定以腰束金黄带为志，俗称“黄带子”；以塔克世的伯叔兄弟为旁支，称为“觉罗”，定以腰束红带为志，俗称“红带子”。宗人府为详细记录宗室、觉罗与皇帝的血缘关系，分清亲疏远近及尊卑上下，特规定宗室、觉罗所生子女由各旗首领、族长亲加查询以后，于每年正月初十日前造册报送宗人府，后改为三个月报送一次。宗人府据此进行登记，将宗室注入黄册，觉罗注入红册。玉牒共分三种，第一种为帝系玉牒，将皇帝直系单独编纂成册，以突出皇帝至高无上的权威。帝系玉牒内容很简单，只收录皇帝本人及皇子。每朝皇帝名下列其诸皇子名字、行次、爵号，以嗣位皇子居中，其他诸皇子的顺序是左右一边一位依次排列，以右为大。第二种为宗室玉牒，以清太祖努尔哈赤的父亲塔克世为本支，其直系子孙的繁衍状况记入宗室玉牒之中。具体纂修规定是，上辈之人记载完毕再记载下一辈人的情况，每一辈首列皇帝，自近支推及远支。活着的或新出生者用红笔书写，死亡者改用墨笔书写，即“存者朱书，殁者墨书”。宗室玉牒反映了宗室子孙、女孙的生卒年月日时、享年、生母姓氏、婚配、封爵、功绩等内容。遇有犯罪的宗室子孙、女孙，在玉牒中要除名，所有待遇都免除。后来皇帝恐其年久湮没，准许将他们的名字附注于玉牒的后面。第三种是觉罗玉牒，以塔克世的伯叔兄弟为旁支，称其子孙为“觉罗”。觉罗玉牒记载了兴祖直皇帝和景祖翼皇帝子嗣的繁衍。清朝玉牒自顺治十八年（1661 年）初次纂修开始，至 1921 年最后一次纂修玉牒止，每十年修一次，共 27 次。从玉牒中可见清朝皇权的更替、宫廷内部的斗争、皇族爵位的承继、皇帝对皇族的要求与约束。

存放皇家族谱玉牒的档案库

原来，玉牒能对某皇子做特殊地位的暗示，从这种暗示中可以看出来哪位皇子可以继承大统。隆科多收藏玉牒事件，本身就是防范雍正帝的一种政治手段。这张政治王牌就是：“圣祖升遐之日，（隆科多）未在御前，也未派任何人近御前。”当然，这也就是证明雍正帝篡位的最佳证据。

对于隆科多之死，不管是雍正帝出于杀人灭口的考虑还是隆科多的罪有应得，于情于理，隆科多都应该死，因为他既对不起康熙帝的君臣之礼，也违背了社会法律原则。只是苦了康熙帝的一世精明，害了本应得到皇位的康熙帝继承人和康熙帝的儿子们。

四、“逼母、弑兄、屠弟、杀子”的真相

雍正元年（1723 年）五月二十三日，雍正帝生母乌雅氏带着困惑、忧虑离开了人世。她的死是痛心也是一种牵挂，因为她在临死前也未能与亲生儿子、日夜牵挂的十四阿哥允禵诀别，更没有能够阻止雍正帝放弃骨肉相残这一做法。

那么，乌雅氏是怎么死的呢？对于雍正帝生母乌雅氏之死，台湾著名历史小说家高阳先生在《乾隆韵事》中有如下一段虚构：

> 太后先是绝食，宫女们怕受雍正责罚，千方百计劝太后进食，心地善良的太后也不愿连累别人，遂开始喝点稀的，逐渐恢复体力，一天雍正去给太后请安，闲谈之中太后突然站了起来猛地朝柱子撞去……她死在雍正面前……

高阳先生所描述的虽是虚构的小说，但在历史上，这种说法是广泛存在的，也是有官方基础的。当时的雍正帝曾在《大义觉迷录》一书中对此说法百般辩解，而令人奇怪的是雍正帝的儿子乾隆帝继位就宣布此书是禁书，下令收回。雍正帝生母乌雅氏在儿子继位才半年就去世，这是不争的事实，而乾隆帝收回《大义觉迷录》也是不争的事实。这些历史客观事实的存在，使得雍正帝生母乌雅氏之死成为一个

令后人久久议论的话题。

雍正帝生母乌雅氏，满洲正黄旗人，是护军参领威武之女，在康熙帝生前最高位号为妃，生于顺治十七年（1660 年），康熙十二年（1673 年）被选入宫。于康熙十七年（1678 年）十月三十日生皇四子，即雍正帝；康熙十八年（1679 年）十月十三日册为德嫔，时年 20 岁；康熙十九年（1680 年）生皇六子允祚（雍正帝继位之前称“胤祚”）；康熙二十年（1681 年）十二月二十日封为德妃。康熙二十一年（1682 年）生皇七女；康熙二十二年（1683 年）生皇九女（即固伦温宪公主）；康熙二十五年（1686 年）生皇十二女；康熙二十七年（1688 年）生皇十四子允禵（雍正帝继位之前称“胤祯”）。康熙帝驾崩后，乌雅氏痛不欲生，饮食俱废，要以身殉死，追随康熙帝于九泉之下。雍正元年（1723 年）五月二十三日死，享年 64 岁。雍正元年（1723 年）九月初一日与康熙帝一起葬入景陵地宫。经乾隆、嘉庆两朝加谥，谥号全称是“孝恭宣惠温肃定裕慈纯钦穆赞天承圣仁皇后”，简称“孝恭仁皇后”。

人们为什么对雍正帝生母乌雅氏之死感到疑惑呢？这是因为人们对乌雅氏的死因产生了怀疑。

对于乌雅氏的死因，据雍正帝所说，康熙帝死后，其生母乌雅氏非常悲痛，想为康熙帝殉死，于是不吃不喝。而雍正帝百般劝慰，在他的苦苦哀求下，乌雅氏放弃了死的念头，并且能饮食、起居安顺，但因悲痛最后生病而死。

据《世宗宪皇帝实录》记载，孝恭仁皇后于雍正元年（1723 年）五月二十二日生病，而五月二十三日凌晨两点就死在永和宫了。

在这里，人们不难看出《世宗宪皇帝实录》的记载不仅太简单，而且太突然，孝恭仁皇后会得什么病如此急暴让人快速死去呢？在《世宗宪皇帝实录》中，并没有记载孝恭仁皇后得了什么病，只是说皇太后“哀痛深切”“积哀日久”而亡。由于孝恭仁皇后死得太突然，加之平时与雍正帝的关系紧张，人们不得不对其死亡的原因产生怀疑。而通过雍正帝的辩解，人们也就更加相信他与太后之间存在紧张的关系。

孝恭仁皇后（雍正帝生母乌雅氏）朝服像

孝恭仁皇后谥册

为什么说雍正帝与生母乌雅氏关系紧张呢?

原来，康熙帝死后，雍正帝的生母乌雅氏就要追随康熙帝而去，也就是说要自杀殉死，而这时候他的儿子胤禛已经是皇帝了，经过胤禛的苦苦哀求，才放弃殉死。按照常理，自己的儿子当了皇帝，应该高兴才是，因为她不仅地位可以由妃等级直接升为皇太后，而且对于她娘家人来说，也是荣耀，还能晋升地位。可她在这个本应高兴的日子却要自杀，这里面绝对不是因为思念死去的康熙帝而特意做出来的样子，只能说与儿子胤禛关系很不融洽，或者说她认为康熙帝死得可疑，甚至怀疑是儿子胤禛害死了康熙帝，或者说她认为胤禛不应该是皇位的继承人。因此，当她被迫放弃殉死后，在行动上则表现出与胤禛不合作的态度，这里有三点可以说明这个观点。

（一）拒绝接受行礼

按例，新皇帝在举行登基大典之前，要先给皇太后行礼，然后再升御太和殿，接受群臣的朝拜。当礼部将这个礼仪上奏给乌雅氏时，她却拒绝接受。对此，《永宪录》上有如下的记载：

> 群臣请朝皇太后，传懿旨：不受。复固请，从之。于梓宫前拜叩谢恩，仍还旧宫。懿旨：我自幼入宫为妃，在先帝前毫无尽力之处。将我子为皇帝，不但我不敢望，梦中亦不思到。我原欲随先帝同去，今皇帝说“太后圣母若随皇父同去，我亦随太后圣母同去”，哀恳劝阻，未遂其志。若穿锦绣，受我子行礼，实为不合。

《世宗宪皇帝实录》也记载有乌雅氏拒受朝拜的这件事情：

> 皇帝诞膺大位，理应受贺。至于我行礼，有何关系？况先帝丧服中，即衣朝服，受皇帝行礼，我心实为不安。著免行礼。是日，王大臣等有缮折固请，皇太后仍不允。上（雍正帝）又再三

恳请，奉皇太后懿旨：王大臣等既援引先帝所行大礼，恳切求情，我亦无可如何。今晚于梓宫前谢恩后，再行还宫。

（二）拒绝上徽号

为皇太后上徽号，这本是天经地义的事。雍正帝准备给母后上徽号“仁寿”二字。可是乌雅氏却以先帝梓宫尚未入葬山陵为理由，拒绝接受徽号。可清朝并没有先帝梓宫未葬入山陵，皇太后不得上徽号这一规定。因此，这很明显是乌雅氏不承认自己是皇太后，既然自己不是皇太后，那么也就暗示不承认胤禛是皇帝的意思，等于变相在思想上抵触雍正帝的继位。

（三）不搬家

宁寿宫是太后、太妃们颐养天年的场所，是民间所谓的“寡妇院”。清朝规定，这些先朝皇帝的未亡人只有年龄超过 50 岁，才能与

宁寿宫

嗣皇帝见面。康熙帝死以后，按照规定，尊皇帝的生母为皇太后，要从中路的东西十二宫中搬到慈宁宫或宁寿宫居住。可是，雍正帝生母乌雅氏就是不搬，仍坚持住在当妃子时所住的东六宫之一的永和宫，直到在永和宫去世。这种不配合行为如果说是给雍正帝的难堪，更不如说是一种无声的对抗。

从雍正帝生母乌雅氏的这一系列言语行动来看，她的儿子胤禛当上皇帝都出乎她的意料，所以才有她所说“梦中亦不思想到”“实非梦想所期”的话来，也因此就有了在行动之上处处不与自己儿子胤禛配合的姿态。

对于雍正帝生母乌雅氏为什么在几个月后突然死亡，据笔者分析，这与雍正帝对他亲弟弟允禵连续的打击有着直接关系。因为雍正帝刚当上皇帝的时候，允禵还在甘州做抚远大将军，没有回到北京。而当允禵回来的时候，雍正帝却不允许他与生母见面。不仅如此，还削夺了允禵的兵权，将他明着调往东陵看守康熙帝景陵，实际则是看押起来，时时令人监视。不仅如此，还将允禵的家人也看押起来，并永远停发禄米。当知道这些后，乌雅氏很是担心自己小儿子的生命安全，因为她知道雍正帝为了巩固政权已经杀害了很多的原康熙帝心腹

宁寿宫斗匾

大臣，因此特召允禵来北京与她见面，或者说是一种直接保护。可是雍正帝处处刁难，对此她却实在没有别的办法应对，因此在绝望中，雍正帝生母就死了。怎么死的，很可能是自杀。其理由是，死得突然，也太快。雍正元年（1723 年）五月二十二日下午未时突然“生病”，第二天凌晨就在居住的永和宫猝死，从得病到死，仅仅几个小时。而死后三天，雍正帝才让允禵见到已经死去的太后。对于死因，雍正帝有两种说法。

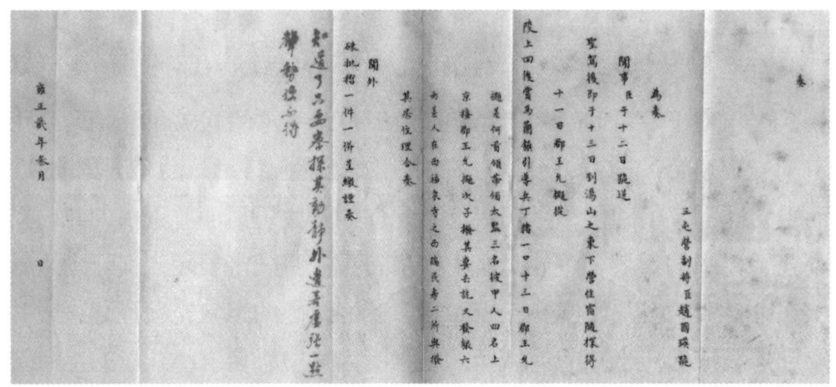

奏

三屯營副將臣趙國瑛跪

為奏

聞事 臣于十二日跪送

聖駕後即于十三日到湯山之東下營住宿隨探得

十一日郡王允禵從

陵上回後當馬蘭鎮引導兵丁搭一口十三日郡王允

禵差何首領帶領太監三名彼中人四名上

京接郡王允禵次子撤其要去說又發銀六

兩差人在西福泉寺之西搗民房二所與撤

其居住理合奏

聞外

硃批摺一件一併呈繳謹奏

知道了[illegible]

雍正貳年叁月 日

雍正二年三月，东陵副将赵国瑛监视允禵的奏报

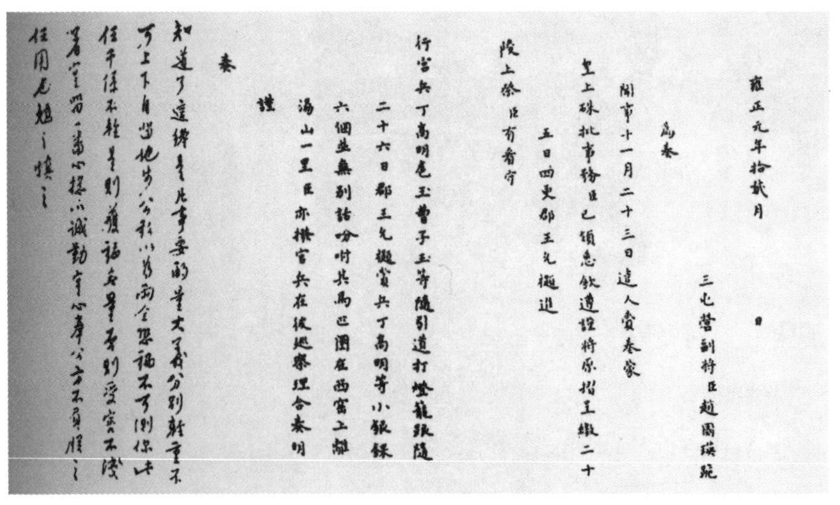

雍正九年拾貳月 日

三屯營副將臣趙國瑛跪

為奏

聞事 十一月二十三日遣人賚奏家

皇上硃批事務臣已領悉欽遵謹將原摺呈繳二十

五日四更郡王允禵進

陵上祭 臣有看守

行宮兵丁高明[illegible]王曾子玉等隨引道打燈籠跟隨

二十六日郡王允禵賞兵丁高明等小銀錁

六個並無別話吩咐兵馬已圍在西宮上[illegible]

湯山一里 臣亦撥官兵在彼巡察理合奏明

謹

奏

知道了[illegible]

《赵国瑛奏允禵景陵上祭折》：驻守景陵的三屯营副将

赵国瑛关于允禵活动和言行时刻监督

1. 思念过度，生病死亡。在《雍正朝起居注》中，记载了雍正帝这样解释太后的死因："皇太后抚时增感与日俱深，疾虽未形，积哀实久，忽焉违豫，遽尔宾天。"

2. 原患有痰疾，旧病复发而死。然而七年后，雍正帝在《大义觉迷录》中则是另一种解释："母后素有痰疾，又因皇考大事，悲恸不释于怀，于癸卯五月，旧恙复发。朕侍奉汤药，冀望痊愈。不意遂至大渐。"

众所皆知，一个人不可能死因有两种，而这种奇葩事情却出现在雍正帝一人口中，他称自己生母死因有二，这不奇怪吗？对于雍正帝生母乌雅氏的死因，笔者认为她吞金而死的可能性很大，即自杀而死。俗话说无风不起浪，康熙帝刚死时雍正帝生母就有自杀的倾向，这点雍正帝在《大义觉迷录》中是承认的。而后，当她看到自己的二儿子遭到自己大儿子如此的对待，作为生母却无力帮助自己势单力薄的二儿子，一奶同胞的亲生儿子相互之间如同仇敌，自己作为他们的母亲，内心的痛苦和折磨是可想而知的。对于一个善良的母亲来说，帮助弱者是本能，可是却没有能力，近似乞求大儿子放过二儿子，却得不到响应。在生不如死的痛苦中，她对自己的大儿子雍正帝彻底绝望了。又想到自己的丈夫康熙帝突然不明不白地死去，以及眼前二儿子所处的险象环生的环境，她只能选择逃脱现实这个办法了，那就是自杀，一死百了，并以这种方式来否定雍正帝说的康熙帝在"仓促之间，一言以定大计"令雍正帝继位的说法。为此，我们也可以这样试想一下：一个命似残灯将尽的老人用含混不清的词语如何会口述遗嘱"传位于皇四子胤禛"，这会是怎么样的一个场景。可现在人们所看到的那份《康熙帝遗诏》上则这样写道：

雍亲王皇四子胤禛，人品贵重，深肖朕躬，必能克承大统，著继朕登基，即皇帝位，即遵典制，持服二十七日释服。布告天下，咸使闻知。

或许还有人说，之所以康熙帝最终选择胤禛继承大统，原因是喜爱胤禛的儿子弘历，因为封建社会是家天下，皇位是父传子。其理由

是《李朝实录·景宗实录》上有这样的一个记载，当年十二月朝鲜官员听清朝告讣使译员讲，康熙帝在畅春园知其不起，召阁老马齐言曰：“第四子雍亲王胤禛最贤，我死后立为嗣皇。胤禛第二子有英雄气象，必封为太子。”笔者认为这种记载说法并不可靠，因为如果康熙帝真说过此话，雍正帝是合法继位的证据为什么不见清朝官方记载？而且雍正帝也没有提及此事，这件事对他来说，是非常有利的好事，按理说他不会不知道，可为什么雍正帝对此说法却从来不提起呢？说白了，还是因为雍正帝继位是合法的说法疑问太多。

有人说，对于雍正帝生母乌雅氏来说，不管是她的哪个儿子当皇帝，她都应该是一样的心情。道理是应该这样，但前提是当上皇帝的儿子必须名正言顺，是合法继位，是按照老皇帝的真正意图继承皇位的。在雍正帝生母乌雅氏心里，也许她的小儿子才是那个本应坐在皇帝宝座上的人。因为她作为这两个孩子的母亲，心里更清楚胤禛的为人、秉性。雍正帝胤禛好玩两面性，用现在的话来说，就是装厚道而实际阴险，欺骗康熙帝，更欺骗世人。

据《皇清通志纲要》记载，胤禛在康熙四十一年（1702 年）十一月，同允礽、允祉、允祺、允禩一起被“开释”。这表明胤禛曾被禁闭或拘留。因为这是那时候他在争夺储位的活动中，大搞两面派的阴险手腕被康熙帝发觉，而给予的警告处置。

在这次警告之后，胤禛则把自己隐藏起来，玩起了更阴晦的谋略，在表面上装起了与世无争的模样，悠闲自在地读书、垂钓，还与僧侣交往，建设寺院，号称“天下第一闲人”，并写诗以表心境：

懒问沉浮事，间娱花柳朝。
吴儿调凤曲，越女按鸾箫。
道许山僧访，棋将野叟招。
漆园非所慕，适志即逍遥。

山居且喜远纷华，俯仰乾坤野兴赊。
千载勋名身外影，百花荣辱镜中花。
金樽潦倒春将暮，蕙径葳蕤日又斜。
闻到五湖烟景好，何缘蓑笠钓汀沙。

胤禛读书像

胤禛之章及印文

雍正帝行乐图

雍正帝这种装葱行为，瞒得过别人，却瞒不过他的生母乌雅氏的眼睛。因为乌雅氏可不相信自己的大儿子是如此老实本分的一个人，如果现在这个时候表现出来的是老实和本分性格，这其中必然有不可告人的险恶阴谋，那就是谋夺皇位。因此，她对自己大儿子的种种行为都表现出来极为强烈的不满和对抗。

事实上，雍正帝对自己一奶同胞弟弟允禵的打击，这不仅体现在政治和人身自由上，还体现在名字上的迫害。那就是借助众多兄弟名字与他名字需要避讳时机，他特意改写了自己唯一的亲兄弟十四阿哥的名字，改为了“允禵”。

原来，康熙帝的十四子在康熙朝并非叫“允禵”，而是叫“胤祯”。康熙四十八年（1709 年）三月，康熙帝封十四子为贝子的上谕中称之为“胤祯”，十四子在抚远大将军任上时也是使用“胤祯”这个名字。据亲眼目睹康雍时期皇室内部权力之争的宗室成员弘旺所撰写的《皇清通志纲要》所载：四阿哥原名“胤禛”，十四阿哥原名

雍正帝行乐图

“胤祯”；在雍正帝继位后，十四阿哥才奉新君之命改名为“允禵”。

据台北故宫博物院 1978 年编辑的《宫中档雍正朝奏折》记载，雍正八年（1730 年）五月十五日的一道上谕称：雍正帝众多兄弟名字的避讳，是八弟允禩、十三弟胤祥和隆科多等“王大臣”提议，将第一个字“胤”改变。起初，他并“不允行”。但“王大臣”“援引往例，陈恳再三”，他这才“不得已而许之”。之所以把“胤”改为“允”，则是允禩的建议，并非是他的提议。

又据康熙六十一年（1722 年）十二月二十日的《世宗宪皇帝实录》上记载，当时为了与新皇帝名字避讳，只是将“诸王阿哥名上一字，著改为‘允’字”，即将诸兄弟名字中的“胤”字改为“允”字，其他字不变。然而，这种改名方法对于康熙帝十四子来说，却是不适用的，因为他的名字“胤祯”被改为了“允禵”。

为什么要将康熙帝十四子名字的两个字全部改了呢?

对此，有人说，其中原因在于四阿哥胤禛的“禛”与十四阿哥胤祯的“祯”字写法不同但发音相同，而且字形也极为相似。因此，著名清史专家王钟翰先生据此对雍正帝继位的合法性提出质疑，认为雍正帝不仅抢夺了十四阿哥的皇位，连他的名字“胤祯”也一起剥夺了。

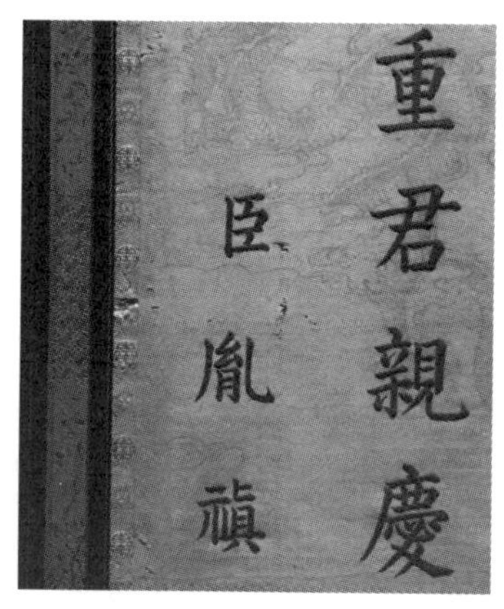

胤禛在一架康熙帝祝寿绣屏上的署名

直郡王允禔园寝三座门砖雕（1966 年）

但也有人说，“禛”与“祯”两字在形上相近，但发音不同。胤禛的“禛”发音为“zhēn”（真），胤祯的“祯”发音却有两个，即现在读“zhēn”（贞），旧时发音还有“zhēng”（征）。当“祯”用在名字“胤祯”中，就应该用发音“zhēng”（征）。《康熙字典》里，胤禛的发音是“yìn zhēn”，胤祯的发音是“yìn zhēng”。康熙帝的《御制文集》《康熙朝满文奏折全译》《抚远大将军满文奏议》中，皇十四子的满文名字的对音“yìn zhēng”。“禛”“祯”两字的满文转写拉丁字母，分别为“jen”音“真”，为形声字；“jeng”，音“征”，因为字义有吉祥的意思，故此这个发音常常用于给人或事物命名。所以，“禛”“祯”只是汉字字体相近，但读音有别，故不会出现混淆。康熙帝平日对皇子只是称为某阿哥，如四阿哥、十四阿哥，极少以名相称，而大臣绝不敢对皇子称名。而雍正帝之所以将“胤祯”改成“允禵”，因为如果改称“允祯”，音为“yǔn zhēng”，而与“雍正”音“yōng zhèng”相近，两者发音很难辨清。这既是为了与自己名称避讳，还是为了避免其发音与年号“雍正”相近。

另外，对于康熙帝十四子允禵改名问题，实际上还有另外的说法。

冯尔康和《允禵更名与雍正继位问题再探讨》一文作者吴秀良认为：康熙帝十四子一出生的原名就是“胤禵”，后来因为某种原因，于康熙四十二年（冯尔康认为是康熙四十三年或四十四年）改名“胤祯”。这次改名在康熙四十五年（1706 年）版的玉牒里有记载。胤禛继位后，为了避讳，这才将名字“胤祯”改为“允禵”。因此，冯尔康认为，康熙帝十四子胤祯并没有因为避讳而改名为“允禵”，因为这个名字原本就是他原来的名字，所以避讳后改的这个名字等于恢复了其原有名字而已。至于是什么原因将“胤禵”改名为“胤祯”，冯尔康并没有给予解释。

值得注意的是，同样支持雍正帝是合法继位的杨启樵先生，并不赞同冯尔康所说康熙帝十四子原有名字就是“胤禵”一说。故此，他在《雍正继统与玉牒易名》一文中称：十四子在康熙朝其原名一直是“胤祯”，并没有改过名字。康熙三十六年（1697 年）和康熙四十五年（1706 年）的玉牒上之所以出现“胤禵”这个名字，其原因是这两个

版本的玉牒都是雍正朝改抄的版本。因此他认为，十四子改“胤祯”为“允禵”，是“易名”而非“复名”。

目前，虽然康熙帝十四子名字改变由来的争议尚未有最终结果，但这些对雍正帝是否犯有“弑兄”“屠弟”等事实却提供了广泛的话题。

说到雍正帝“弑兄”“屠弟”是否在历史上真有记载，答案是肯定的。但事实究竟如何，有人说雍正帝为了保皇位的稳固，铲除政敌是必然，也是必要的，哪个朝代对于影响自己政权的人都是如此。但也有人支持雍正帝处理他的这些兄弟，说雍正帝的那些兄弟们是死有余辜，因为他们刁难皇帝、对抗朝廷、作恶多端，不得不处理他们。

所谓“弑兄”，是指雍正帝囚禁了大阿哥允禔、二阿哥允礽、三阿哥允祉；“屠弟”则是指严厉打击五阿哥允祺、八阿哥允禩、九阿哥允禟、十阿哥允䄉、十二阿哥允祹、十四阿哥允禵。其中，允禔、

直郡王允禔园寝地宫金券（1980 年 11 月 17 日）

允礽、允禩、允禟均被囚禁而死。下面我们来简单介绍一下这些阿哥的生平。

允禔（1672—1734 年），曾用名“胤禔”，在康熙帝诸子中原排行第五，因为他前面的四个皇兄均早殇，在成年皇子中他最大，所以被列为皇长子。允禔聪明干练，文武全才。传说他力大无比，民间称他为“达摩苏王”，也有叫“神力王”的。但他的生母惠妃那拉氏地位不如二阿哥允礽的生母孝诚仁皇后，于是允礽因是嫡出而被立为皇太子。康熙三十七年（1698 年），封允禔为直郡王。康熙四十七年（1708 年），康熙帝将允礽的皇太子位号废掉。因为允禔对皇太子不满，所以对康熙帝说“如诛胤礽，不必出皇父手”，遭到康熙帝的怒斥，称其“凶顽愚昧”。后来由于他用喇嘛教“魇胜”巫术陷害允礽，被允祉告发而被革去王爵，圈禁时间长达 26 年。雍正十二年（1734 年）十一月初一日死于幽所。在这里可以看得出来，允禔虽然在雍正年间仍被关押达 12 年，又死在雍正年间，实际上允禔最初是被康熙帝看押起来的，雍正帝只不过是延续了康熙帝的命令而已。因此可以认为他的死与雍正帝无关。

允礽（1674—1724 年），曾用名“胤礽”，康熙帝的第二子，他的生母是康熙帝的原配——孝诚仁皇后赫舍里氏。允礽原本排行第七，因康熙帝的许多早殇皇子排行时未排列在内，所以允礽排行第二。由于他是皇后所生，属于嫡子，他的生母又因生他难产而死，所以康熙帝对他格外钟爱和娇惯，并在他一岁的时候就被确定为皇太子。康熙十四年（1675 年）十二月，康熙帝发布诏书，向天下公布立允礽为皇太子，授以册宝，正位东宫，“以重万年之统，以系四海之心”。同时，设立为皇太子服务的詹事府衙门，配备官员。升内阁侍读学士孔郭岱、翰林院侍读学士陈廷敬为詹事府满、汉詹事。这是有清以来，皇帝第一次公开册立皇太子，也是唯一的一次。这件事情意义重大，在朝廷内外都产生了很大的影响。从此，康熙帝开始了与皇太子之间长达近四十年的君储关系。

因为康熙帝过早立了皇太子，而他本人又是那么的长寿，在皇位上待的时间太久，因此康熙帝与皇太子之间就产生了矛盾。

皇太子允礽像

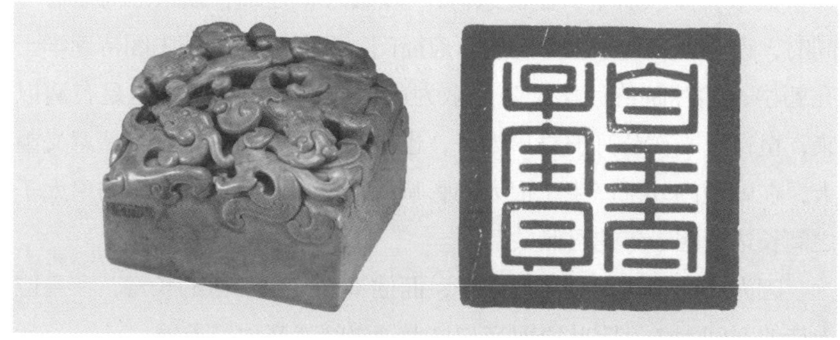

皇太子宝及宝文

理密亲王允礽园寝宝顶残况（1980 年 7 月）

康熙三十七年（1698 年）三月，康熙帝分别册封成年诸皇子为郡王、贝勒。其中，封皇长子允禔为多罗直郡王、皇三子允祉为多罗诚郡王，皇四子胤禛、皇五子允祺、皇七子允祐、皇八子允禩俱为多罗贝勒。受封诸子开始参与国家政务，并分拨佐领，各有属下之人。分封皇子，相对来说在一定程度上削弱了皇太子的力量，增强了对抗皇太子的力量。因此，在当时的朝廷，形成了三股政治力量，即至高无上的康熙帝、皇太子集团、反皇太子集团，三者之间相互牵扯，相互猜疑。这些情况被康熙帝发现之后，为了打击自己之外的政治势力，康熙帝先后两次废掉皇太子，最后将允礽关押在咸安宫。雍正帝继位后，将其迁居到昌平郑家庄继续关押。允礽于雍正二年（1724 年）十二月十四日病死于禁所，终年 51 岁，葬在了清东陵西侧的黄花山脚下（今天津蓟县境内）。允礽死后被追封为理亲王，谥曰“密”，其“密”字有“追补前过”的意思。这样看来，废太子允礽的看押、死亡，似乎与雍正帝继位并无很大关联。

允祉（1677—1732 年），曾用名“胤祉”，康熙帝皇三子，荣妃马佳氏所生。康熙三十五年（1696 年），随康熙帝亲征噶尔丹，领镶红旗大营。康熙三十七年（1698 年）三月，以战功晋诚郡王。康熙三十八年（1699 年），因在康熙帝敏妃之丧不满百日内剃发，降为

贝勒。康熙四十七年（1708 年），揭发蒙古喇嘛巴汉格隆为允禔用巫术“魇胜”废太子，使允礽得以复立，以功晋封亲王。不久，奉命率庶吉士何国宗等编纂历法、算法各书，至康熙五十三年（1714 年）十一月，辑成《律历渊源》及《古今图书集成》。雍正帝继位，因其与允礽素来亲睦，命守景陵。雍正六年（1728 年）六月，因索贿苏克济，命降郡王，交宗人府禁锢。雍正八年（1730 年），复晋封亲王。不久，以怡亲王允祥丧而无戚容，命夺爵，幽禁于景山永安亭。雍正十年（1732 年）死，照郡王例殡葬。乾隆二年（1737 年），追谥“隐”。从这里看，允祉是被雍正帝关押起来，并最终死于禁所的。

皇三子允祉像

允祺（1679—1732 年），曾用名“胤祺”，康熙帝的皇五子，生母为宜妃郭络罗氏。康熙三十五年（1696 年）随父征讨噶尔丹，奉命领正黄旗大营，以功于康熙三十七年（1698 年）三月晋封为多罗贝勒。康熙四十八年（1709 年）三月晋封为和硕恒亲王。允祺没有结党，也没有争储。雍正帝继位后，削其子的封爵。允祺死时 54 岁，谥曰“温”。雍正十二年（1734 年）立碑勒铭，称其“秉性和平”“持躬谦谨”，颇具乐善之风。

允禩（1681—1726 年），曾用名“胤禩”，康熙帝的皇八子，他的生母良妃卫氏是满洲正黄旗包衣人、宫内管领阿布鼐之女。允禩有

皇八子允禩像

才、聪明，在诸多皇子和大臣中影响力很强，因此他是与胤禛争夺皇位的最有力的对手。在康熙帝第一次废皇太子后，皇太子位空缺，由于允禩心存奢望，故与允禟、允䄉、允禵等人拉帮结派，试图谋求皇太子之位，被康熙帝发觉，遭到康熙帝严厉斥责，并给予他削贝勒封号的处罚。其实康熙帝在此之前就已意识到皇太子位一旦出现空缺所带来的后果，于是事先曾明令指出："诸皇子中，如有谋皇太子者，即国贼，法所不宥。"

雍正帝继位后，将允禩视为自己的主要政敌之一。颇具心计的雍正帝为稳定其情绪，故在继位初期故意安排允禩任重要职务，命总理事务，晋封其为廉亲王，授理藩院尚书，命办理工部事务。雍正帝借口允禩嫡福晋郭络罗氏说风凉话，将其赶回娘家，后借故处罚他在太庙前跪地一夜。

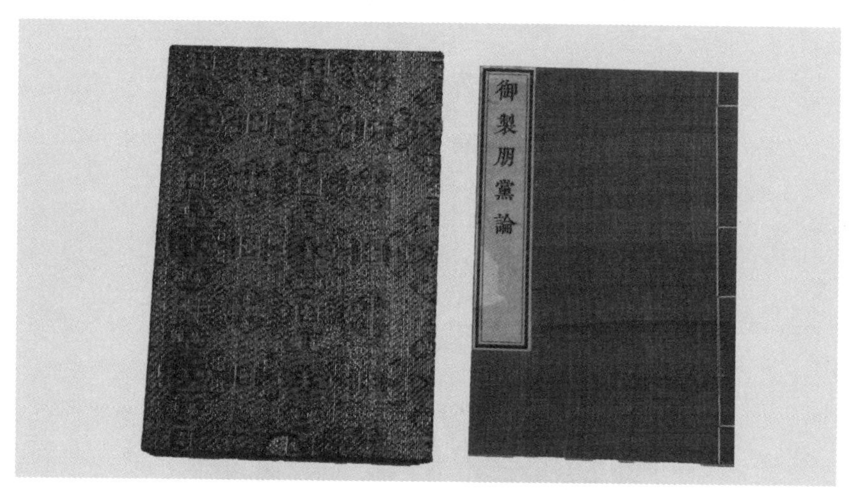

《御制朋党论》书影

又据《雍正朝起居注册》记载，雍正二年（1724 年）五月二十七日，雍正帝痛斥允禩结交朋党：

廉亲王至今与朕结怨，特为此耳。廉亲王之意，不过欲触朕之怒，必至杀人，杀戮显著。则众心离失，伊便可以希图侥幸成事，虽然伊不过作此妄想耳。

恐其所見之未盡當也故虛其心以博稽衆論然必衆論盡歸於至正而人君從之方合於大公若朋黨之徒挾偏私以惑主聽而人君或誤用之則是以至公之心反成其爲至私之事矣孟子論國君之進賢退不肖旣合左右諸大夫國人之論而必加察焉以親見其賢否之實洪範稽疑以謀及乃心者求卿士庶民之從而皇極敷言必戒其好惡偏黨以歸於王道之蕩平正直若是乎人君之不自用而必欲盡化天下之偏私以成大同也人臣乃敢溺私心樹朋黨各徇其好惡以爲是非至使人君懲偏聽之生奸謂反不如獨見之公也朋黨之罪可勝誅乎我

聖祖仁皇帝御極六十年用人行政邁越千古帝王而大小臣僚未能盡矢公忠往往要朋結黨

聖祖戒飭再三未能盡改朕卽位以來屢加申

同其好惡之公恪遵大易論語之明訓而盡去其朋比黨援之積習庶肅然有以凜尊卑之分歡然有以洽上下之情虞廷賡歌颺拜明良喜起之休風豈不再見於今日哉

雍正二年六月初一日

《御制朋党论》部分内容

雍正四年（1726 年），雍正帝以其结党妄行等罪削其王爵，圈禁，并削宗籍，改其名为“阿其那”，意思是“猪”，改其子弘旺名“菩萨保”（还有一种说法称，雍正帝令允禩及其子自行改名，允禩为自己改名“阿其那”，意为“俎上之鱼”，为其子弘旺改名“菩萨保”）。雍正四年九月初十日（1726 年 10 月 5 日）允禩在禁所被折磨而死，终年 45 岁。乾隆四十三年（1704 年）恢复原名、宗籍。

允禟（1683—1726 年），曾用名“胤禟”，康熙帝的皇九子，生母宜妃郭络罗氏，为皇五子允祺的同母弟。康熙四十八年（1709 年）三月，26 岁时被封为贝子。与皇八子允禩结为党援，纵属下肆行无忌。雍正帝继位后，为了分离诸皇子聚集，令其出驻青海。允禟消极对抗，迟迟不起程，并有怨言：“我何罪而斥我万里？且居丧未过百日，俟陵寝围时再往，亦未为迟。”雍正帝借故命亲信年羹尧严加监视。后在青海以其违法肆行、与允禩等结党营私为由，于雍正三年

皇九子允禟像

（1725 年）夺封爵、撤佐领，即于西宁软禁。雍正四年（1726 年）正月，以“僭妄非礼”，革去黄带子，除宗籍，逮还京师。八月，定罪状 28 条，送往保定，加以械锁，暂交直隶总督李绂监禁。允禟为自己及其子所改之名，雍正帝不满意，令议政王大臣议，为允禟改名为“塞思黑”（“塞思黑”，过去多认为是“狗”的意思，近来有学者亦解释为“不要脸”或“讨厌鬼”的意思）。同年，允禟“腹疾卒于幽所”，也有传说是被毒死的，享年 43 岁。乾隆四十三年（1740 年）恢复原名、宗籍。

皇十子允䄉像

允䄉（1683—1741 年），曾用名“胤䄉”，康熙帝的皇十子。他是允禩的死党之一，其生母温僖贵妃钮祜禄氏，满洲镶黄旗人，太师果毅公遏必隆之女，孝昭仁皇后的妹妹。康熙四十八年（1709 年）十月封为敦郡王，康熙五十七年（1718 年）命办理正黄旗满洲、蒙古、汉军三旗事。因与允禟、允禵支持皇八子允禩争夺皇太子之位，令康熙帝很反感。雍正元年（1723 年），雍正帝命他护送泽卜尊丹巴胡图克图灵龛还喀尔喀蒙古，允䄉托病不行，奉差擅回。后来他在疏文中连写“雍正新君”字样，被雍正帝发觉，斥为不敬，被夺爵，禁锢在京师，直至乾隆二年（1737 年）才被释放，封为辅国公。乾隆六年（1741 年）卒，以固山贝子品级入葬。

允祹（1685—1763 年），曾用名“胤祹”，康熙帝的皇十二子，生母为康熙帝的定嫔，雍正朝晋升为皇考定妃。康熙四十八年（1709 年）十月，封允祹为贝子。康熙五十六年（1717 年）孝惠章皇后死，署内务府总管事务，大事将毕，乃罢。康熙五十七年（1718 年），办理正白旗满洲、蒙古、汉军三旗事。康熙六十一年（1722 年）晋履郡王，授镶黄旗满洲都统。雍正元年（1723 年）宗人府劾允祹治事不能敬谨，请夺爵，命在固山贝子上行走。二月，因“圣祖配享仪注及封妃金册遗漏舛错”，降镇国公。雍正八年（1730 年）五月，复封郡王。乾隆帝继位，进封履亲王。乾隆二十八年（1763 年）七月死，享年 78 岁。

允禵（1688—1755 年），曾用名“胤祯”，康熙帝的皇十四子，生母为德妃乌雅氏（即孝恭仁皇后），与雍正帝是同一个生母，是雍正帝的亲弟弟。雍正帝胤禛继位后，为避名讳，其名字改为“允禵”。康熙四十八年（1709 年）三月初十日，被封为贝子，十月二十一日，册封为固山贝子。康熙五十七年（1718 年）春，准噶尔部首领策妄阿喇布坦出兵进攻西藏，拉藏汗请求清朝发兵救援。康熙五十七年（1718 年）闰八月，允禵被任命为抚远大将军，统率大军进驻青海，讨伐策妄阿喇布坦，准“用正黄旗之纛，照依王纛式样”，如同天子出征一般，十分威武气派。允禵在军中被称为“大将军王”，在奏折中自称“大将军王”。而此时的康熙帝则降旨青海蒙古王公厄鲁特首领罗卜藏丹津：

> 大将军王是我皇子，确系良将，带领大军，深知有带兵才能，故令掌生杀重任。尔等或军务，或巨细事项，均应谨遵大将军王指示，如能诚意奋勉，即与我当面训示无异。尔等唯应和睦，身心如一，奋勉力行。

借此希望地方官员给予允禵最大的支持。

康熙六十一年（1722 年）十一月，允禵按照雍正帝旨意回京，被雍正帝软禁。雍正元年（1723 年）四月，康熙帝梓宫运往遵化景陵后，雍正帝谕令允禵留驻景陵守灵，不许返回京师，并命马兰镇总兵范时绎监视他的行动。同年五月二十三日，雍正帝生母乌雅氏因对两个儿子的对抗绝望而死，雍正帝为表示“皇妣皇太后之心”，晋封允禵为郡王，但未赐封号，注名黄册仍称“固山贝子”，致使允禵“并无感恩之意，反有愤怒之色”。

皇十四子允禵像

抚远大将军西征图卷·强渡拉萨河

抚远大将军西征图卷·进入拉萨

允禵在马兰峪看守景陵期间，有一个自称是满洲正黄旗人的蔡怀玺来到景陵，求见允禵。由于没能见到允禵，在夜间便把写有“二七便为主，贵人守宗山，以九王之母为太后等语”的字帖扔入允禵在马兰峪王府的住宅之内。允禵怕惹是生非，看后把字帖内的重要字句裁去、涂抹，然后交给马兰镇总兵范时绎，并解释说：“因为此系小事，所以贝子不奏闻皇上，然又有些干系，故交把总送至总兵处。”雍正帝接到范时绎的奏报，特别重视，立即派遣贝勒满都护、内大臣马尔赛和侍郎阿克敦等人至马兰峪，亲自审讯蔡怀玺和允禵，允禵对此非常不满，并不配合调查。由于雍正帝认为社会上有一股反对自己、企图让允禵等人上台的势力在活动，于是他革去允禵的固山贝子爵位，将允禵押回北京，囚禁在景山寿皇殿附近。乾隆帝继位不久，为了缓和雍正朝时期的政治紧张气氛，下令释放了允禵和允䄉。乾隆二年（1737 年），允禵被封为奉恩辅国公。乾隆十二年（1747 年），封多罗贝勒。乾隆十三年（1748 年），晋为多罗恂郡王，并先后任正黄旗汉军都统、总管正黄旗觉罗学。乾隆二十年（1755 年）死，享年 68 岁，赐谥“勤”，葬于清东陵黄花山下。

雍正帝的亲弟弟允禵还算命好，总算沾了一母所生的运气，没有被关押致死，虽说被囚禁了十几年，但最终保全了性命，还算善终。历史上，每一个当政的帝王，为了维护自己的统治，为了自己的尊严不受到挑战，打击政敌是必然的，也是必要的，只不过方式和程度有所不同罢了。但对于研究这段历史的人们来说，由于康熙帝没有在生前确定皇位的最终继承人，也就留下了窥伺皇位者的可乘时机，康熙帝之死，雍正帝继位也必然是历史的争论话题，而直接受害者——允禵，也许真的就是传说中法定皇位继承人。正如著名清史专家孟森先生所言：“夫流言则不必有实，何必定有来处？世宗惟知其非流言，故知有可究之根由。”这句话的意思是，既然是流言，就没有必要找流言的来处。而雍正帝是唯一知道这不是流言的人，所以他一定会寻找这流言的出处。孟森先生的言外之意就是告诉人们——允禵就是康熙帝皇位继承人。

愉郡王允禵墓碑正面

愉郡王允禵墓碑碑文局部

对于雍正帝是否杀子弘时，通过研究发现，雍正帝“杀子之说”并不成立，因为历史上是这么记载弘时的。

雍正帝共有10个儿子、4个女儿，有6个皇子早殇。按序齿，弘时为皇三子，乾隆帝弘历为皇四子。

弘时生母是雍正帝的齐妃李氏。弘时死后被安葬在清西陵，因为他没有封号，所以其园寝称为“阿哥园寝”，这也是清朝唯一的阿哥园寝。

值得注意的是，24 岁死的弘时并没有封号，按理说皇子成年后都应有封号，那为什么他没有封号呢？为了解答这个问题，我们有必要从他的死说起。

在历史上，有关弘时及其家属的记载非常少。其中，清朝玉牒中关于弘时的记载：

> （雍正）第三子弘时，一子。康熙四十三年甲申二月十三日子时生。母齐妃李氏，知府李文烨之女。雍正五年丁未八月初六日申时卒，年二十四岁。嫡妻栋鄂氏，尚书席尔达之女；妾钟氏，钟达之女；妾田氏。

《爱新觉罗宗谱》关于弘时的唯一儿子永珅的记载：

> （弘时）第一子永珅，康熙六十年辛丑七月二十日午时生，

阿哥园寝东厢房

母妾钟氏，钟达之女；雍正二年甲辰正月初六日申时卒，年四岁。

通过以上清朝官方记载，仅能获知弘时的简单介绍及家庭成员情况，并没有关于他死因的有用线索。因为他的死因没有明确记载，小他 8 岁的弟弟弘历当了皇帝也不提他的死因，因此社会上对他的死因传闻很多，有说他被处死的，有说他被赐死的，也有说他是自杀的，还有说他是病死的。然而，对弘时死因，倒是民国唐邦治先生的《清皇室四谱》上有如下的记载：

皇三子弘时……康熙四十三年甲申二月十三日子时生，雍正五年丁未八月初六日申刻，以年少放纵，行事不谨，削宗籍死，年二十四。十三年十月，高宗即位，追复宗籍。

按照以上记载，弘时的死因是“削宗籍死”，虽然从这四个字面上无法分析“削宗籍死”到底是病死还是自杀，但有一点似乎可以确认，那就是他不是被处死和被赐死的。

阿哥园寝弘时阿哥宝顶

至于弘时为什么会被“削宗籍”，上文也有了简单介绍，那就是他“年少放纵，行事不谨”。而雍正四年（1726年）二月十八日雍正帝的一道谕旨，又可以作为对弘时被“削宗籍”的进一步解释：

> 弘时为人断不可留于宫庭，是以令为允禩之子。今允禩缘罪撤去黄带，玉牒内已除其名，弘时岂可不撤黄带。著即撤其黄带，交与允祹，令其约束养赡。

雍正帝的这道谕旨大意是说，弘时的为人已经令其无法继续居住在皇宫中，只能将其赶出皇宫，指令给允禩当继子。现在允禩已经因为有罪而撤销其皇家宗室成员资格，作为有罪之人的儿子，弘时也应该撤销皇家宗室成员资格。因此从即日起，撤销弘时皇家宗室成员资格，由其皇叔允祹约束养赡。

原来，弘时是一个觊觎皇储的人，但在政治上却与自己的父亲雍正帝背道而驰，与父亲的死党允禩等人是一伙的。雍正帝为了教育警告弘时，将还未分府单独居住的弘时从皇宫中赶了出去，并过给允禩当继子，宣告父子情断义绝，令其在思想和行为上感到不与皇帝同心同德的严重后果是多么的可怕。然而，弘时并未因此变得乖巧，依旧我行我素与雍正帝为敌。雍正帝见他在错误的道路上越走越远，实在无药可治，因此撤销了他的宗室成员资格。没有了宗室身份资格的弘时，才认清了眼前的形势，也明白他不仅与皇位无缘，就是连皇家的身份自此也没有了，这等于彻底断绝了他的欲望，也打击了他那坚持已久的所谓必胜信心。精神支柱没了的同时，他的精神垮了或者说他的身体状况已无法支撑沉重的生命，于是他死了，也许是病死的，也许是自杀的。或许因为他的这种死太不值得了，或者说没有价值，或者说太不应该了，因此，当他的异母弟弟弘历继位当上乾隆帝后，于雍正十三年（1735年）十月二十四日颁布谕旨：

> 从前三阿哥年少无知，性情放纵，行事不谨，皇考特加严惩，以教导朕兄弟等，使知儆戒。今三阿哥已故多年，朕念兄弟之谊，似应仍收入谱牒之内。著总理事务王大臣酌议具奏。

诸王大臣遵照乾隆帝的谕旨，经过一番讨论，上奏乾隆帝：

> 臣等查三阿哥从前原因阿其那获罪株连，与本身获罪撤去黄带者不同，今已故多年，蒙皇上笃念兄弟之谊，欲仍收入谱牒，于情理允宜。应钦遵谕旨，将三阿哥仍载入玉牒。俟命下之日，交与宗人府办理可也。谨奏请旨。

于是，已过继给允禩的弘时，在雍正帝死后不久，就恢复了宗室成员身份，也算是给他那悲剧命运画上了一个完整的句号。

历史上的这些流传，只是说明雍正帝本人不仅是暴君，更是没有人情味的冷血动物。俗话说，“虎毒不食子”，雍正帝虽然狠毒，但从对处理弘时这件事情上来说，虽然将他从家中赶出去并过继给自己的政敌允禩当继子，并因为他没有因此悔改而撤销他的皇家宗室身份，但他并未直接下手处死他，反而还是令皇叔允祹养赡，只是这种养赡有附加条件，那就是需要对他严加看管约束。他受到的这种待遇，比允禩亲子弘旺在其父获罪后“发往热河充军”，继而又被长期拘禁的处境要强很多。可是这种打击对于养尊处优惯了的弘时来说，却是无法面对和接受的。于是他年纪轻轻就死掉了，失去了生命的代价给他生前最恨的皇父背负上了一个“杀子”恶名。

弘时用身败名裂、轻如鸿毛的牺牲，对抗心如铁石的雍正帝，在强大的皇权面前，对于雍正帝来说，流言蜚语又算得了什么呢?

最终在现实生活中，雍正帝是最高统治者，依旧注定在历史上流芳百世的，只要是能掌握政权、统治世界，哪怕是一时的、短暂的谁是谁非并不重要了，重要的是活下来的就是胜利者。面对一切流言蜚语，雍正帝笑看社会，笑看人生，面对复杂的世界，他依旧笑傲江湖。

当然，在这场残酷的政治斗争中，雍正帝也清醒地认识到了以往制度上的很多纰漏。因此，他决定要用强大无比的政治权力改变、弥补和创建制度。于是，一场在政治制度上的改革由此拉开了序幕。

第三章

大刀阔斧的政治改革

雍正帝经过明争暗斗、一番血腥的刀光剑影，终于坐在了皇帝宝座上，开始了他只有 13 年的政治生涯。他在位期间进行了一些很有创意的改革，或者说继承和发展了康熙帝好的传统作风，影响了整个大清国的政治和经济的发展。

一、回收奏折

“知道了”，是清朝皇帝批阅大臣奏折的常用语，意思是：尔所奏之事“朕”知道了。

奏折，又称“折子”“奏帖”，是清朝特有的一种臣对君的官方报告文书，由康熙帝创建。初期只限于极少数亲信官员使用，是康熙帝令其亲信官员及部分督抚大员密奏见闻，以便互相监视和探听民情，加强政治统治的一种手段。清初公事用题本、私事用奏本，但这些都不能直接送达皇帝，而是先送内阁阅览、票拟后，再进呈皇帝裁夺，既费时又易泄密，不利于皇权的加强。奏折则是由具奏人派遣专人或通过驿站直接送入内宫，由皇帝亲自拆阅并用硃笔批示，然后再交来人或通过驿站发回原奏人遵行，中间不必经过任何机构或个人转手，这样则可以节省时间且保密，是皇帝与具奏人个人之间的直接沟通交流。

康熙六十一年（1722 年）十一月二十七日，雍正帝颁布上谕，令官员将康熙帝的硃批奏折一律上缴宫中，不得私自收藏：

军前将军，各省督抚、将军、提镇，所有皇父硃批旨意，俱著敬谨查收进呈，若抄写、存留、隐匿、焚毁，日后败露，断不宥恕，定行从重治罪；京师除在内阿哥、舅舅隆科多、大学士马齐外，满汉大臣官员，凡一切事件，有皇父朱批旨意，亦俱著敬谨查收进呈，此旨。目今若不查收，日后倘有不肖之徒，指称皇父之旨，捏造行事，并无澄清，于皇父盛治大有关系。嗣后朕亲批密旨，下次具奏事件内，务须进呈，亦不可抄写存留，钦此。

作为君臣之间间接“面对面”交流的工具，康熙四十年（1701年）以后，奏折的使用比较广泛。至康熙五十年（1711年）前后，内而王公大臣、外而督抚提镇，均可使用奏折。雍正帝继位以后，规定内外诸臣，对凡属宜守机密或应速递上闻的国家庶政，都可以用密折先行奏闻，然后再用题本正式奏请批示遵行。于是，奏折作为机密文书被普遍使用，成为定制。

兵部大堂

兵部為緊急公務事照得軍機處交出
欽差大學士高 報匣壹個事關緊要相應馬上
飛遞為此票仰沿途州縣驛遞官吏文到
即選差部役晝夜星飛馳送至該處交投
毋得擦損倘有稽遲時刻查出即行指名
題參毋違速速須票

乾隆四十三年十月 日

紧急奏折采用加急的传递方式（兵部600里传递火票，乾隆四十三年十月）

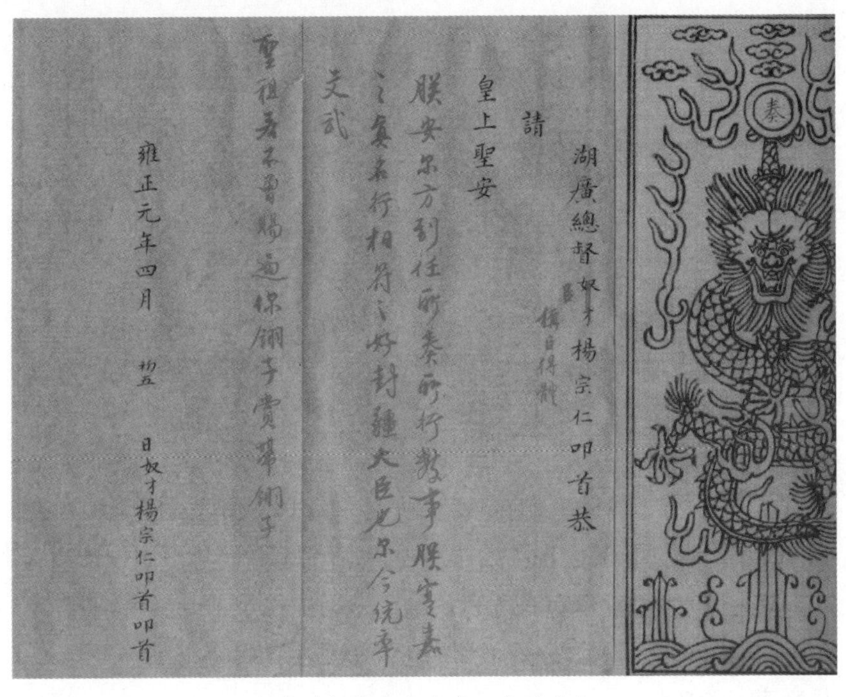

湖廣總督奴才楊宗仁叩首恭

請

皇上聖安

朕安爾方到任所奏所行數事朕實嘉

之[illegible]爾行相符之好封疆大臣也爾今統率

文武

聖祖[illegible]不曾[illegible]保綱子[illegible]綱子

雍正元年四月初五日奴才楊宗仁叩首叩首

湖广总督杨宗仁向雍正帝请安折

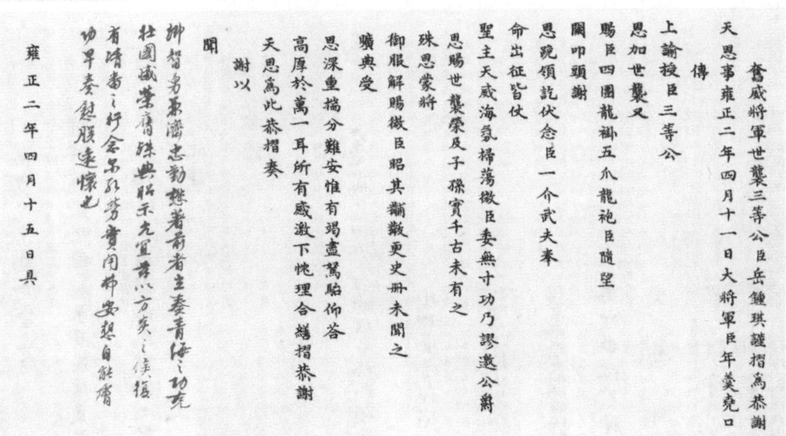

奮威將軍世襲三等公臣岳鍾琪謹摺爲恭謝

天恩事雍正二年四月十一日大將軍臣年羹堯□

傳

上諭授臣三等公

恩加世襲又

賜臣四團龍褂五爪龍袍臣隨望

闕叩頭謝

恩跪領訖伏念臣一介武夫奉

命出征皆仗

聖主天威海氛掃蕩微臣毫無寸功乃謬邀公爵

恩賜世襲榮及子孫實千古未有之

殊恩蒙將

御服解賜微臣昭其黼黻更史冊未聞之

曠典受

恩深重揣分難安惟有竭盡駑駘仰荅

高厚於萬一耳所有感激下忱理合繕摺恭謝

天恩爲此恭摺奏

聞

謝以

卿智勇兼濟忠勤懋著前者主奏青海之功克

壯國威業膺殊典昭示允宜[illegible]方[illegible]援

有請[illegible]念[illegible]勞費[illegible]安[illegible]自能膺

功早奏慰朕遠懷也

雍正二年四月十五日具

岳钟琪谢恩奏折 （岳钟琪受封三等功后，向雍正帝谢恩）

奏折是研究清朝历史和官吏的一种重要文献，其内容广泛，涉及当时的政治、经济、外交、军事、农业、工业、商业、交通、教育、文化、宗教、民族、法律、天文地理及官员私事等诸多领域，按其内容可分为奏事折、请安折、谢恩折和贺折四类，其公文程式各有不同。它在康熙朝及雍正朝初年，因没有列入国家的正式官文书之内，因此没有严格规则和程式。京内外官员，不论官职大小，只要得到皇帝的宠信和特许，即使是微末之员，甚至寺庙的住持和尚，也可以上折奏事和谢恩。后来成为制度，明确规定：京宗室王公、四品以上文官、副都统以上武官，外省按察使以上文官、总兵以上武官，才有向皇帝呈递奏折的资格。

由于奏折是经皇帝亲自批阅的原件，很多都涉及皇帝与个人之间的秘密或者私事，因此保密很重要，雍正帝的奏折回收制度则起到了最好的保密效果。从雍正元年（1723 年）到清末，在皇宫懋勤殿等处保留了大约 70 万件硃批奏折。民国十四年（1925 年），故宫博物院文献部清理档案时，将之统称为“宫中各处档案”，简称“宫中档”。现在，其中 50 余万件保存在北京中国第一历史档案馆，其余则保存在台北故宫博物院。所有这些珍贵历史文献资料能保存下来，可以说都是雍正帝的功劳。

雍正八年（1730 年）七月初八日，雍正帝见官员回缴奏折速度快慢不一，遂发布上谕，规定回缴奏折的时间期限：

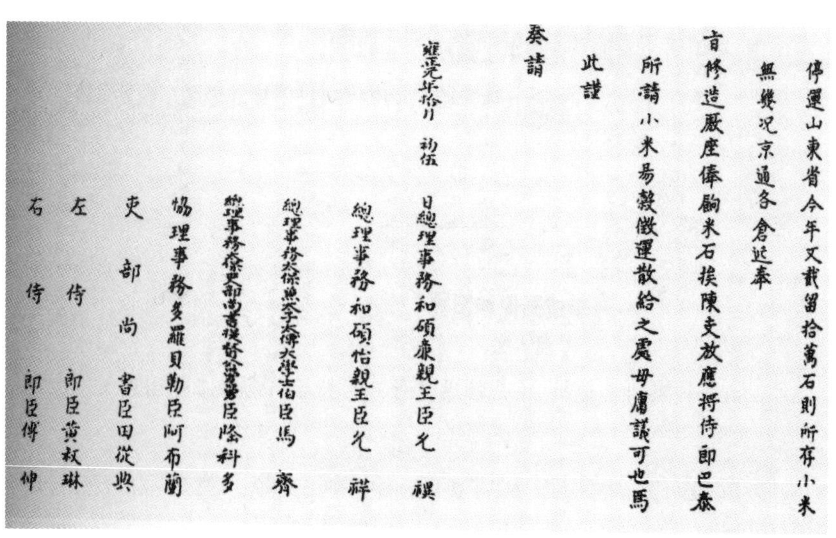

停運山東省今年又截留拾萬石則所存小米
無幾况京通各倉近奉
旨修造廒座俸餉米石挨陳支放應將侍郎巴泰
所請小米易穀徵運散給之處毋庸議可也為
此謹
奏請
雍正元年拾月初伍日總理事務和碩廉親王臣允禩
總理事務和碩怡親王臣允祥
總理事務太保兼太子太傅大學士伯臣馬齊
總理事務吏部尚書提督九門步軍統領臣隆科多
協理事務多羅貝勒臣阿布蘭
吏部尚書臣田從典
左侍郎臣黄叔琳
右侍郎臣傅仲

允禩等奏折

> 各省文武诸臣奏折，经朕硃笔批示者，俱令呈缴，以备稽查，但向未定呈缴之期，以致各员迟早不一，有二、三月后乘便呈缴者，有于年底汇齐呈缴者。夫既奉硃批查办此事，下次查办奏事之时，即应将硃批原奏折呈缴，以备朕之查阅。若具奏此事，而仍留硃批原折于外，则朕处无档案可稽，未免难于办理。著通行晓谕，凡接到硃批者，仍照旧乘便呈缴；若具奏此事，应将原批一并呈进；如所批查办之事尚未就绪，准将硃批存留，俟办理具奏之时一同呈缴。

至此，奏折回缴已成为定制，这些被回收而保留下来的奏折，则成为研究清代历史的最宝贵资料。著名明清史专家朱金甫先生根据康熙五十八年（1719 年）三月二十八日的一份奏折“御批之笔，理应恭缴”提出，奏折回缴的做法，在康熙朝末年就已经执行，只是因为康熙帝说不关密事无妨，而未严格执行罢了。而这一制度，在雍正元年（1723 年）开始执行，并最终形成制度。

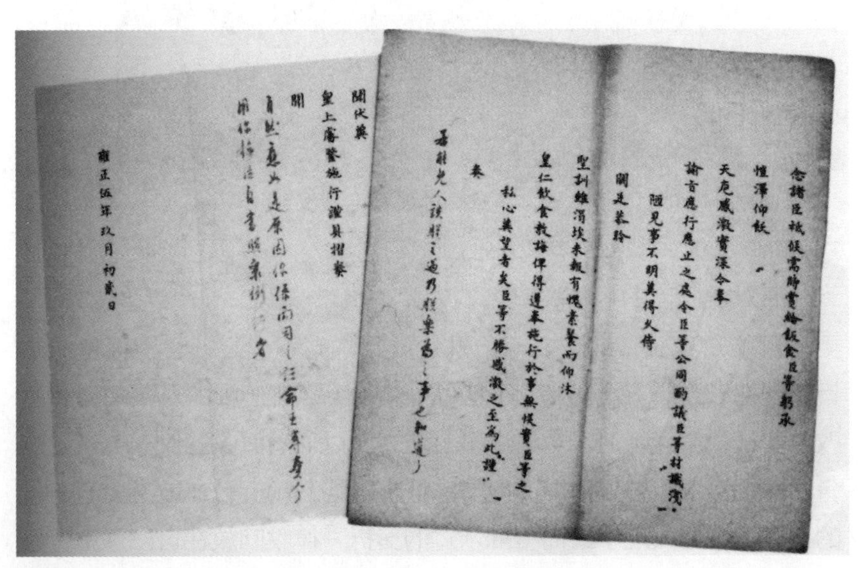
念諸臣祇候需時賞給飯食臣等躬承
天庇感激實深今奉
諭旨應行應止之處令臣等公同酌議臣等材識淺
陋見事不明莫得久侍
闕廷恭聆
聖訓雖涓埃未報有愧素餐而仰沐
皇仁飲食教誨俾得遵奉施行於事無損實臣等之
私心冀望者矣臣等不勝感激之至為此謹
奏
聞伏乞
皇上審鑒施行謹具摺奏
聞
雍正伍年玖月初貳日

雍正五年雍正帝硃批奏折

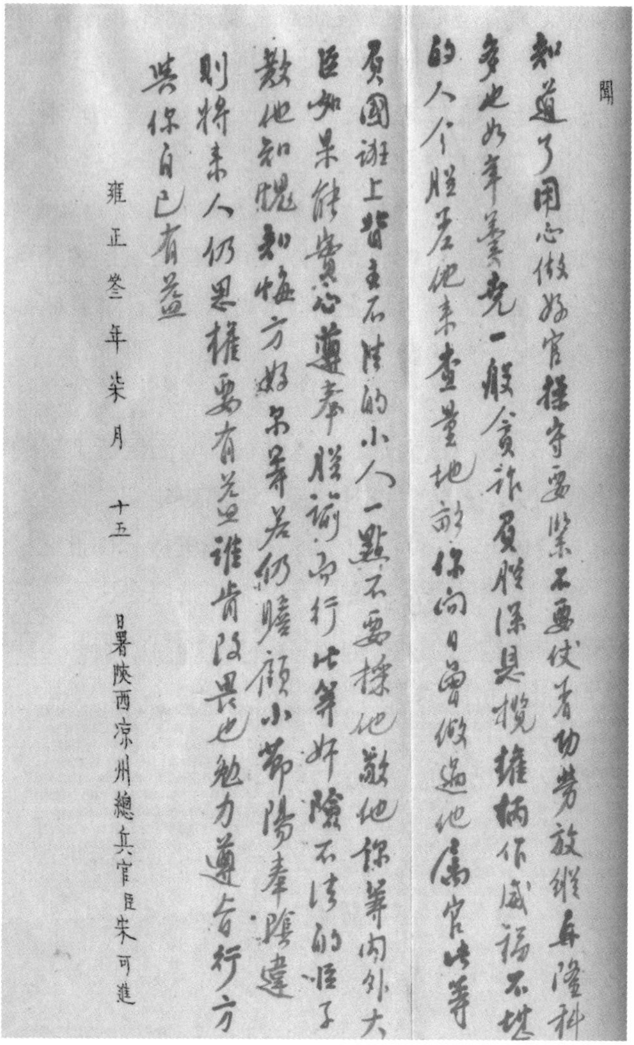

聞

知道了用心做好官操守要紧不要仗着功劳放纵年隆科
多也如年羹尧一般贪诈负朕深恩揽权柄作威福不堪
的人今朕若他来查量地方你向日曾做过他属官此等
负国诳上背主不法的小人一点不要怕他敬他你等内外大
臣如果能实心遵奉朕谕而行此等奸险不法的怪了
敬他知愧知悔方好如若仍瞻顾小节阳奉阴违
则将来人仍思权要有光且谁肯恩畏也勉力遵旨行方
与你自己有益

雍正叁年柒月十五日　署陕西凉州總兵官臣朱可進

雍正三年雍正帝硃批奏折文字

而对此制度的执行，笔者认为，不仅仅是为了办理事务的方便，更有可能是雍正帝继位之初所说“日后倘有不肖之徒，指称皇父之旨，捏造行事，并无澄清”。因此，有人怀疑雍正帝本人就是借此篡改或伪造《康熙帝遗诏》当上了皇帝，所以他着急收回康熙帝亲批的各种硃批奏折，并一再严令所有硃批奏折均必须回缴，就是担心自己的把柄落入他人之手，而将批示过的奏折一律收回放在自己这里，心里就踏实多了。

密折用匣之一

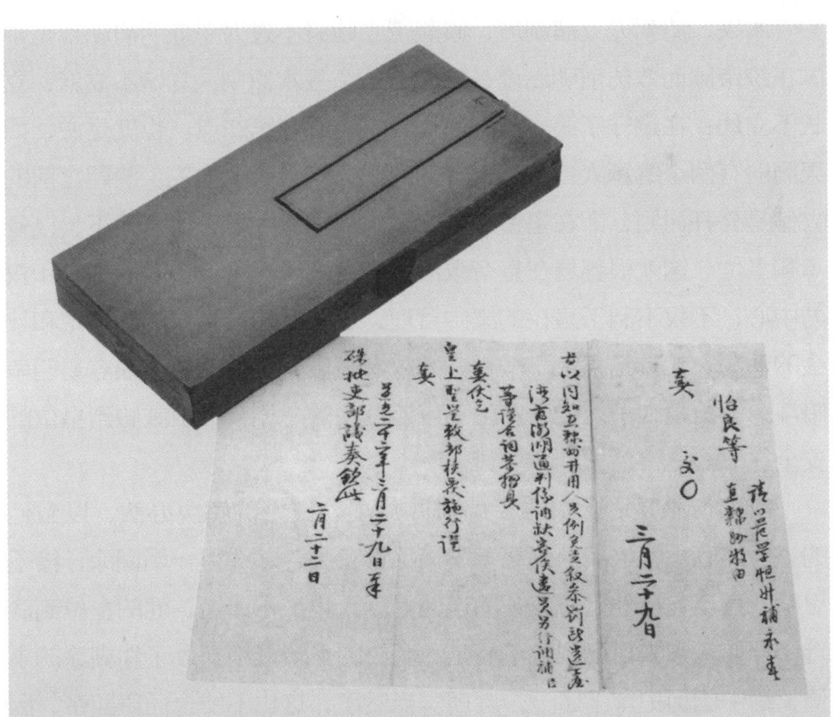

密折用匣之二

密折奏事，避免了朝廷上的纷争，但也使应该公开化的政治更加神秘。官员心存戒备，相互牵制，不敢擅权妄为，而回缴奏折这一制度则成为皇帝控制朝政的最有效的手段之一，也是一些官员打小报告的重要渠道，公、私事情隐秘化的同时，更有利于维护统治、打击政敌。

二、秘密立储

雍正帝虽然最终坐在了皇帝的宝座上，但是因此而发生的血腥争斗也使他心惊肉跳，行走在刀刃上。立储的重要性，不仅仅牵涉到国家的利益，也与皇帝本人的性命攸关。世界上还没有什么东西的真正价值能超过人的生命，尤其已是国家最高统治者的皇帝。

本来，清朝无立储制度，康熙帝立储只不过为了证明清朝也是中国正统帝国而效仿前朝制度，遵循着一个基本原则：立嫡不立庶，立长不立幼；在遵守了第一点的前提下，再遵守第二点。也就是说，如果同时有两个继承人都符合规定的时候，年龄大的为先。清朝之前的立储是公开原则，即在皇帝生前就预先册立皇太子，谕告天下，以备承嗣皇位。这就很容易在皇帝政治中心之外又产生一个政治中心和权力中心，不仅不利于皇权的集中管理，还容易造成皇权的不稳定和社会的动荡。尤其是皇太子一旦病死或者被废，其他的皇子很容易明争暗斗，争抢皇太子之位，发生不应该发生的悲剧，甚至威胁到皇位的安全。

康熙帝虽是一代英主，但对此却没有良好的解决办法，以致他的“照猫画虎，依葫芦画瓢”举措尽管实施，却败得一塌糊涂，惨不忍睹，甚至包括他是怎么死的连他的后人也说不清楚，他的皇位到底选择谁继承下去自己也说不清楚。明白的皇帝最终却办了件糊涂的事情，给中国历史留下了一个谜团。当然了，这也不能全怪康熙帝，因为谁也不曾料想在皇位继承的问题上会半路杀出个程咬金来，下手的方式那叫一个稳、准、快、狠、毒。因此在皇位争夺战中，胤禛在诸多皇子中棋高一着，最终夺魁胜出，成为一匹政治上的黑马。

立储密匣和御书

常言道："前车之覆，后车之鉴。"康熙帝的失败成为雍正帝学习借鉴的例子。于是，雍正帝决定改变这一历史遗传下来的制度，创建一种既符合前朝制度，又更加贴近生活的新举措，秘密立储制因此孕育而生了。

所谓的"秘密立储"，就是在皇帝生前照样确定皇太子，只不过不告诉大家谁是皇太子，皇帝把亲自密书皇太子名字的御书藏在一个小匣子里，然后密封，放在乾清宫内最高处的"正大光明"匾的后面。在皇帝临死前，再由御前大臣、军机大臣等共同打开匣子，取出御书，共同观看，由御书上所指定的人继皇帝位。在公布皇太子之前，因为谁也不知道谁被秘定为皇太子，所以被暗定为皇太子的皇子与其他的皇子一样，享受相同的待遇和生活。

雍正元年（1723 年）八月十七日，雍正帝将总理事务大臣、满汉文武大臣、九卿召到乾清宫西暖阁，向他们正式宣布秘密立储之旨：

今朕特将此事亲写密封，藏于匣内，置之乾清宫正中世祖章皇帝御书"正大光明"匾额之后，乃宫中最高之处，以备不虞。诸王大臣咸宜知之。或收藏数十年，亦未可定。

清朝秘密立储制度的创立，既可以达到"立国本已固人心"的政治效果，还能杜绝在皇权之外一个新的政治实体的出现，同时还能避免诸皇子争夺储位等弊病。

其实，雍正帝亲书的传位诏书，除了一份放乾清宫外，还有一份随身携带，以备不测之时所用。两份诏书，有同等效力，两者可同时使用或者对比，还能防止有人篡改。雍正八年（1730 年）九月，当他大病时，他曾将御书中所写的人名告诉了他的两个最信赖的重臣张廷玉和鄂尔泰。为什么这么做？也许与他曾制造过两份假《康熙帝遗诏》有关，怕别人也效仿他而作假吧。为什么放乾清宫一份？在笔者看来，也许在思想意识里有意让皇父康熙帝帮助他看守传位诏书，或者说自从康熙帝死他不再居住乾清宫后，用传位诏书来弥补乾清宫的"缺憾"。

这个秘密立储的制度，在中国可谓首创，但在人类历史上，雍正帝就算不上第一了。因为早在雍正帝创立这个制度的一千多年前（当时中国还是唐朝），波斯人就已经实行这种制度了。据《旧唐书·波斯传》198 卷记载，波斯国"其王初嗣位，便秘选子才堪承统者，书其名字，封而藏之。王死后，大臣与王之群子共同发封而视之，奉所书名者为主焉。"雍正帝博览群书，在长达 45 年的皇子生涯中，他很有可能阅看过《旧唐书·波斯传》译本。雍正帝是效仿的波斯人，还是未看到此书，确实是自己的独创，现在还很难说。

雍正帝虑事周全、详密、慎重。雍正十三年（1735 年）八月二十三日子夜，雍正帝在圆明园驾崩。大学士鄂尔泰、张廷玉恭捧雍正帝随身携带的立储密书，当众宣布立皇四子弘历为皇太子，继皇帝位。《高宗纯皇帝实录》记载，当时是在将雍正帝的遗体运回皇宫后，从乾清宫"正大光明"匾后取出御书当众宣布的；而张廷玉所写的《澄怀园主人自订年谱》中记为在圆明园宣布的。笔者认为张廷玉所记更为真实可靠。弘历受命继位，成为大清帝国新一代皇帝，即后来的乾隆帝。

乾清宫“正大光明”匾后藏有立储密匣

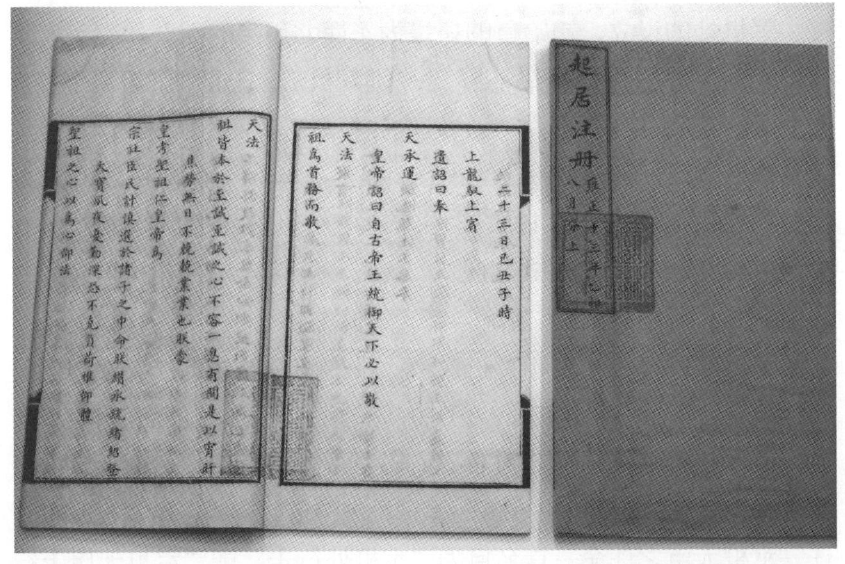
起居注册 雍正十三年八月分上

二十三日己丑子時
上龍馭上賓
遺詔曰朕
天承運
皇帝詔曰自古帝王統御天下必以敬
天法
祖為首務而敬

天法
祖皆本於至誠至誠之心不容一息有間是以宵旰
焦勞無日不兢兢業業也朕蒙
皇考聖祖仁皇帝為
宗社臣民計慎選於諸子之中命朕纘承統緒紹登
大寶夙夜憂勤深恐不克負荷惟仰體
聖祖之心以為心仰法

雍正朝起居注册（雍正十三年八月二十三日，

雍正帝驾崩后颁布天下的遗诏）

秘密立储制的创立，弘历是第一位受益的皇帝。乾隆帝认为这个办法真是好极了，于是继续沿用此办法秘密立储。除了乾隆帝还是将传位诏书放在“正大光明”匾后，其余帝王则不是如此了，比如嘉庆帝的传位诏书则是由随身太监携带，以备不测。

后来的事实表明，自实行这种密立储君的方法以来，清朝再也没有出现过争夺皇位的残酷政治斗争。这表明密立储君是一种减少政治弊端、保持朝政稳定的有效方法，这也是雍正帝对中国政治进步做出的重大贡献。

三、设军机处

为了进一步集中皇权，有利于快速地执行权力，雍正帝开始了一个新的尝试。于是，一个名叫“军机处”的机构在这种背景下应运而生了。

军机处，亦称“军机房”“总理处”，是清朝中后期的中枢权力机关。

军机处的设立，初始目的只是为了西北用兵的需要。雍正七年（1729 年），以内阁在太和门外，恐怕泄漏机密，于是在靠近皇帝寝宫养心殿的隆宗门内设置军机房，选内阁中谨密者入值缮写，以为处理紧急军务之用，辅佐皇帝处理政务。雍正八年（1730 年），改称“办理军机处”。雍正十年（1732 年）铸造关防印信，成为常设机构，并完善机构。乾隆朝则省去“办理”二字，遂简称为“军机处”了，并将原先的木板房改成瓦房建筑。

军机处设军机大臣和军机章京，由内阁、翰林院、六部、理藩院、议政处等衙门官员充任，初始并无专职。军机处的职官有军机大臣，俗称“大军机”；有军机章京，俗称“小军机”。军机大臣由皇帝从满、汉大学士、尚书、侍郎等官员内特选，有些也由军机章京升任。军机大臣之任命，其名目为“军机处行走”或“军机大臣上行走”。所谓“行走者”，即入值办事之意。军机大臣没有定额，军机处初设时为 3 人，以后增加到四五人至八九人，最多至 11 人。军机

军机处值房，雍正年间是木板房，乾隆初年改成瓦房

道光年间军机处值房陈设

章京初无定额，至嘉庆初年，始定为满、汉章京各16人，共32人，满、汉章京又各分两班值班，每班8人。军机章京之任命，或称为“军机司员上行走”，或称为“军机章京上行走”。军机处首辅满族大臣是康熙帝诸皇子中与雍正帝最为密切的皇十三子和硕怡亲王允祥，而汉族首辅大臣是历经顺治、康熙两朝的元老重臣张廷玉。为了军机处官员能和睦相处、精诚团结，雍正帝特意写了一块“一团和气”的匾，现仍挂在军机处房内。

电视剧《铁齿铜牙纪晓岚》和《宰相刘罗锅》热播后，人们所熟悉的大贪官和珅就是乾隆朝后期的首辅军机大臣，权柄盖世，权力和实力无处不在、无所不能，没有和珅触摸不到的地方和部门。虽说那是供人们娱乐的电视剧，但是在实际中，军机处的权力的确大得很。

那么，军机处到底都管哪些事情？对皇帝和国家能起到什么作用？军机处的军机大臣主要执掌六项事务：

1. 为皇帝撰拟并发布保密性上谕；

2. 协助皇帝处理奏折；

3. 随时入值御前，为皇帝处理政务提供参考意见，接受皇帝的各种咨询；

4. 参与高级、重要官员的选任，为皇帝提供候选人；

5. 奉命与有关官员商议重要事情和重大案件；

6. 以钦差身份督查各部门的政务。

军机章京则负责公文流转等日常性事务。

只要了解了军机处的职权，军机处的重要作用也就不难理解了。由于军机处职掌着每日晋见皇帝、共商处理军国大事，并奉旨对各部门、各地方负责官员发布指示的重要使命，所以军机处的保密工作处于很重要的地位。

据清吴振棫的《养吉斋丛录》记载：

军机处自清朝嘉庆以后，其保密规制始严，规定凡军机大臣只准在军机处书本日所奉谕旨，部院稿案不准在军机处书，司员不准至军机处启事，军机章京办事处（章京系专职办事官员）不许闲人窥视，王以下及文武大臣不准至军机处与军机大臣谈论。

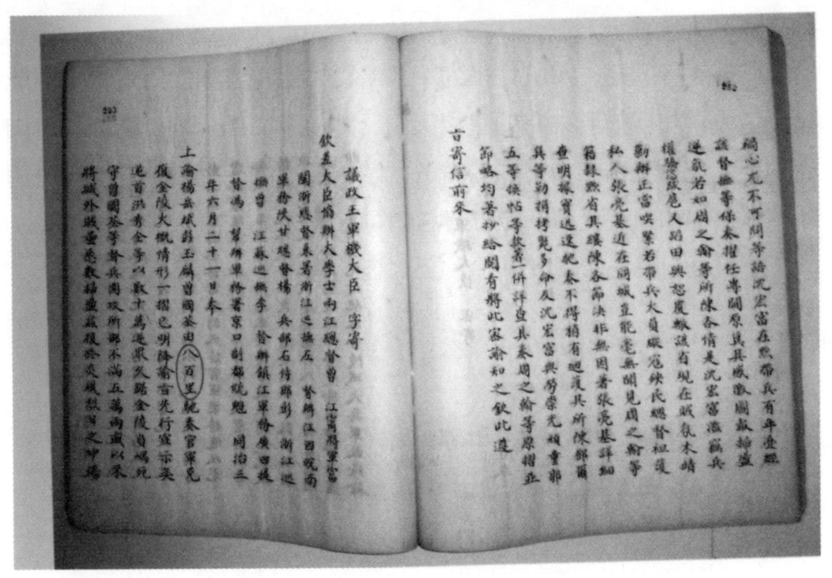

同治三年六月，军机处剿捕档

军机处归档保密规定：值日章京……凡本日所奉谕旨、所递片单，均钞钉成册，按日递添，月一换，谓之“清档”。军机处设有专门的档案房，有专职的保密人员管理这些档案。凡发交之折片，由内阁等处交还及汇存本处者，每日为一束，每半月为一包……均责成章京检核无讹，按季清档，月折及各种存贮要件，收入柜中，值日者亲手题封，谓之“封柜”。每日奏折，于寅卯二时发下，由军机章京分送各军机大臣互阅。凡皇帝在奏折上批有“另有旨”“即有旨”的奏折，由军机处章京贮于专门的保密黄匣中，交军机大臣捧入请旨，然后由军机大臣根据皇帝的旨意，命军机章京起草谕旨，经皇帝硃笔改定后，交各部院速议速办。为防止文件在传递过程中的失密，由军机处将文件密封后交兵部捷报处递往。在文件的封袋上，分别规定右书“办理军机处封”，左书“某处某官开拆”。至于皇帝亲笔改定的谕旨，在封袋上，则居中大书“传谕某处某官开拆”，其封口及书年月日处皆钤印……除此之外，皆使领者（领取文件者）注明画押于簿中，谓之“交友”。

军机处的保密措施，不但保证国家机密不外泄，还能有效保证各项事务不受阻挠而顺利执行。同时，这些也为今天留下了大量珍贵档

案资料。

值得注意的是，军机处虽为军务所设，但在实际使用过程中更能强化皇权，实现前所未有的皇权集中，并由于在部分领域逐渐替代内阁作用，成为皇帝亲信组成的新的行政中枢内阁。军机处的设立是清朝中枢机构的重大变革，标志着清朝君主集权发展到了顶点。

军机处自雍正帝设立开始，至宣统三年撤销，历经了 180 余年。

第四章

雍正帝：“朕就是这样的汉子”

雍正帝在清朝历史上争议最多。他在继位前深藏不露，故意装出与世无争的姿态，而做皇帝后竟判若两人，令人乍寒生畏的同时，也令人质疑其狡诈的性格。现在，让我们零距离接触一下历史上记载的雍正帝。

一、平凡的出身

雍正帝不仅是清朝十二帝中最有争议的皇帝，也是清朝十二帝中最神秘的皇帝。每当提起他，总让人感到脊梁骨升起阴森森的凉气，并会有意无意地联想起与雍正帝有关的一些词语：阴谋、暴力、血滴子、杀人等。其实历史上对于他的正面记述也是很多的，比如他不求名利、赏罚分明、执政严厉、惩治腐败、勤政爱民、兢兢业业、务实反虚，是学识广博而富有感情的一代封建帝王。

那么，历史上的雍正帝究竟如何呢？现在就让我们来公正客观地看看雍正帝一生的真实情况吧。

雍正帝，姓爱新觉罗，名胤禛，在康熙帝 35 个儿子中排在第十一位。因为康熙帝有许多的皇子早殇没有排行，所以他后来排行第四位。胤禛的“胤”是康熙诸皇子排行时用的字；“禛”是“以真受福”的意思，康熙帝为皇子们赐名都取“礻”字旁，表达了康熙帝本人对皇子们寄予有福的厚望。

胤禛生于康熙十七年十月三十日（1678 年 12 月 13 日）寅时。他出生的时候，生母乌雅氏的身份连嫔都不是，在生他以后的第二年才被封为德嫔。胤禛是由康熙帝的孝懿仁皇后抚养长大的，这位皇后只生了一女，并且还早殇。胤禛 6 岁开始读书，9 岁就跟随康熙帝出巡，直到做皇帝之前，一直没有担任重要职务。

为了方便比较，笔者特将雍正帝出生到驾崩列出一个大事记。

1. 康熙十七年（1678 年），胤禛出生。一岁后，由贵妃佟佳氏（即后来的孝懿仁皇后）抚养。

雍正帝朝服像

2. 康熙二十二年（1683 年）起，师从顾八代、张英、徐元梦等人学习多年。

3. 康熙二十五年（1686 年），胤禛与允禔、允礽、允祉随驾巡行塞外。

4. 康熙三十年（1691 年），奉父命与内大臣费扬古女乌喇那拉氏成婚。

雍正帝观花行乐图

雍正帝半身洋装像

5. 康熙三十五年（1696年），康熙帝亲征噶尔丹，诸皇子从征。胤禛与允祺、允祐、允禩分掌八旗十营，其中胤禛掌管正红旗大营。

6. 康熙三十七年（1698年），胤禛受封贝勒，五阿哥允祺、七阿哥允祐、八阿哥允禩同为贝勒，大阿哥允禔、三阿哥允祉为郡王。

7. 康熙三十八年（1699年），康熙帝为成婚皇子建府分居。胤禛四贝勒府后扩大为雍亲王府，继位后被改称“雍和宫”。

8. 康熙四十一年（1702年），胤禛与允礽、允祥随驾巡行五台山并南行。

9. 康熙四十七年（1708年），康熙帝一废太子。胤禛与允禔、允礽、允祺、允祥一起被拘禁。

10. 康熙四十八年（1709年）三月初十日，复立允礽为皇太子，同日，康熙帝封允祉、胤禛、允祺为亲王，允祐、允禩封为郡王，允禟、允祹、允禵封为贝子；十月二十一日，册封皇三子多罗贝勒允祉为和硕诚亲王、皇四子多罗贝勒胤禛为和硕雍亲王、皇五子多罗贝勒允祺为和硕恒亲王、皇七子多罗贝勒允祐为多罗淳郡王、皇十子允䄉为多罗敦郡王，皇九子允禟、皇十二子允裪、皇十四子允禵被封为固山贝子。

11. 康熙五十年（1711 年），胤禛的格格钮祜禄氏生第四子弘历。

12. 康熙五十一年（1712 年），康熙帝再次废皇太子允礽。

13. 康熙五十七年（1718 年），康熙帝任命允禵为抚远大将军出征西北，允祐、允䄉、允裪掌管旗务，命胤禛与允祉率文武百官送大将军王允禵于德胜门。此时，年羹尧为四川总督。

雍和宫

雍亲王宝及宝文

皇四子和硕雍亲王印及印文

14. 康熙六十年（1721 年），康熙帝在位 60 年大庆。胤禛奉命往盛京祭祖、祭太庙，磨勘考生试卷，并奉命冬至祭天。

15. 康熙六十一年（1722 年）三月，两次奏请康熙帝游圆明园，康熙帝召见弘历，养育宫中；十月，奉命前往通州查勘粮仓发放屯结情况，共 28 天；十一月初九日，康熙帝单招胤禛前往畅春园；十一月初十日，胤禛代康熙帝前去天坛祭天；十一月十三日，康熙帝驾崩，胤禛登上帝位，封允禩、允祥为亲王，命允禩、允祥、大学士马齐、隆科多四人总理事务，隆科多兼任吏部尚书，允禩兼管藩院事，允祥管理户部三库事务。雍正帝此时已 45 岁。

16. 雍正元年（1723 年）正月，明谕各省督抚提镇等地方文武官员，明其职掌；四月，送康熙梓宫往遵化东陵，事毕命十四阿哥允禵守护景陵；五月，皇太后猝死；八月，秘密立储弘历。

17. 雍正二年（1724 年）十月，十阿哥允䄉被革职圈禁；十二月，废太子允礽病故，追封为理密亲王。

18. 雍正三年（1725 年）四月，将年羹尧降为杭州将军；十二月，以 92 条罪名令年羹尧自裁。

19. 雍正四年（1726 年）正月，八阿哥允禩、九阿哥允禟除宗籍；三月，令允禩改名"阿其那"；五月，将允禵囚于景山寿皇殿；六月，定允禩罪状 40 条、允禟罪状 28 条、允禵罪状 14 条；八月，允禟死于保定禁所；九月，允禩死于禁所。

20. 雍正五年（1727 年），隆科多与沙俄谈判边境问题，因失败回京后便被捕、抄家。十月，定隆科多 41 条大罪。

皇十三子允祥像

21. 雍正六年（1728 年）六月，岳钟琪举奏曾静案，株连吕留良，吕留良被鞭尸、满门抄斩。同月，隆科多死于禁所。

22. 雍正七年（1729 年）十月，免曾静死，颁发《大义觉迷录》。

23. 雍正八年（1730 年）五月，允祥病逝，雍正帝亲临丧所。以三阿哥允祉并不哀痛为由，削爵圈禁景山。

24. 雍正九年（1731 年）九月，皇后乌喇那拉氏病逝；十二月，行册谥礼，谥大行皇后乌喇那拉氏为“孝敬皇后”。

25. 雍正十一年（1733 年）二月，封弘历为和硕宝亲王、弘昼为和硕和亲王。

26. 雍正十三年（1735 年）八月二十三日，雍正帝驾崩于圆明园。

雍正帝月白缎绸金龙铜钉棉甲

从以上不难看出，雍正帝在未称帝前，既不显山也不露水，才德也不算出众。只不过在康熙六十一年（1722 年）十一月，他突然发迹，这种情况给人的感觉不仅很奇怪，也很异常，其中包括康熙帝的举动都很异常。这期间肯定发生了很多常人难以揣测的变故，究竟是什么，现在不得而知。所能知道的一切都是只言片语，都是猜测和推理。

在一些评书、小说里，雍正帝常常被描写成会武术或者武功高手。而实际上，雍正帝不仅没有刀剑骑射的爱好，连狩猎的尚武行为记载都没有。虽然雍正帝竭尽全力效仿康熙帝的所作所为，但在习武这方面则没有做到。

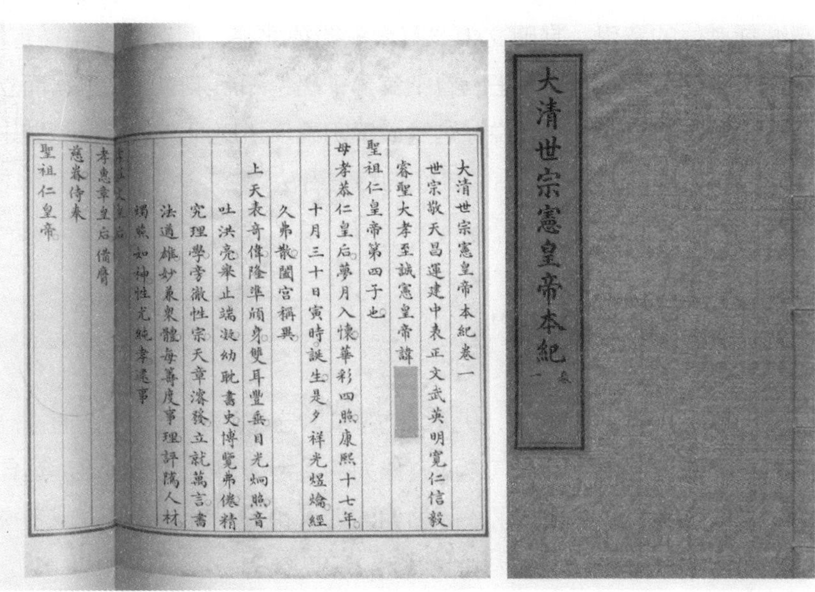
大清世宗憲皇帝本紀卷一
世宗敬天昌運建中表正文武英明寬仁信毅
睿聖大孝至誠憲皇帝諱[　]
聖祖仁皇帝第四子也
母孝恭仁皇后夢月入懷華彩四照康熙十七年
十月三十日寅時誕生是夕祥光煜爚經
久弗散闔宫稱異
上天表奇偉隆準頎身雙耳豐垂目光炯照音
吐洪亮舉止端凝幼耽書史博覽弗倦精
究理學旁徹性宗天章濬發立就萬言書
法遒雄妙兼衆體每籌度事理評隲人材
燭照如神性尤純孝恭事
孝惠章皇后備膺
慈眷侍奉
聖祖仁皇帝

大清世宗憲皇帝本紀

《大清世宗宪皇帝本纪》中对雍正帝胤禛出生时奇特情景的记载

据乾隆年间修撰的《世宗宪皇帝实录》中记载，雍正帝的外貌和形象是这样的：

天表奇伟，隆准颀身，双耳丰垂，目光炯照，音吐洪亮，举止端凝……

对于雍正帝的正面描述，在清朝文集笔记中有很多记载：如吴振棫《养吉斋余录》将亲王时代的雍正帝描写成生活闲逸、不求名位、擅长书法的文人雅士；宗室昭梿《啸亭杂录》里则称许雍正帝"勤于理政、综覈名实，无土木声色之娱，在位13年间，使国用充盈，人民富庶"；而章学诚《文史通义》一书中，对雍正帝澄清吏治、严惩贪官政策给予极高的评价；至于近侍世宗皇帝十余年的张廷玉，则对他"恭俭持身"有深刻印象；甚至在雍正朝不被雍正帝赏识而屡遭指责的李绂，也肯定地指出："雍正改元，政治一新。"

对于他是否合法继位，有人说，嘉庆四年（1799年）所立的乾隆帝裕陵圣德神功碑亭的《大清裕陵圣德神功碑》碑文记述了乾隆帝一生的丰功伟绩，但其碑文中也非常明确地表述了是康熙帝默定了乾隆帝继其皇位的意思。其碑文中"有太王贻孙之鉴，而燕翼之志益定"之语，这是引用了周朝太王因看中其孙子昌，即后来的周文王，而立昌之父为帝的故事。可以说，这是最早明确表述康熙帝默定乾隆继未来帝位的一种正式的、带有权威性的官方看法。

二、最恨"虚诈"

俗话说："量小非君子，无毒不丈夫。"这句话的意思是，道德高尚的人应该有肚量、有志气，而有作为的人该狠毒时就要狠毒。这句话对于雍正帝来说太适合了，因为他的为人和秉性就是如此，或者说他在实际中也是这么做的。

雍正二年（1724年），雍正帝在河南巡抚田文镜奏折上曾这样批道：

> 朕就是这样汉子，就是这样秉性，就是这样皇帝。尔等大臣若不负朕，朕再不负尔等也。勉之！

显然，这是雍正帝对自己重臣推心置腹的自我评价。

田文镜，汉军正黄旗人，监生出身，康熙朝末年任侍讲学士，雍正朝授兵部尚书衔，兼河东（河南、山东）总督。他是清朝著名的清官，掌管一方政要的铁腕封疆大吏。

雍正元年（1723年），田文镜出任山西布政使。因他清理积压的案牍，使吏治为之一新，雍正帝遂评他“忠诚体国，公正廉明”。

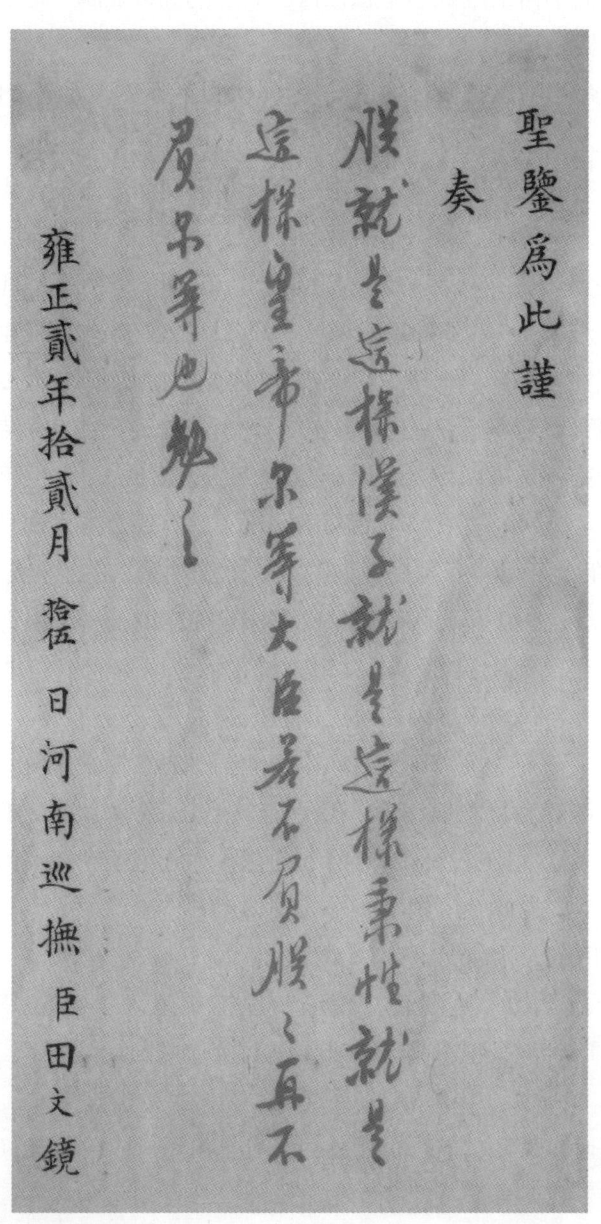

聖鑒爲此謹

奏

朕就是這樣漢子就是這樣秉性就是這樣皇帝爾等大臣若不負朕朕再不負爾等也勉之

雍正貳年拾貳月拾伍日河南巡撫臣田文鏡

雍正帝在给田文镜奏折上写道：“朕就是这样汉子”

原来，田文镜在河南任巡抚时，很多人对他不仅指责，还经常在雍正帝面前打他的小报告。而雍正帝力排众议，继续重用田文镜，给他支持，田文镜对此非常感谢。田文镜所遇到的一些流言诽谤，正与雍正帝继位时的处境有相同之处。看到此种情景，雍正帝未免有些亲身感受，情不自禁地说出了憋在自己心里的话，显露了他的真实性情和处世风格。

雍正帝自我感觉良好地这样说，“朕生平不负人之皇帝也”“朕生平‘不负人’三字，自信得及”。

在历史的记载中，雍正帝是一个十足的两面派人物，当对他有利的时候是一个面孔，不利的时候则是另一副面孔。也难说，无论是凡人还是皇帝，在社会中或者生活上，不搞两面手段，其处境都将是“寸步难行”“举步维艰”。这一切都是为了利己的需要，在实际中则体现在言行不符、表里不一，往往越是虚伪狡诈的人越是强调自己如何真诚老实。雍正帝在位 13 年，治理天下时，宽待自己，严惩贪官污吏，雷厉风行。他曾这样对文武百官说，“朕生平最憎‘虚诈’二字”“最恶虚名”。可话又说回来了，有哪个人喜欢别人对自己“虚诈”呢？正因为自己是虚诈的人，才更怕别人的虚诈超越自己而吃亏上当。这些对普通人来说只能是出于无奈时的一种发泄言语，但对于拥有至高无上权力的雍正帝来说，他可以言而有信地惩治那些“虚诈”“虚名”之人。因为对于那些人来说，“君无戏言”“伴君如伴虎”，只要不听话，皇帝随时都可以把他们“法办”，打入十八层地狱。

雍正帝的性格喜怒无常，这是连他自己都承认的。在他当皇子时，康熙帝就批评过他，差点将他的这些劣迹记录在档案里。雍正帝当上皇帝后，为此专门做了一个挂屏，上书“恩谕、戒急、用忍”六个大字，时刻警示自己。

对于自己的一些变化，雍正帝也感觉出来了，他在雍正元年（1723 年）给年羹尧哥哥年希尧的一封奏折中批道：

向日朕之疏懒，尔所稔熟。当应闲之时，何必汲汲遑遑以自苦？不特无益，而反有害也。俗云：“不是闲人闲不得，闲人不是等闲人。”此语难俚，是或一道。及至今是，何可稍图安闲，责任在身，非勤不可。

因为年羹尧当时是自己最倚重的宠臣，在与其交流时流露出自己的一些真实想法——“为君难”。为此，雍正帝还专门制作了“为君难”的印章，也看出他内心的矛盾，在强化皇权与维护亲情之间的左右为难。在最后的事实上，雍正帝还是选择了前者，强化皇权则能保证政权的高度统一，打击政敌也是为了国家的繁荣和强大。

有人说雍正帝是虚伪残忍的一代帝王，也有人说雍正帝是一代务实勤政的廉明君主，只有用强权手腕才能挽救康熙后期的政治腐败。由于雍正帝的掌政，打击了朋党，加强了皇权统治，改变了政治上的混乱局面，为乾隆盛世荡平了阻碍。雍正帝的出现正是社会的需要，时代的前进，因为雍正朝在当时起到了承前启后的作用。因此，总的来说，雍正帝在位期间主要做了以下大事：

1. 用严厉的手段打击政敌，颁布《大义觉迷录》，以正视听；
2. 实行耗羡归公与养廉银制度，减轻民间负担，保证国家收入；
3. 推行摊丁入亩制度，改革赋税制度；
4. 废除贱民群体，解放生产力；
5. 创建军机处，改革权力机构；
6. 用兵西北，成功镇压青海叛乱，但兵败准噶尔；
7. 改革土司制度，发展少数民族经济，重整西南政务；

“为君难”宝及宝文

8. 尊孔，兴办官学，修撰图书，强化政权；

9. 秘密建储；

10. 兴修圆明园，理政行乐。

站在政治和国家的角度来说，雍正帝是一位颇有作为的皇帝。他励精图治、勤于政务、雷厉风行的作风，对于铲除历史遗留的社会积弊有着积极的作用，使中华文明在杂糅的阵痛中攀上了一个新的高峰。因此，清史著名专家孟森这样评价雍正帝：

> 圣祖诸子，皆无豫教，惟世宗之治国，则天资独高，好名图治，于国有功。则天之佑清厚，而大业适落此人之手，虽于继位事有可疑，亦不失为唐宗之逆取顺守也。

圆明园图咏册·勤政亲贤殿（康熙帝曾把圆明园赐予胤禛，胤禛继位后成为他办公和居住的场所之一）

圆明园图咏册·正大光明殿

第五章

泰陵掩盖下的秘密

自从雍正帝继位以来，他的种种传闻就没有断过；当他死后，他的旧传闻中又增添了很多新的内容，其中他的陵寝之谜，则是人们讨论最多的话题。

一、建造地下王国

泰陵是雍正帝的陵寝，始建于雍正八年（1730 年）八月十九日，完工于乾隆元年（1736 年）九月十六日，历时 6 年。

乾隆元年（1736 年）九月十六日，恒亲王弘晊等承修大臣上奏乾隆帝：

> 恭照泰陵地宫、宝城、方城、明楼、二柱门、陵寝门、隆恩殿、配殿、隆恩门、朝房、神厨库、碑亭、龙凤门、望柱、大红门、石牌坊、桥座、泊岸、风水墙，臣等遵照规制，俱已敬谨修造完竣。再，守护陵寝之贝勒、公、大臣、侍卫并官员、执事人等房屋以及礼、工二部衙署、八旗官弁营房一切工程亦俱各修造完工，事关大工告竣，臣等谨具题以闻。

乾隆元年（1736 年）二月二十四日，东阁大学士尹泰等人遵旨为雍正帝的万年吉地拟定陵名，他们拟定了“泰、裕、瑞、宁、长、兴”六个字样供皇帝选择，乾隆帝选用了“泰”字，于是雍正帝的太平峪万年吉地命名为“泰陵”。

泰陵是清西陵兴建的第一座陵寝，属于首陵。按照制度，新陵区的首陵靠山，原先的名字不能再使用，应由皇帝赐予新名。再者，又因为“泰宁山”中的“泰”之与“泰陵”中的“泰”字重复，为了避讳，也是必须要改山名的。

泰陵全景图（乾隆朝绘）

清西陵前区鸟瞰

乾隆元年（1736 年）五月二十一日，总理事务大臣、保和殿大学士鄂尔泰等人向乾隆帝上奏：

臣等窃惟帝王崇亲之典备极尊隆，山陵营建之区每加封号。妥神灵于宝域，山岳增荣；启昌炽之庥符，名称祀异。盛朝因以为制，史编历有可稽。……再考彝章，隆规宜备，睹高山之天作，实拱卫之佳城。况吉地之钟祥，更默符于泰祉。昔凤凰来集，显示嘉征；兹灵爽凭依，永凝福佑。应表灵山之懿号，式开昌运于嘉名。经臣等敬谨酌拟字样，恭呈御览，伏候钦定。

在这道奏折中，鄂尔泰等上奏泰陵已经完工，还恭拟了“永宁山”“昇平山”“凝佑山”“仪凤山”四个山名供乾隆帝选用。当天乾隆帝就确定了陵山名称：“泰陵山名用‘永宁’字样。”自此，清西陵的后靠山改名为“永宁山”。

泰陵的营建，当地付出了一定的代价，人们为此搬家迁坟，其原因就是他们的家园被选作了皇家陵寝。皇家陵园内是不允许有民居、坟墓、庙宇、杂树的，必须全部迁出陵区之外。据统计，为了营建泰陵，在划定的范围之内迁走了 19 个村庄，拆除了大量的民间房屋，其中瓦房 73 间、石板房 14 间、草房 1336 间、草棚 461 间。搬迁山厂 200 处，砍伐树木 6154 棵，圈占各种地亩 84 顷 13 亩 5 分 7 厘 5 毫 8 丝。

雍正八年（1730 年）四月二十日，雍正帝在披阅户部奏请太平峪万年吉地红桩之内拨换田、房，迁移寺庙一切事宜的题本时，批道：

> 风水地内所有民间田亩，按其升粮科则，照应得之价，加倍赏给。已经耕种者，俟收成后再令交官。村庄庐舍，悉照房屋间檩，加倍先给银两，俟其将迁居之处收拾周备，再令搬移。各村舍所种树木，亦著给予价值。一应寺庙于风水地红桩之外，照式官为盖造。如该寺庙有香火田地，亦著将新建寺庙附近地亩加倍拨给。至所有坟墓，悉照地之大小，从厚赏给地价，俟卜有平稳之地，再令迁移。务使民间从容宽裕，各沾实惠。其应需各项价值，悉于内库支领。

尽管雍正帝冠冕堂皇地说多给当地搬迁户些补助，但那些也是国

清西陵火焰牌坊西面

家的钱，是老百姓的血汗钱。搬离自己的家园，是愿意也得搬，不愿意也要搬的，没有选择和商量的余地。不管怎么说，历史总是描写帝王将相的，总是为胜利者歌功颂德的。雍正帝作为一代君主，假公济私的同时，毕竟还知道为百姓做点力所能及的事情。从他的陵寝营建开始，也就是日后清西陵的出现，便将皇权自此一代代地从地上延伸到地下，通过陵墓的形式，成为永恒。

建好的泰陵坐北朝南，以永宁山为祖山、蜘蛛山为案山、元宝山为朝山，占据了陵区中最为尊贵的位置。

据实地调查，泰陵的建筑规制由南往北的顺序依次为：火焰牌坊、大雁桥、五孔拱桥、石牌坊、班房、石麒麟、下马牌、大红门、具服殿、三孔平桥、圣德神功碑亭、七孔拱桥、望柱、石像生、龙凤门、一路三孔拱桥、下马牌、三路三孔拱桥、神道碑亭、神厨库、朝房、晾奶房、值班房、隆恩门、焚帛炉、东西配殿、隆恩殿、陵寝门、二柱门、石五供、方城、明楼、哑巴院、宝城、宝顶，宝顶下面是地宫。

为了让大家更好地了解这些建筑的规制和功能，现在按照由南向北的次序，简单介绍一下它们。

大雁桥

火焰牌坊，三门四柱石构造，因为位于大红门南十里远的大雁桥村东，坐西朝东，是清朝帝后棺椁必经之处，史称“神石山青白玉大牌坊”。因为距清西陵陵区主要建筑大红门很远的缘故，很多研究者并不把它作为清西陵的主要建筑。笔者认为，因为它是进入陵区的第一座主要建筑，不仅异常精美，还有一定象征意义，象征皇族兴旺、逢凶化吉，估计始建于雍正年间，所以还应列入雍正陵建筑体系中。因为三门大额枋上有火焰宝珠雕饰，所以称之为“火焰牌坊”，火焰宝珠和蹲龙是火焰牌坊的重要构件。2003 年 9 月 8 日，火焰牌坊上的一个火焰宝珠和四个石柱顶端蹲坐的蹲龙丢失，后被追回。

大雁桥，在火焰牌坊的西面，是一座三孔平桥。现在桥面上铺设了柏油，桥栏板也已经换成砖砌的垛口形式。

五孔拱桥，由于泰陵与朝山之间有河水阻隔，出入极为不便。出于方便出入和风水的考虑，于是在北易水河之上营建了一座五孔拱桥。

神路，也称“神道”，由三路条石和墁砖组合而成：中路条石较宽，一般为 80 厘米左右，叫“中心石”或“中心道板”；中心石两旁的条石叫“牙石”，一般只有 40 厘米宽。这三路条石都由青白石铺成，中心石与牙石之间铺墁砖块。墁砖分上下两层，上层为砍细澄浆

清西陵大红门前五孔拱桥

砖，或横卧平墁，或柳叶立墁，下层用糙砖平墁。牙石外是宽约 70 厘米的砖墁散水，也是两层砖。第二层砖的下面是夯土，用三合土夯打而成，十分坚硬。神路只供帝、后棺椁和运送帝后神牌的黄亭、运送祝版制帛的龙亭通行。除此之外，即使是贵为天子的皇帝、母仪天下的皇后，进入陵区以后也只能另辟御道而行。泰陵神路与孝陵有所区别：泰陵起点在五孔拱桥以北；而孝陵神路起点则是在石牌坊之北。

石牌坊，位于五孔桥之北、大红门之南。按照一般做法，此处应该建一座石牌坊。可是出于风水或政治的考虑，这里营建了三座石牌坊，三座石牌坊成“品”字形伫立在大红门与五孔桥之间，并且在大红门前还特意安放了两个石麒麟。

下马牌，相当于警示牌，警示文武官员在此处下马、下轿。其中“官员人等至此下马”是用满文、蒙古文、汉文三种文字书写，满文居中、蒙古文居左、汉文居右。泰陵作为首陵，下马牌有两对，除了大红门外的那对，在神厨库南面还有一对下马牌。值得注意的是，这两对下马牌的背面均没有字。

实际上，无论帝后还是官员，都已经在石牌坊处下马，并通过。

泰陵神路

清西陵三座石牌坊

清西陵大红门前东下马牌（背面无字）

清西陵大红门

清西陵大红门中门（南侧）

大红门，既是泰陵的门户，也是整座清西陵陵园的总门户，相当于一座大庭院的正式大门。只不过此门有三个券门，在形式上是

"左君右臣，中间走神（皇帝、皇后死后称'神'）"。意思是说，左边（东门）是皇帝、皇后经过的门口，右门则是大臣行走的门口，中间的门是留给帝后梓宫（棺椁）、御物经过的门。但这个神门通常只是摆设，因为帝后棺椁庞大，不能从中门通过，需要在风水墙上开凿豁口容帝后棺椁通过，典礼过后再重新垒砌如初。大红门中门前后是踏跺，踏跺正中各设有一块御路石，东西两门前后是砖礓礤，门洞内的门扇前设有一道石门坎。

清西陵大红门前中路御路石

清西陵大红门北侧中门前的御路石及旁门前的礓礤

清西陵大红门东角门

清西陵大红门前石麒麟

大红门的东西两侧，各设有一座随墙门，以便平时人们通过。

石麒麟，在大红门前的左右两侧，各设有一只蹲坐的石麒麟，石麒麟下为须弥石座。关外三陵大红门外均设有石狮子，但清东陵大红门外，什么石兽也未设。故此，清西陵大红门外设有石麒麟，这点很是奇怪。

值班房。大红门外（南）左右两侧各有一座灰布瓦顶值班房，是供保护陵寝安全的兵丁值勤时临时休息的场所。值班房的朝向为正南，这点与清东陵大红门前的班房不同，现已无存。

具服殿，又称更衣殿。在大红门内左侧，也就是东侧，有一座坐东朝西的黄琉璃瓦红墙院子，正式名称叫“具服殿”。院子内正殿三间，单檐歇山式建筑，有前廊，殿前有月台，月台左右两侧有踏跺。正殿后面有一间单檐硬山式建筑，黄琉璃瓦覆顶，建筑名为“净房”，即厕所，是供休息之人方便之所。

具服殿的建筑功能有两个：一是帝、后临时休息和方便的地方，也是整座陵寝内唯一常设供帝、后如厕的场所；二是临时供奉来自京城的御笔帝后陵寝碑镌刻碑文场所。

三孔石平桥，在圣德神功碑亭前，建有一座三孔便桥，石平桥上设有如意石栏板。在清西陵，所有的便桥均设有如意石栏板，这点与清东陵不同。

清西陵具服殿西侧面

清西陵具服殿门楼

泰陵圣德神功碑亭南面的三孔平桥

圣德神功碑亭，俗称“大碑楼”。亭内双碑并排，分别竖立在赑屃背上，东碑刻满文，西碑刻汉字。亭外海墁四角各伫立着一根巨大的华表，档案上称其为“擎天柱”。

石像生，帝王陵墓前安设的石人、石兽。泰陵石像生有五对，由南往北依次是：狮子、象、骏马、武士、文臣各一对。石像生的作用有两种：一是显示墓主人的身份等级地位；二是礼仪性装饰。

泰陵圣德神功碑亭

泰陵石像生群

原本泰陵建成初期没有设立石像生，这虽与典制不合，但却是出于风水地形考虑，当初建造陵寝时设计方案中没有设立石像生一项。后来，乾隆帝为了自己陵寝建造石像生，出于孝道不逾制，这才在泰陵圣德神功碑亭与龙凤门之间勉强安设了五对石像生，分列神路两旁，但仍比乾隆帝的裕陵八对石像生少了三对。

龙凤门，是一座三门四壁六柱三楼形式的玲珑别致的琉璃构件牌坊。牌坊正面墙壁镶嵌琉璃盘龙一条，背面则镶嵌鸳鸯荷花。因为是帝后棺椁必经之处，寓意帝后共穴、永远好合。

神道碑亭，俗称“小碑楼”，重檐歇山顶，黄琉璃瓦顶。碑亭四面檐墙各有一个拱券门，亭内正中巨大的神道碑竖立在石雕的赑屃背上。碑身的阳面用满文、蒙古文、汉文三种文字镌刻“世宗敬天昌运建中表正文武英明宽仁信毅大孝至诚宪皇帝之陵”27字，满文居中、蒙古文居左、汉文居右。落款处钤刻有“乾隆尊亲之宝”宝文。

泰陵龙凤门

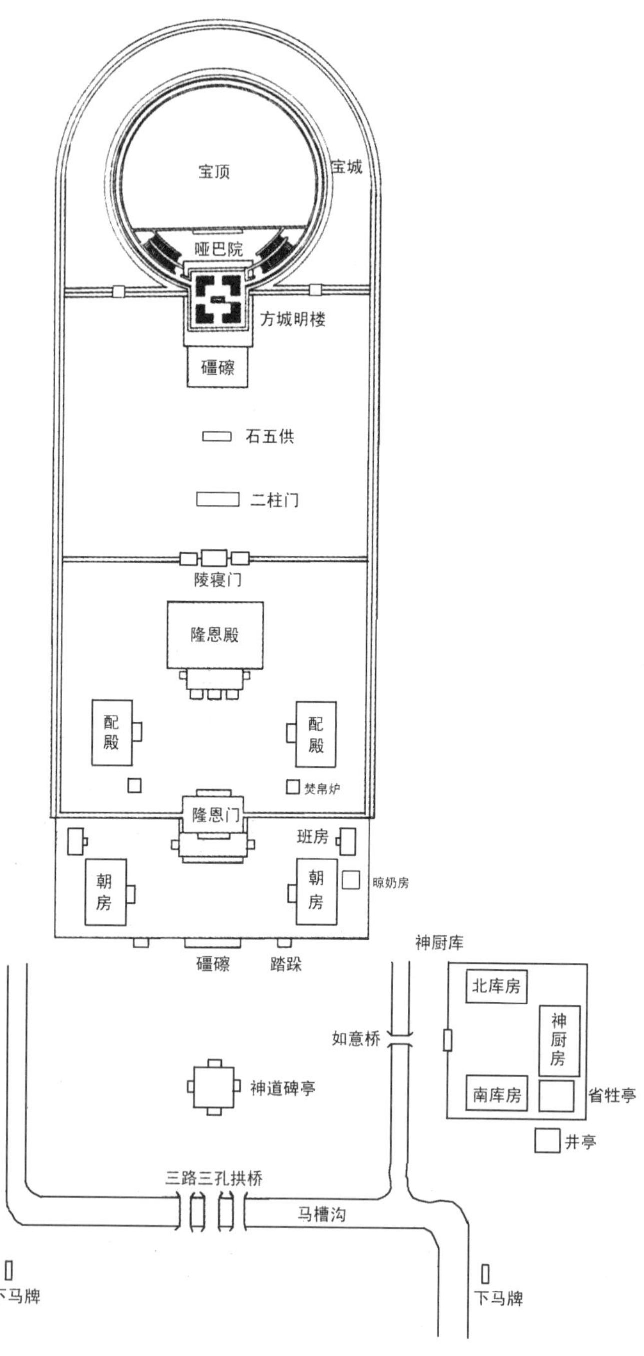

泰陵陵宫部分平面示意图（绘图：徐鑫）

泰陵神道碑亭

泰陵神厨库

泰陵省牲亭地下排水孔

神厨库，位于神道碑亭东侧，是一座黄瓦红墙的四合院式建筑，是祭陵时置办祭品的地方。院落坐东朝西，进门迎面的单檐悬山五间房称为“神厨”，是专门烧造肉食祭品所用，屋里面有锅灶，房后有烟囱。南、北各三间房称为“神库”，是储存祭品及原料的备品库。东南角有一座重檐歇山式方亭，四面各显三间，是礼部宰杀牛羊的地方，称为“省牲亭”。神厨南墙外，有一座专供祭陵时所用的盝顶井亭。

朝房，位于隆恩门前面左右两侧，房后各有两座砖砌的大烟囱。每逢祭祀前，陵寝内务府的员役在东朝房内熬制奶茶，制作膳品；在西朝房内打制各种饽饽，备办干鲜果品。所以东朝房又叫“茶膳房”，西朝房又叫“饽饽房”。

晾奶房，在东朝房北间屋后面，建有一间木板房，其作用为晾晒奶制品，目前无遗址。在东朝房后建有晾奶房，这是清西陵所特有的。

值班房，东西朝房以北是东西值班房，单檐硬山卷棚顶，面阔三间。这里是八旗官兵值班时休息之所。

泰陵西朝房

泰陵东班房

隆恩门，又称“宫门”，是进入陵寝的必经之门。

泰陵隆恩门

隆恩殿，又称“享殿”，俗称“大殿”，是供奉神牌和祭祀的主要场所。隆恩殿前为月台，月台上设有鼎式铜炉、铜鹤和铜炉各一对。隆恩殿内有暖阁三间，中、西暖阁内各有一座神龛，内设宝床、衾褥，其中中间暖阁供奉帝、后神牌。大、小祭祀活动都在隆恩殿里面举行。

泰陵隆恩殿

泰陵隆恩殿月台陈设旧影

东配殿位于隆恩殿前东侧，是放祝版和制帛的地方。东配殿也是临时放神牌的地方，每当隆恩殿大修时，将帝、后、妃的神牌提前移供于东配殿内。

西配殿则是喇嘛念经的地方。自乾隆五十二年（1787 年）二月后，每年帝、后忌辰日（又称“素服日”），永福寺派来 13 名喇嘛在西配殿念满洲版《药师经》卷，以超度亡灵。

泰陵东配殿

泰陵东焚帛炉

焚帛炉，在两配殿之南，各建有一座琉璃瓦单体建筑，单檐歇山顶。

陵寝门，在隆恩殿后面。陵寝虽然是阴宅，但也是按“前朝后寝”格局设计的：隆恩殿、东西配殿所在的前院属于“前朝”；方城、明楼、宝城、宝顶、石五供则属于“后寝”。

泰陵陵寝门

泰陵二柱门

泰陵石五供

二柱门，位于陵寝门以北不远处的神路正中，进陵寝门，迎面一组建筑就是二柱门。此建筑虽名为“门”，但实际上棺椁既不从此处过，谒陵者也不从此门通行，是礼制性建筑，没有实用价值。清朝陵制，皇后陵不设二柱门。从道光帝的慕陵开始，皇帝陵也裁撤了二柱门。

石五供，二柱门北面的一组石雕刻。清陵石五供仿明陵石五供规制，由石祭台和一个香炉、两个花瓶和两个烛台组成，五件石雕的器物一字排列在祭台台面上。

方城，在石五供的北面有一座雄伟高大的城楼式建筑。关内清陵的方城与关外清陵的方城是不一样的：关外清陵的方城是指由陵墙围成的长方形院墙；而关内清陵的方城是指明楼下面的方形城台。台面东、西、南三面边沿上成砌锯齿状的垛口，北面边沿成砌宇墙。方城下有一条南北贯通的砖隧道，俗称“古洞门”。

哑巴院，穿过方城古洞门。此院正北墙月牙城上建有一座琉璃影壁，影壁下为地宫入口。哑巴院东西两侧各建有一条通往宝城的转向礓道。

泰陵方城、明楼

泰陵明楼斗匾

泰陵硃砂碑碑身

明楼，建在方城台面的正中，重檐歇山顶建筑。二层檐下悬挂一块斗匾，上面用满文、蒙古文、汉文三种文字题写“泰陵”二字，满文居中、蒙古文居左、汉文居右。楼内正中竖石碑一通，碑身阳面用满文、蒙古文、汉文三种文字镌刻着“世宗宪皇帝之陵”七字碑文，满文居中、蒙古文居左、汉文居右。碑座是长方形须弥座。因为碑面上涂满红色硃砂，所以称此碑为“硃砂碑”。明楼是全陵建筑中位置最高的。

宝城，方城两边有高大的城墙，绕宝顶一周，宝城上建有环城马道。

宝顶，宝城中间隆起的巨大土丘，便是雍正帝的坟头。泰陵宝顶是清西陵宝顶中面积最大的。

地宫，指宝顶下面便是工程浩大的用来埋葬帝、后、妃的建筑。

整座泰陵占地 127 亩，大小 76 座建筑分布在 2500 米的神路上，贯穿全陵的神路将泰陵数十座形制各异、多彩多姿的建筑连接，形成一条气势宏伟、序列层次丰富、极为壮观的陵区中轴线。它因势随形，在案山（蜘蛛山）处奇妙地打了一个小弯之后，穿过大红门直抵朝山（元宝山）。

这种配合山川形势、强化主宾朝揖的天然秩序，产生了极富感染力的“天、地、人”合一空间遐想的艺术效果。这种人类聪明才智与大自然美景的交融产生出来的作品，使得清西陵虽为人间世界，却似天上人间。

清朝统治者在学习、接收汉文化的同时，也在实际中实践着汉族文化中的精髓——风水理论。

东晋风水大师郭璞在《葬经》中对风水的解释：

泰陵宝城上的马道

葬者，乘生气也……气乘风则散，界水则止。古人聚之使不散，行之使有之，故谓之风水。

以上文字虽然简单，但却揭开了古文化中风水高深莫测的神秘面纱，并第一次诠释了风水的理论要求。

按照此说，泰陵的自然环境完全符合“龙、穴、砂、水”的风水理论。

龙，即龙脉，这里指山脉。山脉高低起伏，绵延飞舞，气势如龙，所以在风水中称“山脉”为“龙脉”。泰陵主山为永宁山，其山发自山西涞源，山向由西南至东北。

穴，本意是土室。这里则是指墓室选址的落脚点，即人们常说的金井位置。穴的位置不仅要看周围的环境，还要看土质，即检验土的质量。“土细而不松，油润而不燥，鲜明而不暗”为佳，也就是说，要求土色肥沃湿润，不含砂石。一斗土重六七斤为凶，八九斤为吉，十斤以上为大吉。用此方法推断土壤的密实性和地基承载力，而泰陵的土质为紫黄色坚细的上等佳土，这是最好的土壤。

泰陵宝顶

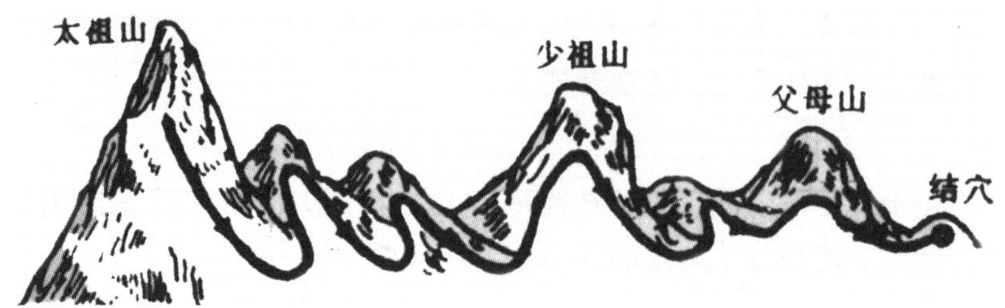

古人风水观念中理想的龙脉流向图

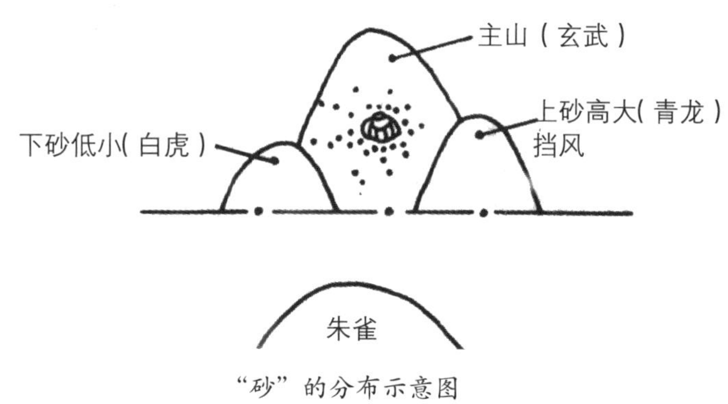

“砂”的分布示意图

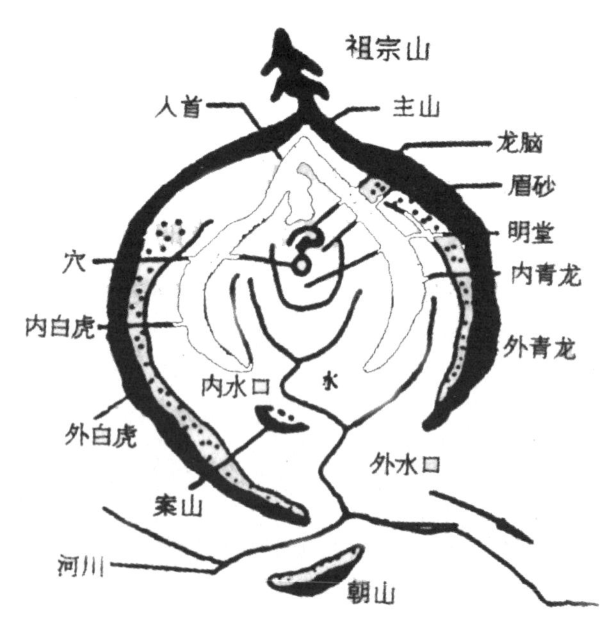

古人理想中的风水形势图之一（资料来源：朱天运《十三陵风水探秘》）

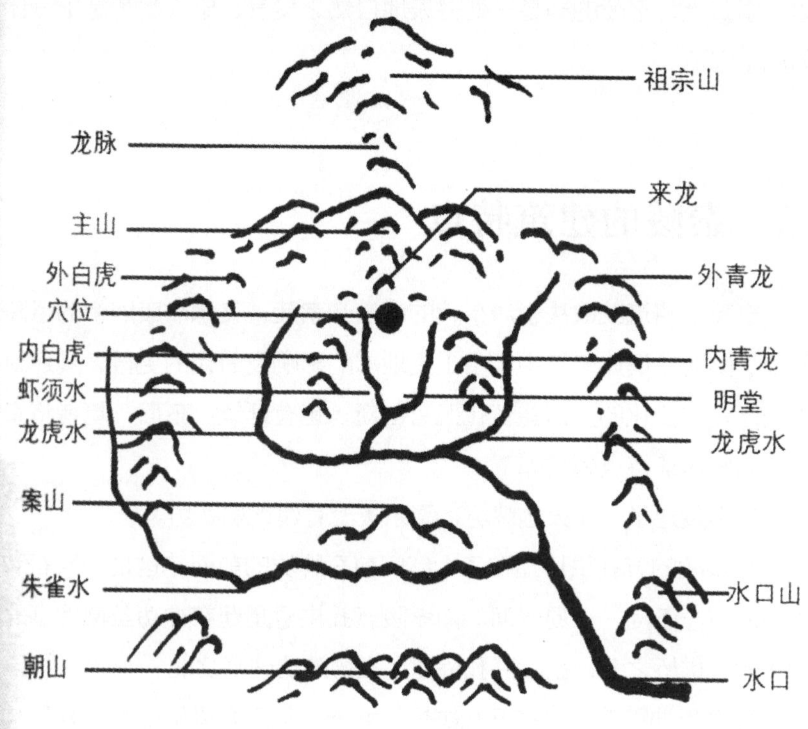

古人理想中的风水形势图之二(资料来源:朱天运《十三陵风水探秘》)

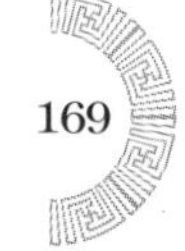

砂，即穴周围的山，所以也称“护砂”或“砂山”。左侧之山称“龙砂”，右侧之山称“虎砂”，合称“青龙”“白虎”。护砂不仅要低于主山，而且要山势平缓、蜿蜒，即《葬经》中所说的“青龙蜿蜒，白虎驯服”。

水，即水流。水为山之血脉，好的生态环境离不开水的存在。这里指环绕陵区而过的大水流，即常说的所谓“朱雀水”。五行中称北方为“玄武”、南方为“朱雀”。朱雀为火，必须用水镇之，故名“朱雀水”，其基本结构是“小水浃左右，大水横其前”。水流方向是交合与环绕两种形式均可，即要求水流环抱陵区左右和前方。泰陵的朱雀水为北易水河，水流平缓，水质上乘，西北向东南曲折而过。

好山、好水、好穴、好建筑，按照“陵制与山水相称”的原则，将陵寝建筑以巧妙的视角、适宜的尺度，按照变换丰富的序列摆放在山水间，这就成就了泰陵在风水理论中强调的“天人合一”的思想表达。事实上，泰陵的确是一处得天地自然之灵气、集人类智慧于一体的风水宝地。

二、泰陵的建筑特点

泰陵的建筑既取法于清东陵的顺治帝孝陵，又承沿康熙帝的景陵制度。然而在具体建筑中，由于受地形的影响及时代的更替，其建筑规制还是有变化的。这些变化既有创新，也有延续。下面，笔者将泰陵的这些建筑特点列举如下。

1. 泰陵建了一座火焰牌坊，清东陵没有建火焰牌坊。

2. 泰陵的五孔拱桥建在了大红门前石牌坊的前面，这是因为石牌坊前面有一条河——易水河。而孝陵五孔拱桥是建在神功圣德碑亭北面的七孔拱桥之北，景陵五孔桥建在圣德神功碑亭之北。

3. 泰陵神路的起点在五孔拱桥的北面，与五孔拱桥相接，并且神路均由中心石、牙石等构成。而清东陵的孝陵神路，其起点在石牌坊北面，且起点到大红门 200 余米这段，神路没有中心石和牙石，仅由澄浆砖铺成。

4. 泰陵建了三座石牌坊，而清东陵只建了一座石牌坊，与清东陵相比，多建了两座石牌坊。两地的石牌坊，在局部的雕刻细节上也有所不同。

5. 泰陵大红门前的值班房朝向特殊，因为其朝向是正南。而清东陵大红门前的值班房，其朝向是东西向。

虽然现在清西陵大红门外并无值班房，但在老照片上，我们可以看到大红门外的值班房，其面阔三间，坐北朝南。这就奇怪了，按理说值班房都是官兵休息之所，其朝向应该是东西向的厢房，不应该是正南向的正房。可清西陵大红门外值班房，却是正房。这是为什么呢？

清西陵石牌坊及大红门旧影，此图可见西班房朝向为正南

6. 泰陵的两对下马牌上镌刻的文字只有正面有，而下马牌的背面则没有文字镌刻。而清东陵的所有下马牌，均是两面镌刻文字。

7. 泰陵在大红门前立有一对石麒麟，这是清东陵所没有的。

8. 泰陵的七孔拱桥不仅在长度上短些，就是建筑用石料也是普通的青白石，并没有特别之处。而清东陵孝陵的七孔拱桥，敲打其栏杆栏板，能发出类似五音的声音，景陵则没有七孔拱桥。

9. 与清东陵的孝陵和景陵相比，泰陵所有拱桥桥洞券上都雕刻有一只吸水神兽——蚣蝮。自泰陵之后，清东陵所有拱桥桥洞券上才雕刻吸水神兽。

10. 泰陵平桥全有石栏板，只不过石栏板有高有低，较低的石栏板被称为“如意栏板”。

11. 与清东陵的孝陵和景陵相比，泰陵圣德神功碑亭的门券带有雕刻的券脸石，碑亭内的水盘四角雕刻有四水族。而清东陵的孝陵和景陵，其门券仅是砖砌红墙，碑亭内水盘四角没有任何雕刻（笔者注：现在孝陵的神功圣德碑亭水盘是光绪年间重建，故此水盘四角有雕刻）。泰陵作为清西陵首陵，其圣德神功碑亭内石碑是双碑，而孝陵神功圣德碑亭内则是单碑，且两者在正式称呼上也不同，泰陵的称为“圣德神功碑亭”，孝陵的称为“神功圣德碑亭”。

泰陵七孔拱桥吸水神兽——蚣蝮

泰陵圣德神功碑亭南券门

12. 泰陵建了五对石像生，与清东陵的孝陵相比，在数量上少了十三对，与景陵石像生数量是相同的。但泰陵石像生的雕刻，却远不如景陵精美。泰陵石像生中的石人，其底座上面均雕刻有纹饰，而清东陵石像生中的石人底座没有雕刻。

13. 泰陵在石像生北面建有一座琉璃构建的龙凤门。而清东陵的景陵没有这座建筑，景陵在石像生北面建的是一座牌楼门。

14. 泰陵在神道碑亭之南的神路上建有一个拦水坡，这是为了防止雨水进入泰陵陵区的一个防水措施，而清东陵的孝陵和景陵则没有这个措施。

15. 泰陵神道碑亭的位置与清东陵的孝陵相同，均在马槽沟三座三孔拱桥的北面，但与景陵不同，景陵神道碑亭建在马槽沟三座三孔桥的南面。泰陵神道碑亭的门洞券，是由有雕刻的白玉石建成的，而清东陵的孝陵和景陵，其神道碑亭门洞券均是砖砌红墙。泰陵神道碑上镌刻“乾隆尊亲之宝”宝文，清东陵的景陵神道碑上也镌刻有“雍正尊亲之宝”宝文，但是孝陵神道碑上则没有此类皇帝宝文。

16. 泰陵神厨库的井亭建在神厨库的南墙外，而清东陵的孝陵和景陵，其神厨库井亭的位置现在也无法找到遗址。

17. 与清东陵的孝陵和景陵相比，泰陵的朝房及朝房以北建筑均建在泊岸之上。泊岸前是一个大石礓礤，礓礤的左右两侧是石踏跺，这是孝陵和景陵所没有的。

18. 泰陵在东朝房后面建有一间晾奶房，这是清东陵所没有的建筑。

19. 泰陵朝房以北的值班房有些特别，泰陵值班房后面建有南北两排小房子，而清东陵值班房后面则是一个封闭的小院。

20. 与清东陵的孝陵和景陵相比，泰陵隆恩门前月台之南建的是石礓礤，月台东西两侧建的是石踏跺。而孝陵和景陵隆恩门前的月台，月台之南是砖礓礤，月台东西两侧也是砖礓礤。

泰陵前景旧影，此图可见东朝房后晾奶房和东班房

21. 与清东陵的孝陵相比，泰陵陵寝门前和方城前没有建玉带河，孝陵陵寝门前和方城前建有玉带河。

22. 泰陵宝顶为近似圆形，这是仿照景陵宝顶而建。而清东陵的孝陵，其宝顶形状近似于长圆形。

23. 泰陵左侧即东侧的砂山、后宝山和泰陵的案山——蜘蛛山，均为人工堆积而成。孝陵的砂山、后宝山和案山——影壁山，均是天然的。景陵的砂山、后宝山，也均是天然的，并没有人工堆砌的。由此可见，泰陵的风水还是不如清东陵的孝陵和景陵的好。

三、泰陵之谜

皇陵是封建社会皇权与神权合一的产物，是等级意识和灵魂不灭思想存在的一种方式，“事死如事生”是生者对死者的考虑，这种考虑是思想，更是一种精神。作为这种产物的皇陵，是生者与死者对话的场所。然而，在这个特殊的场所，清朝皇陵埋葬着无数的精神和物质财富，也埋藏着墓主人生前的传奇和死后的神秘，而其建筑又是代表同一时期我国古建筑艺术的最高水平。因此，它既是古文化宝库，也是一座历史迷宫。

在清朝皇陵这座历史迷宫中，雍正帝的泰陵所隐藏着的谜团似乎更令人感兴趣，因为这些谜团所涉及的方面很多。通过研究和实地调查，笔者将这些谜团总结如下。

（一）火焰牌坊之谜

无论是明陵还是清初关外三陵和清东陵，在陵寝前面都没有建立火焰牌坊的先例。为什么清西陵在离陵区十里的地方建这座建筑呢？还有，按理说皇家石牌坊建筑都是五门六柱，而泰陵火焰牌坊建筑却是三门四柱样式，建筑风格颇有民间性质。有民间传说，这是民间百姓为了孝敬雍正帝而建，目前还不得而知。

（二）三座石牌坊之谜

北京昌平区的明十三陵和河北遵化市的清东陵，大红门外均设石牌坊一座，每座高 12.5 米，面阔 31.85 米，五门六柱十一楼，完全用巨大的石料采用木结构雕刻和构造方法建成。唯有清西陵，在大红门外建了三座形制一样的石牌坊，正面一座，左右两侧各有一座，而且还在大红门前设了两个石麒麟，因此十分宏伟壮观。查看乾隆朝绘制的雍正帝泰陵全图，上面绘制的也已经是三座石牌坊等建筑。由此可见，这三座石牌坊在乾隆朝就已经存在了。于是，就有这个疑问，为什么清西陵建有三座石牌坊？

对于清西陵的这三座石牌坊的存在，目前主要有五种说法。

1. 清西陵始建于雍正八年（1730 年）。雍正帝在当皇子时，曾长期居住在雍和宫。雍和宫南院伫立着三座高大牌楼、一座巨大影壁和一对石狮。喜欢独特创新的雍正帝认为自己能够当上皇帝，与自己居住宅院的风水有重要关系。于是将自己居住的阳间宅院的样式搬到了自己死后居住的阴宅，在清西陵大红门前修建了三座石构造牌楼门。

2. 雍正帝营建自己陵墓时，蒙古王公为了表自己忠心、孝敬，捐献了营建三座牌楼门的费用，因此三座石牌坊与大红门之间形成了一个形式上的封闭空间。

3. 清西陵大红门前建有三座石牌坊这是乾隆帝给建造的，既是出于乾隆帝的孝心，也是乾隆帝为了表明清西陵地位的重要性。清西陵风水范围虽然比东陵小，但其重要性在自己心里也许更高。

对于这种说法，笔者质疑，三座石牌坊的规模不算小，而在乾隆元年（1736 年），清西陵的石牌坊就已经存在，所以这三座石牌坊建于乾隆朝年间的可能性不大。

4. 镇压水怪。传说此地原为一个大水池，居住着已经修炼成正果的老乌龟，而当人们为了施工填埋大水坑的时候，为了镇住越来越多的水，当地州官把大印投入水里才镇压住，为了长治久安地镇压水怪，特意多修建了两座石牌坊。

5. 为了弥补风水上的不足。因为大红门外空间开阔，左右两侧是

清西陵大红门前石牌坊与大红门之间的关系

水流，大红门两侧九龙山和九凤山相隔紧密，如果只建一座石牌坊的话，大红门似乎显得比较单薄，无法聚集“天、地、人”三者旺气。而大红门内则因属规制，建筑物排列与之外相比较则拥挤，三气又太浓。为了弥补这一缺陷，所以在两侧增设了两座石牌坊与大红门形成了一个独立的四合空间，在布局上则属于一个独立的大思维虚拟建筑物，属于古代风水理论中的借用手法。

另外，值得注意的是清西陵三座石牌坊中的坊心是空白无任何花纹和雕饰，更无文字，不知为何？

以上仅是笔者猜测，其实无论是出于风水景观的需要还是因为政治需要而存在，这都需要重要史料的发现。

（三）下马牌只有一面有字之谜

清西陵大红门前的下马牌，其规制与清东陵的下马牌无异，面朝东西向而立，但奇怪的是只有正面有满文、蒙古文、汉文三种文字“官员人等至此下马”，背面并没有任何文字。

通过统计，在清西陵的四座皇帝陵、三座皇后陵的下马牌中，泰陵、泰东陵、昌陵、崇陵的下马牌，都是正面有字，背面无字；而清永陵、清福陵、清昭陵、清东陵和清西陵的昌西陵、慕陵、慕东陵的下马牌，都是两面有字。这是为什么？至今尚无答案。

（四）大红门前设立石麒麟之谜

在清西陵大红门前的两侧，设有一对石兽。有人称此石兽为“石狮子”，也有人称此是“獬豸”，还有人称此是“石麒麟”。

《大清会典》记载，清西陵大红门前的这对石兽是石狮子。然而，我们通过实地观察发现，这对石兽头上有双角，身上有鳞甲，四肢是蹄形。这与狮子的体型根本不符，因此这肯定不是狮子。

那是否是獬豸呢？根据网上资料，獬豸体形大者如牛，小者如羊，类似麒麟，全身长着浓密黝黑的毛，双目明亮有神，额上长一角，俗称“独角兽”。通过对比，可以否定这对石兽是獬豸，因为獬豸很明显的特征是全身狮毛而不是全身的鳞甲。

那是否是麒麟呢？麒麟集狮头、鹿角、虎眼、麋身、龙鳞、牛尾于一体，尾巴毛状像龙尾，有一角带肉。通过对比，清西陵大红门外的那对石兽与此介绍相符，因此这对石兽的正确名称应该是麒麟。

然而，清东陵大红门前左右两侧并没有设立任何石兽，清永陵、清昭陵和清福陵虽然在大红门外各设有一对石兽，可是兽的名称是石狮子，并非是石麒麟。那么，清西陵大红门外为什么设有这对石麒麟呢？

目前，对于这个疑问，有三种说法。

1. 大红门建筑形式与石牌坊明显不同，为了区别主次，特意在大红门前安放了这对石麒麟以示区别。

2. 有人说在大红门外设石麒麟，是因为雍正当皇帝不是正大光明的。为了防止恶鬼骚扰，特意设置了两个石麒麟帮助自己看守住阴宅大门，希望以此能给自己带来祥和、安全。

3. 因为雍正帝是最信任祥瑞的，而麒麟是祥瑞神兽，将之安放在大红门外，则表明这里是祥瑞之地。

（五）泰陵圣德神功碑亭天花板之谜

清朝陵寝的神功圣德碑亭或圣德神功碑亭、神道碑亭、隆恩殿、明楼的顶棚都是木制的格井天花，由天花支条和天花板构成，上面披麻、挂灰、彩画。天花板为正方形木板，上面的彩画图案大多数为莲花水草。

令人不解的是，泰陵圣德神功碑亭的每块天花板在圆形内的水草部位都有一个直径约十几厘米的圆孔。每块天花板上的圆孔都在同一部位，大小也一致，总体看上去成排成行，非常有规律，这种现象只有泰陵圣德神功碑亭有，孝陵神功圣德碑亭及景陵、裕陵、昌陵的圣德神功碑亭都没有这样的现象。看其情形，形状像是树叶，估计是为了通风而特意留下的。到底是怎么回事，目前还不得而知。

泰陵功德碑楼天花板上有圆孔

（六）石像生之谜

在七孔拱桥北面，有一组石像生，设有五对石像生。其实在乾隆元年（1736年）九月泰陵完工时，并没有建造石像生。至于当时未建石像生的原因，有三种说法。

1. 为了减少建设开支。对此，雍正帝是这么说的：

一应所需工料等项，俱著动用内库银两办理，规模制度务从俭朴。其石像等件需用石工浩繁，颇劳人力，不必建设。

2. 因为泰陵是仿照景陵规制，景陵没建石像生，故此泰陵也没建。雍正十三年（1735年）九月二十一日，一个叫玛起元的御史给乾隆帝上了一份奏折，这份奏折是这么写的：

伏思大行皇帝（指雍正帝）所以不用石像生者，必以景陵未经设立，不忍增加，此诚我大行皇帝仁孝之至意也。但石像生虽非风水所关，实系典制所载，万年缔造，有此更可以永肃观瞻。且景陵旁附孝陵，同一大红门，并未分两处围墙，是以圣祖仁皇帝不肯设立石像生者，亦出于孝思之深心。后世子孙欲竭追慕之诚，凡于典礼所载无不曲尽，方觉毫无遗憾。今奴才愚见，请于景陵前应照典制敬为添设。而现今万年吉地（泰陵）亦另为敬谨建立，以备从前所未备，如此始于典制无缺。

玛起元的意思是说，雍正帝的泰陵不建石像生，是因为自己的父皇康熙帝的景陵没有石像生，自己出于孝道也不忍心建石像生。玛起元在奏折中还说，建石像生是属于古代规制，必不可少，康熙帝的景陵不建石像生，因为离孝陵很近，可以不建，但为了典制，两个陵都应该补建石像生。

3. 泰陵不建石像生是因为风水原因。由于乾隆帝不知道当初不建石像生的原因，故此打听，原泰陵风水官员是这样回答的：

泰陵甬道系随山川之形势盘旋修理，如设立石像生，不能依其丈尺，整齐安供，而甬路旋转之处，必有向背参差之所，则于风水地形不宜安设。是泰陵之未议设石像生者，实由风水攸关，非典礼所未备。

按照风水官的说法，泰陵不建石像生是因为所处位置风水不适合。

以上三种说法，哪种说法最有说服力呢？笔者认为是第三种说法，即因为风水泰陵当初未设石像生，这是当初选陵址风水官的解释。具体真相如何，尚需查证。但有一点，乾隆帝还是于乾隆十三年（1748 年）为泰陵补建了五对石像生。

虽然泰陵的石像生是乾隆朝补建的，但奇怪的是，泰陵石像生雕刻明显不如同一时期的景陵和裕陵石像生富态有神韵。为什么同是乾隆朝雕刻的石像生，其雕刻还有这样的差别？其原因尚不知道。

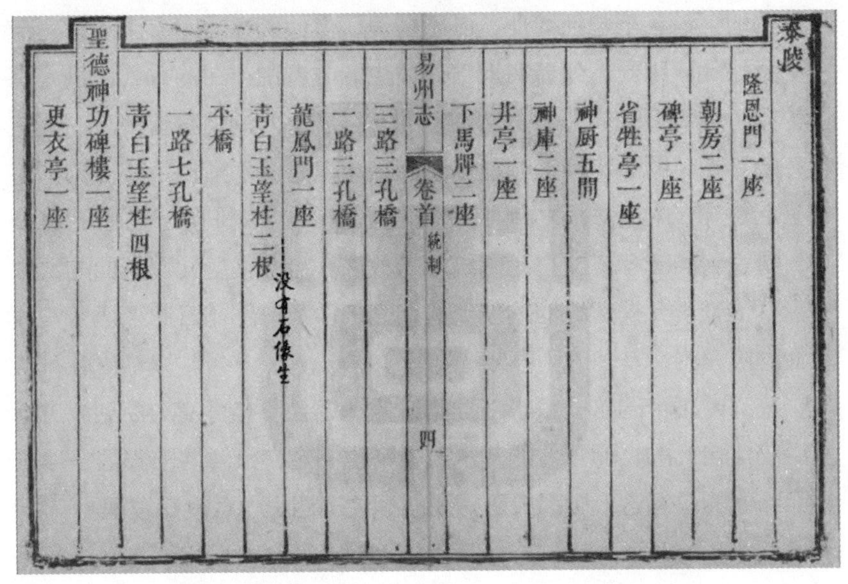

泰陵
隆恩門一座
朝房二座
碑亭一座
省牲亭一座
神厨五間
神庫二座
井亭一座
下馬牌二座
易州志　卷首　統制　四
三路三孔橋
一路三孔橋
龍鳳門一座
青白玉望柱二根
平橋
一路七孔橋
青白玉望柱四根
聖德神功碑樓一座
更衣亭一座

乾隆十二年的《易州志》里面没有记载泰陵有石像生

（七）地宫大小之谜

泰陵是属于清朝前期的陵寝，而地宫则属于整座陵寝中最核心、最神秘的地方。对于陵寝研究来说，地宫研究则属于重中之重。因泰陵地宫没有开启，因此，泰陵地宫存在着很多神秘色彩。

泰陵之前的清皇帝陵地宫还没有打开的实例，而且关于泰陵地宫的档案资料又少，而距泰陵建造时间最接近的则是乾隆帝的裕陵，根据清陵大多数是按照旧制来营建的制度推理，雍正帝的泰陵有可能也是九券四门。据清宫档案记载，泰陵地宫地面共用二尺金砖 473 块。但是否也像乾隆陵那样，在地宫中布满佛文雕像，现在不得而知，因为雍正帝当时只是进入过景陵地宫，并且很可能是遵循景陵的典制而建造的，而景陵地宫规制究竟如何，现在也不得而知。

（八）地宫藏宝之谜

中华民族是很能为死者操劳的民族。生者为了表达对死者无限的哀思，则通过对死者的厚葬的方式把死者生前享用的各种物品都统统陪葬在地下，甚至包括奴仆，以慰亡灵，供他们在阴间享用。封建帝王更是如此，因此，死者在地下如何生活或者说存在的方式，是人们议论和研究最多的问题。虽然雍正朝实行了有效的档案管理，在雍正朝开始，相关的清代档案明显多了起来，但是关于雍正帝陵寝和雍正帝身后之事的档案却很少，只是知道雍正帝在安排自己身后的事情时，特意将当年孝庄文皇后赐给他的数珠一盘、其皇父赐给他的数珠一盘、怡亲王允祥留给他的玻璃鼻烟壶一件及一部《日课经忏》安放在他的梓宫内，其他的则不知道。

按照雍正帝的这一思想来推测，他一定会留有喜爱的物品放进地宫里陪伴自己的，而且他的儿子乾隆帝也一定会额外地陪葬很多珍贵物品给他的。但这一切都只是猜测，相关的档案一直没有发现。

（九）金头之谜

“内行看门道，外行看热闹”，这句话一点都不假。大多数人关心的只是地宫藏宝，而真正值得历史学家所关注的则是里面所葬主人的秘密——在泰陵地宫里面，雍正帝遗体是否有头，是真头还是金头？

民间传闻雍正帝是武林高手，在一次祭祀活动中，曾亲手杀死了偷袭自己的刺客，并指令手下捕杀了对自己有威胁的一个大和尚，但和尚临死前留下遗言“我虽死，但雍正也难免一死”。雍正帝虽然加强了防范，但最终还是被侠女吕四娘深夜杀死。因此，埋葬在地宫里面的雍正帝是否有头，这是关系到雍正帝是否正常死亡的最有力证据，也是验证民间传说正确与否的最好实物，是解决历史之谜的最有效途径。现在所有的一切，在没有打开地宫之前都是猜测，都是一种推理而已。

（十）尸身安放之谜

据说，清朝地宫中的帝后是按易学的方位安排葬入尸身朝向的。

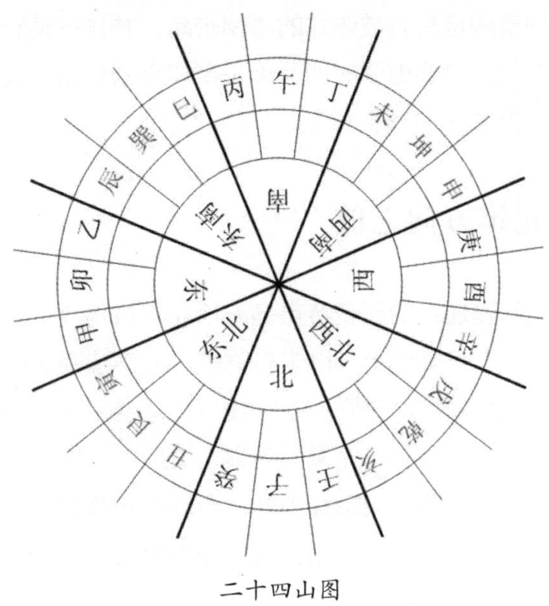

二十四山图

四	九	二
三	五	七
六	一	八

九宫数字图

皇家所依据的葬法是易学文化方位。易学文化方位包括河图方位和洛书方位，洛书方位又称“九宫方位”“太乙取其数以行九宫，四正四维皆合于十五”。洛书之数组成一个完整的人体。按洛书的说法，数字与人体间的关系是：戴九履一，左三右七,二四为肩，六八为足，五居中央。横、竖、斜皆合于十五。从方位上看，三为东方，九居南方，七居西方，一居北方，五居中央，二、四、六、八分别居于西南、东南、西北、东北四处。由于易学文化方位以“东方为左，西方为右，南方为前，北方为后”，从而帝后在入葬方位上即躺下为头北脚南，坐起是面南背北，处于君临天下的态势。

故此，大多数帝后陵的整体建筑方位与地宫方位均相同。

雍正帝的泰陵是没有被盗过的清朝帝陵，并且还是清初期丧葬文化向中原汉文化过渡的重要时期，雍正帝尸身的具体摆放位置是什么样，有待进一步考证。

（十一）建筑方向之谜

中国古代陵寝建筑的显著特点是无论此建筑物数量多少，主要建筑排列均要在同一条轴线上，以求对称美。而泰陵明显违背这一建筑理论，泰陵的前后建筑不在同一条轴线上。从泰陵石牌坊以南的五孔桥到石像生北是一条轴线，龙凤门到泰陵宝顶则是另一条轴线，两轴线交汇点大约在泰陵的案山蜘蛛山处，两轴线夹角为15º—17º。而蜘蛛山又是人工堆砌的，由此可见，两轴线夹角在蜘蛛山这个位置，应该是故意的，而绝不是偶然的。

为什么会出现如此奇特的现象呢？

笔者认为，这很可能是出于风水的考虑，因为清东陵的孝陵宝顶与陵寝中轴线也不在一条同轴线上。而对于泰陵陵寝风水线的记载，笔者只是在《世宗宪皇帝上谕八旗》中发现有这么一条记载。

雍正八年（1730年）十月初三日，雍正帝上谕八旗：

> 从前吾弟怡贤亲王为太平峪吉地事宜，殚心竭力，区画经营，曾与高其倬等定为癸山丁向。今年高其倬来京，又复细加相度，观朝案之确情、察砂水之深蕴，应立为壬山丙向。又吾弟怡贤亲王在日，曾有于金圈后面酌留气土之说。今据高其倬等再三计议，若留气上一股，旁镶砖石，与土不能合一，其界缝之间，阳水渗入，转为未协。夫气之所至，金石莫间。阳燧取火，方诸取水，水在盘而外津，薪隔釜而内熟。或由虚而达，或隔物而通，乃其明验。龙吉气旺，无所不彻，无庸又留气土，应循规制建造等语。览高其倬等所奏，于形势理气，计度周详，研求精细，讲论之处，甚为明晰。吾弟当日之经理此事，惟期合理合局，并无成见成心，且逊志虚公，谦怀受益，其生平之令德如此。高其倬等今日之议，既较前议更为加善，吾弟若亲身办理，

自必欣然乐从。即今日仙灵闻之，亦必大为喜慰也。著于月祭之时，将此情节告于仙灵知之。特谕。

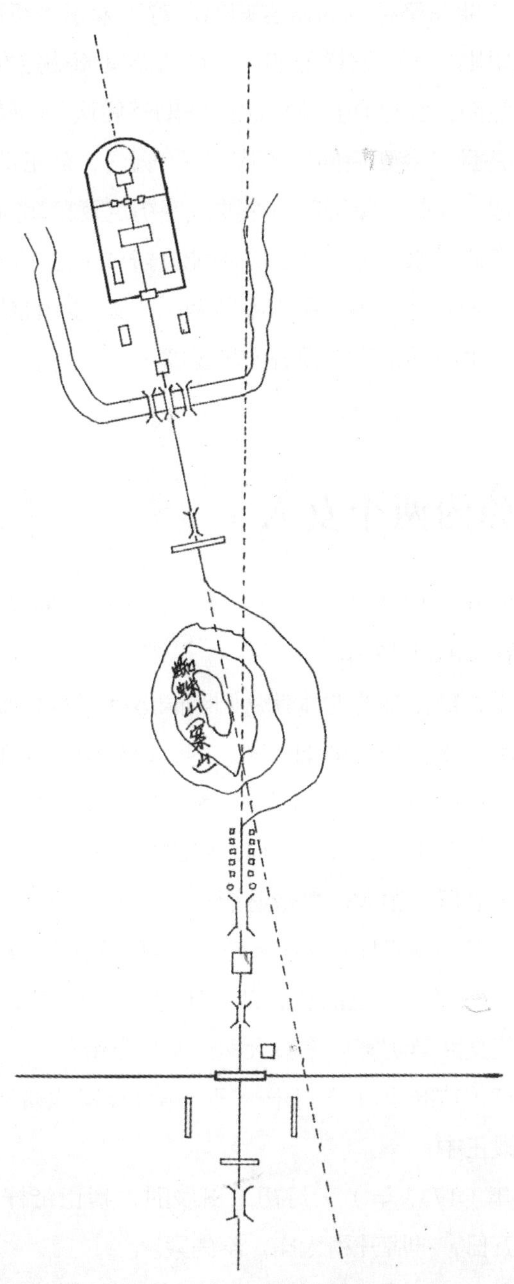

泰陵地面建筑采用两个方向，形成两条建筑轴线（绘图：徐广源）

雍正帝的这道上谕大意是说，允祥当初参与了勘察泰陵陵寝朝向，但现在又发现以前勘察的泰陵朝向不适合，这件事情要是死后的允祥知道，必然会赞成改变初定的泰陵陵寝朝向。所以为了安慰死后的允祥，一定要在祭祀的时候告知他。对于雍正帝所说的这道上谕，在研究者眼里则是可以这样理解：允祥与高其倬初定泰陵陵寝朝向为癸山丁向。然而，经过高其倬再次仔细勘察后认为，陵寝朝向应改为壬山丙向，并且“金圈后面”不应“留气土”。雍正帝认为高其倬的说法很有道理，因此泰陵陵寝有必要改变初定陵寝朝向。

由于笔者对风水一无所知，并不能分辨“癸山丁向”“壬山丙向”这些专业术语是怎么回事，所以泰陵两条交叉的中轴线问题，笔者无法解答，其产生原因，也需要进一步了解。

四、陪葬的两个女人

雍正十三年（1735 年）八月二十三日子时，58 岁的雍正帝在圆明园死去，在位时间 13 年。

当天夜里，雍正帝的遗体就从圆明园运回了紫禁城。弘历任命履郡王允祹、和亲王弘昼、公纳穆图、内大臣海望、刑部尚书徐本、都统傅鼐、吏部左侍郎普泰、兵部左侍郎杨汝穀为办理丧仪大臣。

八月二十四日申时，大殓，梓宫停放在乾清宫正中。

八月二十七日，颁大行皇帝遗诏。

九月十一日，奉移梓宫于雍和宫（原雍亲王府）永佑殿安放。

十一月十二日，行上谥礼，恭上庙号曰“世宗”，谥号为“敬天昌运建中表正文武英明宽仁信毅大孝至诚宪皇帝”。

乾隆元年（1736 年）十月十一日，奉移梓宫往易州泰陵，将梓宫停安于隆恩殿正中。

乾隆二年（1737 年）三月初二日辰时，雍正帝梓宫葬入泰陵地宫。三月初五日，神牌升祔太庙、奉先殿。

嘉庆四年（1799 年）五月十一日，加上谥号“睿圣”二字。庙号、谥号全称是“世宗敬天昌运建中表正文武英明宽仁信毅睿圣大孝至诚宪皇帝”，简称“世宗宪皇帝”。

与雍正帝同时入葬泰陵地宫的还有两个人，即孝敬宪皇后和敦肃皇贵妃。

孝敬宪皇后，乌喇那拉氏，雍正帝的原配皇后，满洲正黄旗人，内大臣管步军统领事、承恩公费扬古之女，生年待考，生辰为农历五月十三日。康熙二十八年（1689 年）或二十九年（1690 年），康熙帝

孝敬宪皇后朝服像

将刚十几岁的乌喇那拉氏指配给胤禛为嫡福晋。康熙三十六年（1697年）三月二十六日，生皇长子弘晖。雍正元年（1723年）十二月二十二日，册立为皇后。乌喇那拉氏出身于名门望族，受过正统的封建礼教的教育，知书达理。她被立为皇后以后，责无旁贷地担起了主持后宫的重担。她以贤淑的美德和得当稳妥的方法，把后宫管理得井井有条，为雍正帝免除了后顾之忧，使他得以全力以赴、专心致志地处理国家政务。因此来说，乌喇那拉氏称得上是一位贤内助。

雍正九年（1731年）九月，皇后染病在床，到月底病情转重，移住到畅春园。大病初愈的雍正帝支撑着虚弱的身体，特地去畅春园看望了自己的这位结发之妻。然而，当雍正帝刚回到自己的寝宫时，皇后就去世了，时为雍正九年（1731年）九月二十九日未时。

本来，雍正帝想立刻返回畅春园亲视皇后小殓、大殓，众臣见雍正帝身体难以支持，苦苦劝阻才作罢。从九月三十日起，雍正帝辍朝五日，成服缟素（即为皇后穿孝）。在京诸王、文武各官、公主、王妃、旗下二品命妇等，俱齐集畅春园举哀，持服二十七日。因当时紫禁城宫殿正在修缮，皇后梓宫只得停放在畅春园的九经三事殿内正中。

皇后之宝及宝文

与自己生活了40余年的原配皇后去世，作为丈夫竟未能守在旁边亲视殓奠。对此，雍正帝在悲痛的同时也感觉不安，生怕别人有所议论，于是在十月初三日把大臣们召来，特意向他们做了一番解释，并于十月初四日发出一道上谕，对皇后的生平做了全面总结和高度评价：

皇后那拉氏作配朕躬，经四十载，奉侍皇祖妣孝惠章皇后、皇考圣祖仁皇帝、皇妣孝恭仁皇后，克尽孝忱，深蒙慈爱。服膺朕训，历久而敬德弥纯；懋著坤仪，正位而小心益至。居身节俭，待下宽仁。慈惠播于宫闱，柔顺发于诚悃。昔年藩邸，内政聿修；九载中宫，德辉愈耀。兹于雍正九年九月二十九日崩逝，惓惟壶职，襄赞多年。追念遗徽，良深痛悼。

雍正九年（1731年）十月初七日，皇后梓宫从九经三事殿奉移到京西的田村殡宫暂安。十二月初十日行册谥礼，谥大行皇后为“孝敬皇后”。

雍正十三年（1735年）十一月二十一日，乾隆帝给孝敬皇后谥号增加十个字，并系世宗庙谥“宪”。

乾隆二年（1737年）二月二十二日，孝敬宪皇后梓宫奉移易州泰陵，敦肃皇贵妃金棺随同奉移，乾隆帝沿途护送。因为泰陵隆恩殿内停放着雍正帝的梓宫，为表示恭敬之意，卑不动尊，所以孝敬宪皇后梓宫停放在隆恩殿西边的芦殿内。

乾隆二年（1737年）三月初二日辰时，孝敬宪皇后梓宫随雍正帝梓宫入葬泰陵地宫，敦肃皇贵妃金棺也随同入葬。三月初五日，孝敬宪皇后神牌随雍正帝神牌升祔太庙。

嘉庆四年（1799年）五月十一日加上谥号“庄肃”二字，嘉庆二十五年（1820年）十二月十一日又加上“安康”二字，最后谥号为“孝敬恭和懿顺昭惠庄肃安康佐天翊圣宪皇后”，简称“孝敬宪皇后”。

雍正帝梓宫奉安地宫后，香册、香宝安设地宫。孝敬宪皇后合葬后，全书恭上尊谥之册、宝也安设地宫内，其从前册、宝，于祖奠致祭日焚化。

自从康熙帝的景陵开始祔葬皇贵妃，雍正帝的泰陵也延续了这一做法，使之日后成为一种定制而得到了很好的执行。这在当时来说，能祔葬在皇帝陵，是这个女人最大的荣耀，同时也是一种对其尊贵地位的认同。然而，决定皇贵妃能否祔葬在皇帝陵，需要满足以下三个条件：

1. 该皇贵妃是皇帝的宠妃；

2. 皇帝陵地宫有空余的棺位；

3. 该皇贵妃在皇帝入葬前死亡。

敦肃皇贵妃是年羹尧的亲妹妹，年羹尧是雍正帝最大的仇家，最后被列出 92 款大罪勒令自裁而死的，那么他的妹妹作为雍正帝的妃子，没有受到影响吗？现在就让我们看看历史上是怎样记载这段历史的。

敦肃皇贵妃，年氏，汉军镶黄旗人。她是湖广巡抚年遐龄的女儿，是广东巡抚年希尧、川陕总督年羹尧的妹妹。年氏出生并生活在这样的家庭里，受到了严格的、正统的封建教育和良好的文化教育。早在康熙年间，年氏就已是皇四子胤禛的侧福晋了，其地位仅次于嫡福晋乌喇那拉氏，高于乾隆帝的生母钮祜禄氏。年氏端庄淑贤，通情达理，深受胤禛的宠爱。康熙五十四年（1715 年）三月十二日酉时生皇四女，康熙五十九年（1720 年）五月二十五日生皇七子福宜，康熙六十年（1721 年）十月初九日生皇八子福惠。胤禛继位后，年氏于雍正元年（1723 年）二月十四日被封为贵妃，同年五月初十日生皇九子福沛。十二月二十二日举行贵妃的册封礼。

年氏虽然是一个女人，但善于观察事物，很有政治头脑。她深知兄长年羹尧有拥戴之功，是皇帝的宠臣，又屡立战功，加官晋爵，荣耀异常。但自古以来，伴君如伴虎，她素闻兄长不仅恃宠而骄，狂妄自大，更为严重的是目无君主，欺压群臣，僭越违制。年氏虽然从皇帝的言谈话语中洞察出对兄长的不满，但她不相信兄长会做出不轨之事，内心只是希望社会上的传言是因为嫉妒而编造出来的诽谤。然而雍正二年（1724 年）年氏回家省亲，她开始相信传言是真的了。为此，年氏为其兄整日地担惊受怕、忐忑不安。因为她在家里看到了被兄长霸占强娶的蒙古贝勒之女，看到了年府的家人们身穿朝服与国家命官平起平坐，看到了兄长年羹尧妄自尊大、狂傲骄纵的神态。回到皇宫以后，她思前虑后，权衡利弊，决定以退为守，也许还能保住她哥哥的性命，于是她把回家看到的一切如实地都告诉了皇上，并表示了对兄长的不满。

雍正帝对年氏这种忠君爱国、大义灭亲的精神深为感动，但却没有因为年氏而宽恕年羹尧，依然加紧对年羹尧的打击行动。年氏本来身体就虚弱，加之长期为兄长担惊受怕，寝食不安，体质越来越差，到雍正三年（1725 年）十一月，年氏的病情已经很严重，最后竟然卧床不起。到十一月十五日，雍正帝也预感到年氏的病情不妙，于是向礼部发出一道谕旨：

贵妃年氏秉性柔嘉，持躬淑慎。朕在藩邸时事朕克尽敬慎，在皇后前小心恭谨，驭下宽厚和平。皇考嘉其端庄贵重，封为亲王侧妃。朕即位后，贵妃于皇考、皇妣大事悉皆尽心，力疾尽礼，实能赞襄内政。妃素病弱，三年以来，朕办理机务，宵旰不遑，未及留心商确诊治，凡方药之事，悉付医家，以致躭延日久。目今渐次沉重，朕心深为轸念。贵妃著封为皇贵妃。倘事出，一切礼仪俱照皇贵妃行。

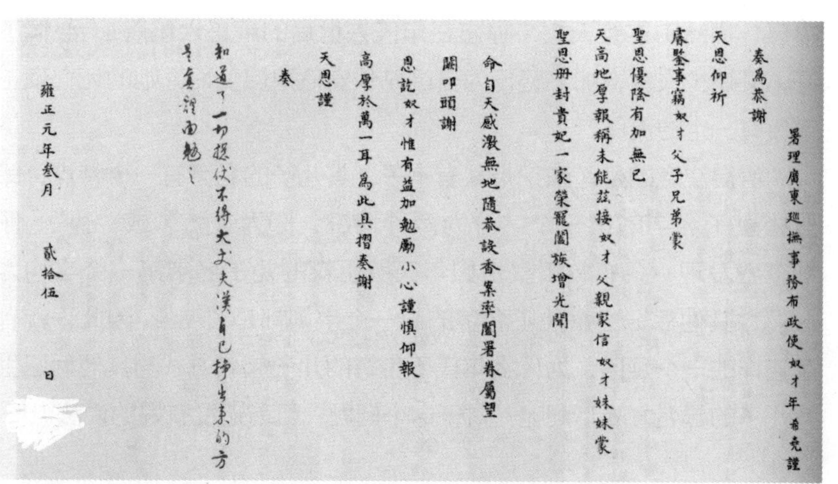
署理廣東巡撫事務布政使奴才年希堯謹
奏為恭謝
天恩仰祈
睿鑒事竊奴才父子兄弟蒙
聖恩優隆有加無已
天高地厚報稱未能茲接奴才父親家信奴才妹妹蒙
聖恩冊封貴妃一家榮寵闔族增光聞
命自天感激無地隨恭設香案率闔署眷屬望
闕叩頭謝
恩訖奴才惟有益加勉勵小心謹慎仰報
高厚於萬一耳為此具摺奏謝
天恩謹
奏
知道了一切擬仗不得大丈夫漢自己掙出來的方是真體面勉之
雍正元年叁月　貳拾伍　日

年氏被封为贵妃后，年羹尧谢恩折及雍正帝的批阅

尽管雍正帝对于年氏所作所为说不出丝毫的差错，但他还是借口公务繁忙而不去探视，仅以治疗为主。虽说在年氏病重这个时候特意加封她为皇贵妃，但这也只是一种变相的冷落，并没有在实际行动中探视，给予夫妻间的体贴照顾，反而在这个时候忙于策划年羹尧的罪行。

雍正三年（1725 年）十一月二十二日，刚晋升为皇贵妃七天的年氏，尚未来得及行册封礼，就病死在圆明园。也就在这个月，其兄年羹尧被逮回京受审，年氏死后刚半个月，年羹尧被赐令自尽。

雍正三年（1725 年）十一月二十八日，年氏金棺由圆明园奉移到阜成门外十里庄殡宫暂安。十二月，被册谥为“敦肃皇贵妃”。乾隆二年（1737 年）二月二十二日，敦肃皇贵妃金棺随孝敬宪皇后梓宫奉移泰陵，三月初二日辰时葬入泰陵地宫，金棺位于雍正帝梓宫右（西）侧，比左侧的孝敬宪皇后的梓宫稍后些，以示尊卑有别。

敦肃皇贵妃年氏能袝葬在泰陵地宫，究竟是雍正帝的本意还是乾隆帝做主安排的，目前还不得而知。

纵观年氏一生，她因其兄功劳晋升为贵妃，后又晋升为皇贵妃，而没有因年羹尧罪受牵连，这在历史上还是少见的。这究竟是因其深明大义而得宠，还是因其为雍正帝生儿育女功劳大，这些都有待研究。但她的死，与其兄获罪和雍正帝的冷落，还是有很大关系的。

年氏本来体弱多病，她为胤禛生的一女（皇四女）、三子（福宜、福惠、福沛）连续夭亡（福惠在年氏去世后的雍正六年殇），心情不好，又缺少夫爱，加之整日为自己兄长安危担惊受怕，她的死亡雍正帝负有一定的责任。

值得注意的是，雍正帝共有十子，其儿子的名字有一个特点，即这些皇子名字的第一个字分为两种情况，即为“弘”或“福”。仔细查看发现，只有敦肃皇贵妃年氏所生育的儿子名字第一个字均为“福”，其他后妃生育儿子名字的第一个字则都是“弘”。因此，就有了这样的一个疑问，为什么年氏所生育的儿子起名方式与其他后妃生育儿子的起名方式不同呢？对于这个问题，目前还没有好的说法。

第六章

泰东陵：谜案重重的皇后陵

雍正帝本身争议很多，而作为他的皇后，孝圣宪皇后（即乾隆帝生母）钮祜禄氏的谜团也不少，不仅其身世是谜，而且在生前明确表示死后不与雍正帝合葬。也许因为乾隆帝生母本身真的是一个谜，所以乾隆帝的身世、出生地也是历史之谜。

一、不想与皇帝合葬的女人

中华民族历来就有子随父葬、夫妻合葬的传统。夫妻的最高境界，就是生能同房、死能同穴。在封建社会，一个女人能与自己的男人合葬，尤其是能与最尊贵的皇帝合葬在一个地宫里，是每个女人的梦想，是她们最大的心愿。这不仅是一种荣耀，更是女人尊贵身份的象征。

清朝初期，皇后无论死于皇帝之前还是之后，都与皇帝合葬。当时能与皇帝合葬的女人只有皇后，皇帝的其他女人只能遥遥地望着他们而另葬他处。在康熙朝，康熙帝打破了这种制度，为死于顺治帝之后的孝惠章皇后单独建立了皇后陵——孝东陵。显然，为皇后单独建陵是首例，还没有形成制度，因为与孝东陵同时期的昭西陵，当时只是称为“暂安奉殿”，并不是正式陵寝。因此，能与皇帝合葬依然是后宫女人最大的希望。然而，在雍正朝却有一个皇后级别的女人拒绝与雍正帝合葬，她就是乾隆帝的生母——孝圣宪皇后。

乾隆元年（1736 年）九月初四日，负责泰陵工程的恒亲王弘晊、内大臣户部尚书海望等人向乾隆帝上奏，询问是否在泰陵地宫内为现今的皇太后留出棺椁位置的事情，其奏文如下：

> 世宗宪皇帝梓宫安奉泰陵地宫，请照景陵之例，安设龙山石，其随入地宫之分位，并万年后应留之分位，相应请旨。

当时葬入泰陵地宫的已有三人，一帝、一后、一皇贵妃。

古时，不仅人生前要有尊卑等级排列，就是死后在棺椁的摆放位置上也有尊卑之别。雍正帝位于棺床正中，孝敬宪皇后是原配嫡皇后，自然要安放在雍正帝的左旁。因此，如果要为孝圣宪皇后预留棺位，则要将雍正帝梓宫的右侧棺位空着不用，以待将来安放孝圣宪皇后的梓宫，而敦肃皇贵妃的金棺则要放在孝敬宪皇后梓宫的左侧，并且地宫石门不能关闭，设一木门代替石门临时关闭，以免走了地气。

孝敬宪皇后八旬朝服像

泰陵事務恒親王弘晊內大臣戶部尚書海望
奏稱。
世宗憲皇帝梓宮安奉
泰陵地宮。請照
景陵之例。安設龍山石。其隨入
地宮之分位。並萬年後應留之分位。相應請旨
等語。朕敬將萬年後應留分位之處。奏請
皇太后懿旨。奉
皇太后懿旨
世宗憲皇帝梓宮奉安地宮之後。以永遠肅靜
為是。若將來復行開動。揆以尊卑之義。於心
實有未安。況有我朝
昭西陵
孝東陵成憲可遵。
泰陵地宮不必預留分位。朕伏承
懿旨仰見
皇太后坤德恭謹。
聖慮周詳。自當恪敬遵奉。欽此

《高宗纯皇帝实录》中关于预留泰陵地宫棺位的记载

那么，是否在泰陵为皇太后预留棺位，这可是关乎着皇太后百年的大事。对此，乾隆帝也不敢擅自做主，只能奏请皇太后。为此，孝圣宪皇后降下一道这样的懿旨：

> 世宗宪皇帝奉安地宫之后，以永远肃静为是。若将来复行开动，揆以尊卑之义，于心实有未安。况有我朝昭西陵、孝东陵成宪可遵，泰陵地宫不必预留分位。

根据这道懿旨的意思，孝圣宪皇后不想与雍正帝合葬，其理由是卑不动尊，并且还特意强调，自己死后要按照昭西陵、孝东陵模式建造陵寝。

乾隆帝见母亲这样说，于是对泰陵地宫棺位的摆放做出了如下决定：

> 至皇考梓宫奉安时，著照例安设龙山石，其随入地宫之皇妣孝敬宪皇后梓宫应居左稍后。敦肃皇贵妃金棺应居右，比孝敬宪皇后梓宫稍后。

遵照乾隆帝的谕旨，于是泰陵地宫按照景陵地宫安设固定棺椁的先例，也安设有龙山石。泰陵地宫三人的棺椁摆放位置次序为雍正帝

棺椁居中，孝敬宪皇后棺椁居左但比雍正帝棺椁要稍后，敦肃皇贵妃棺椁在雍正帝棺椁右侧，但棺椁位置要比孝敬宪皇后棺椁稍后。

在历史上，由于孝圣宪皇后的一人之言，造就了清西陵的第一座皇后陵寝的出现，虽然浪费了大量人力、物力、财力，但也为后人留下了一座宏伟的建筑和一笔可观的精神财富。

乾隆四十二年（1777 年）正月二十三日丑时，孝圣宪皇后病逝于圆明园长春仙馆，享年 86 岁。三月十六日在九经三事殿举行上谥礼，谥为“孝圣慈宣康惠敦和敬天光圣宪皇后”。嘉庆四年（1799 年）五月十一日，加谥号“诚徽”二字。嘉庆二十五年十二月十一日，加谥号“仁穆”二字，最后谥号全称“孝圣慈宣康惠敦和诚徽仁穆敬天光圣宪皇后”，简称“孝圣宪皇后”。

乾隆四十二年（1777 年）四月十四日，孝圣宪皇后梓宫奉移泰东陵。四月二十五日辰时，葬入泰东陵地宫。五月初一日，孝圣宪皇后神牌分别升祔太庙、奉先殿和陵寝隆恩殿。

二、创新的皇后陵

乾隆二年（1737 年），乾隆帝遵照皇太后的本意，在泰陵东北约三华里的东正峪为自己生母选择了万年吉地，营建了占地 56 亩的泰东陵。泰东陵的选址人员以及营建日期等信息均不详。

泰东陵名字的命名，是根据泰陵方位来确定的，这种命名方式是康熙帝首创的。

据实地调查，泰东陵的建筑规制由南往北依次为：三孔拱桥、下马牌、神厨库、朝房、晾奶房、值班房、隆恩门、焚帛炉、配殿、隆恩殿、陵寝门、石五供、方城、明楼、宝城、宝顶和地宫。地宫地面是金砖铺墁，地宫内雕刻有经文、佛像。

泰东陵神路与泰陵神路相接。

据查，皇后陵与皇帝陵最重要的区别不仅仅体现在占地面积的大小，还在于建筑物的多少。皇后陵不建圣德神功碑亭、石像生、龙凤门或牌楼门、五孔拱桥、神道碑亭、二柱门、哑巴院。在清朝的七座皇后陵中，因为泰东陵营建的时间比较早，在建筑形式上属于规制比较标准的一座皇后陵。

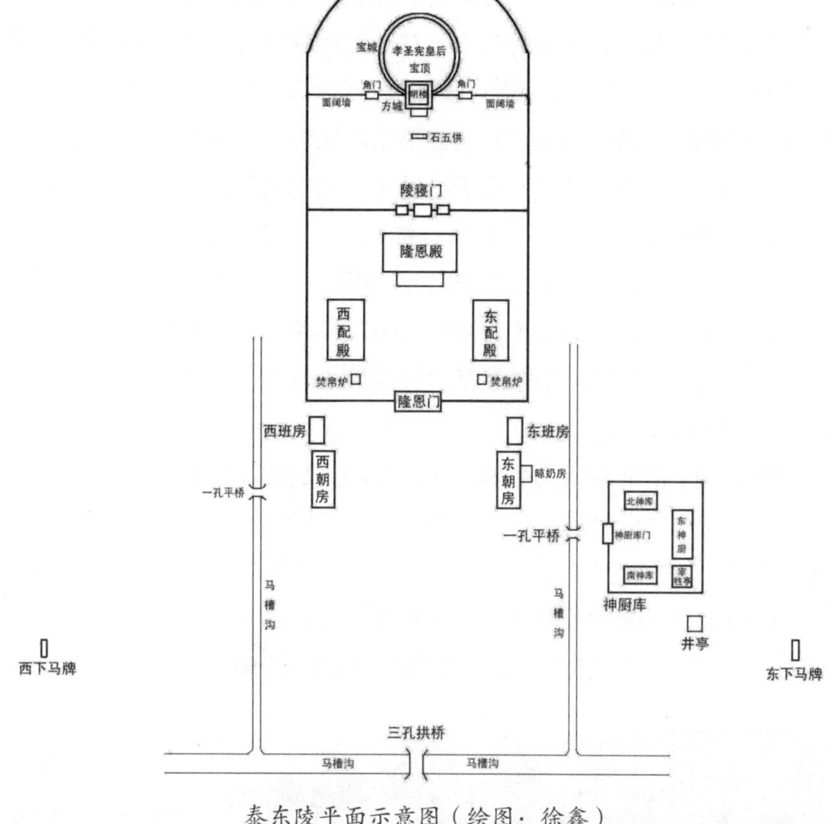

泰东陵平面示意图（绘图：徐鑫）

泰东陵前景

为什么说泰东陵是最标准的一座皇后陵呢？

这是因为，虽然昭西陵有神道碑亭，但是昭西陵不仅离沈阳的昭陵远千余里，更重要的是昭西陵墓主人的身份和历史地位最为尊贵和显赫。昭西陵的墓主人孝庄文皇后的最高身份是太皇太后，历史地位则是谋划国家大计奠定大清江山，并成功辅佐两代幼主。而孝东陵属于皇后陵兼妃园寝；昌西陵、慕东陵受国家财政影响规模缩减；慈安陵、慈禧陵则属于超制。与这些皇后陵比较，泰东陵的建筑规制中规中矩，最为规范，没有不属于皇后陵规制的建筑。因此，标准的皇后陵建筑规制应该如下：下马牌、神厨库、三孔拱桥、平桥、朝房、值班房、隆恩门、焚帛炉、配殿、隆恩殿、陵寝门、石五供、方城、明楼、宝城、宝顶、地宫等，神路与帝陵神路相接。而将这些建筑规制与泰东陵对比发现，泰东陵基本符合以上规制，所以说它是一座比较标准的皇后陵。

由于乾隆朝是清朝的鼎盛时期，按照当时的国家经济实力，乾隆帝完全有能力为自己的生母建造更高级别的陵寝。于是，泰东陵在建筑形式不逾制的前提下，有了如下五个方面的创新。

1. 首创皇后陵建晾奶房。在泰东陵之前的清东陵的两座皇后陵昭西陵、孝东陵，均没有晾奶房。乾隆帝为他生母陵寝单独在东朝房后

泰东陵东朝房后晾奶房遗址

面建造了一间小房子，称之为“晾奶房”。之后，尽管清东陵继续建有皇后陵，但仍然没有这独特的建筑，而晾奶房这一建筑却在清西陵的其他帝后陵中均得以保留（崇陵除外，崇陵建筑规制是仿照清东陵的惠陵，所以没有设立晾奶房），并成为清西陵帝后陵与清东陵帝后陵规制中的一个明显区别。

2. 隆恩殿前陈设铜鹿、铜鹤。泰东陵隆恩殿前的月台上陈设鼎式铜炉、铜鹿、铜鹤各一对，而在泰东陵之前的昭西陵、孝东陵隆恩殿前月台上只陈设一对鼎式铜炉，没有铜鹿、铜鹤，只有皇帝陵才陈设一对鼎式铜炉、一对铜鹿、一对铜鹤。因此泰东陵首创设立铜鹿、铜鹤。在泰东陵之后，皇后陵开始在隆恩殿前的月台上陈设铜鹿、铜鹤，但改为一只，以示与皇帝陵的区别。

3. 首创佛楼。在泰东陵隆恩殿东暖阁创建佛楼，这不仅在皇后陵中是首创，就是在整个清朝陵寝中也是首创。皇帝陵中首设佛楼的是乾隆帝的裕陵，而泰东陵设佛楼比裕陵还要早，只是它的佛楼仅是一层，不是上、下两层。在这之后，皇帝陵才开始在东暖阁设立佛楼，并且是上、下两层，成为制度。而皇后陵中除泰东陵外，只有慈禧陵的隆恩殿里面设置了佛楼。

泰东陵隆恩殿

泰东陵隆恩殿月台上的鹤、鹿座

泰东陵隆恩殿三暖阁

泰东陵隆恩殿内佛楼

4. 首创皇后陵匾碑上用字、宝制度。

自景陵开创皇帝亲书“二碑三匾”字及钤（刻）嗣皇帝“尊亲之宝”制度后，这一制度被扩展到了皇后陵。泰东陵就是采用这种做法的第一座皇后陵。“二碑三匾”是指神道碑亭碑、明楼硃砂碑、隆恩门斗匾、隆恩殿斗匾、明楼斗匾。由于皇后陵没有神道碑，故此泰东陵只有隆恩门斗匾、隆恩殿斗匾、明楼斗匾和明楼硃砂碑四处上用字是嗣皇帝亲书并用“乾隆尊亲之宝”印。

由于特殊历史原因，这一制度并未得到全面执行。其中，昌西陵、慕东陵不是嗣皇帝所建，故此，它们的碑匾上的字是皇帝亲书，但没有用皇帝“尊亲之宝”印。慈禧陵和慈安陵碑匾上的字不是皇帝亲书，但使用了皇帝“尊亲之宝”印，其原因是当时皇帝尚小，无法亲自书写。

5. 地宫内雕刻经文、佛像。按照皇后陵的规制，泰东陵地宫应为五券二门，五券分别是隧道券、闪当券、罩门券、门洞券和金券。乾隆帝别出心裁的在地宫内雕刻了佛像、经文，花费白银 5579 两。泰东陵是目前知道的清朝皇后陵中唯一有佛像和经文雕刻的地宫。

昭西陵地宫是否有佛像和经文雕刻，目前尚不清楚，但根据清朝

前期地面陵寝建筑的简朴来看，地宫布满佛像、经文的可能性不大。从昭西陵被盗情况来看，昭西陵地宫没有这方面的记载。再者，已开放并属于最奢华的慈禧陵，其地宫也没有佛像、经文的雕刻。

泰东陵方城、明楼、石五供

泰东陵宝城马道

泰东陵宝顶

6. 宝城内增设排水沟。泰东陵宝城的东西两侧各设有一个出水口，在出水口下又各设有一条直通方城、面阔墙外的排水沟。泰东陵的这种排水设置，在它之前的孝东陵和昭西陵均没有。

泰东陵的这些创新，在一定意义上是乾隆帝的孝心所为，但在另一个意义上也许另有原因，即乾隆帝生母孝圣宪皇后在内心并非是真的因为“卑不动尊”而不在泰陵地宫预留分位，其真实目的是以此为借口要单独建自己的陵寝。试想一下，雍正帝生母一定要与康熙帝合葬，而乾隆帝生母却不想与雍正帝合葬，这里面是否隐藏着一些难言的秘密？

笔者认为，这也许因为乾隆帝生母对雍正帝有意见或者有看法。比如与康熙帝之间的各种事情，继位或者对待兄弟之间的关系等。也许有人说，事情都已经过去几十年了，人也都入土为安了，那么，不合葬只是生者对死者的尊重，不去打扰死者亡灵，并不是表示对死者的不认同。笔者认为也有这种可能，那么乾隆帝生母对死后的雍正帝有什么看法呢？如果不是对雍正帝生前所作所为有看法，那就是对他死后的看法，也许雍正帝是不得善终的死法。即使是死后合葬在一起，在生者心里也是一种痛苦，甚至是一种恐怖。

也许有以上这些原因的存在，即使在雍正帝泰陵隆恩殿都没有佛楼的情况下，乾隆帝还是特意为自己生母的隆恩殿创建这一独特而又史无先例的规制，其真正原因不仅仅是因为孝圣宪皇后信佛。

三、泰东陵之谜

泰东陵是清西陵的第一座皇后陵，在皇后陵中，它是清朝营建的第三座皇后陵，其中孝东陵和昭西陵建在了清东陵。因此，它的建筑规制对于后世的皇后陵起着承前启后的作用。

通过实地观察发现，泰东陵建筑在继承和创新的同时，也存在着一些现代人无法理解的现象。由于无法解释这些现象，因此被称为历史之谜。现在，笔者就将这些谜团介绍如下。

泰东陵神路与泰陵神路相接处

（一）神路之谜

泰东陵的神路与泰陵神路相接，这是清西陵唯一的皇后陵与皇帝陵相接的神路。可奇怪的是，泰东陵与泰陵相接的那部分神路，其大约有 250 米神路路面仅是青砖铺设，路面并没有中心石和牙石，而没有中心石和牙石的神路，一般情况下被称为“甬路”，其档次属于妃园寝级别。在泰东陵之前的清东陵的昭西陵，因其与沈阳昭陵相距太远，其神路无法与昭陵相接。但清东陵的孝东陵，其神路是与孝陵相接的，并且其神路路面有中心石和牙石。于是疑问就出现了，为什么晚于孝东陵营建的泰东陵这段神路，其路面没有中心石和牙石呢?

（二）下马牌文字之谜

在泰东陵之前的孝东陵和昭西陵，只有昭西陵建有下马牌，但是昭西陵下马牌上两面都有“官员人等至此下马”三种文字。然而，泰东陵下马牌与泰陵下马牌一样，都是正面有文字，背面没有文字。难道也是仿照泰陵之例，致使泰东陵下马牌背面没有文字？这可是一个历史之谜。因为泰陵是雍正帝所建，而泰东陵是乾隆帝所建，按照乾隆帝的办事风格，凡是陵寝规制上不完善的，他都会纠正或者改进，其明显的例子就是泰陵当初没有建石像生，乾隆帝为之补建了石像生。既然如此，那为什么乾隆帝还是将泰东陵下马牌上的文字只镌刻了正面呢?

（三）马槽沟上没有建平桥之谜

泰东陵的马槽沟上只建有一座三孔拱桥。在它之前的昭西陵并没有马槽沟，所以就无从谈起建桥。而孝东陵的马槽沟上，不仅建有一座三孔拱桥，在拱桥的西侧还建有一座九孔平桥。既然仿照孝东陵所建，为什么泰东陵没有建平桥呢?

泰东陵东下马牌

泰东陵三孔拱桥南端

（四）神厨库的省牲亭烟囱建在院墙内之谜

由于神厨库的省牲亭内建有锅台，需要处理牲畜的毛皮，这就需要烧火，因此就需要建有烟囱。然而奇怪的是，泰东陵神厨库省牲亭的烟囱，居然有一半建在了院墙内。难道这是因为施工出现了失误吗？估计可能性不大，一是因为施工之前都要有画好的图纸，按照图纸施工；二是即使出现失误，按理说施工初始就会发现这个问题，然后修正。否则不仅监修大臣难辞其咎，乾隆帝也不会放过他们的。将神厨库省牲亭烟囱建在院墙内，这种事情在清陵中仅有泰东陵一例。

（五）泰东陵隆恩殿东暖阁佛龛的尊藏和陈设之谜

由于泰东陵隆恩殿东暖阁建有清陵中第一个佛楼，故此简单的只有一层，而所谓的“佛楼”，应该叫“佛龛”更为妥切一些。然而，也正因此，泰东陵隆恩殿东暖阁佛龛，当初到底尊藏了哪些佛像，以及佛龛外的东暖阁内有哪些陈设，更是人们热衷关注的话题。可是，由于档案上的欠缺，目前无法知道。

泰东陵神厨库

泰东陵省牲亭遗址及铜缸铜锅

（六）地宫内雕刻佛像、经文是否属于逾制

在泰东陵之前的清陵，并未发现地宫有雕刻佛像、经文的记载，尤其是泰陵地宫，也未在档案中发现雕刻佛像、经文。在男尊女卑的封建年代，乾隆帝为生母地宫雕刻那些佛像、经文，是否超越了自己的生父雍正帝的地宫规制？有待详解。

（七）地宫都在哪些地方雕刻了佛像、经文

目前仅知道泰东陵地宫雕刻了佛像、经文，至于是哪些地方雕刻了佛像、经文，目前并不知道。但据笔者推测，泰东陵地宫应该像裕陵地宫那样，除了隧道券、闪当券、第一道石门门洞券及地面和棺床没有雕刻外，其他的地方全部雕刻有佛像和经文。其理由是，裕陵地宫是九券四门，泰东陵地宫是五券二门，无论是建筑面积还是石门数量，均比泰东陵地宫大很多，但花费白银也仅仅是 10000 余两，而泰东陵却花费白银 5579 两，因此这是根据对比它们花费银子多少数量和所需雕刻面积来看的。笔者推测是否正确，尚需档案记载支持。

（八）地宫雕刻了哪些佛像、经文

在泰东陵之后营建的裕陵，其地宫佛像和经文雕刻，目前可以见到实物。而对于泰东陵来说，其地宫具体雕刻了哪些佛像，目前尚无法知晓。不过通过裕陵地宫雕刻的佛像、经文可以对其进行推测，因为无论是泰东陵地宫还是裕陵地宫，均是乾隆帝营建的。由此可见，这两座地宫佛像、经文雕刻内容应该出入不大，或为相似。具体情况如何，尚需档案的支持。

四、再现历史新谜团

“我怎么不是弘历的生母？”“我儿子就出生在雍亲王府！”“我就是姓‘钮祜禄’！”……这是令乾隆帝和孝圣宪皇后困惑一生的话题。然而这个问题并没有因为孝圣宪皇后入葬泰东陵而烟消云散，百余年来依然是人们津津乐道的皇室秘闻之一。

（一）一首诗揭示惊天秘闻

庆善祥升华诸虹，降生犹忆旧时宫。
年年讳日行香去，狮子园边感圣衷。

这首诗由乾隆朝一个叫管世铭的军机章京收录在其《韫山堂诗集》中，是《扈跸秋狝纪事三十四首》中的一首。他是现在能够查到的第一个对乾隆帝诞生地提出不同看法的人。管世铭在诗后注释“狮子园为皇上降生之地，常于宪庙忌辰临驻”。

民国初年，时任国务总理的熊希龄在热河行宫见到一处茅草房，草房留在“太子园”内，与周围雕梁画栋的建筑极不协调。打听其中的原因，一位 80 岁的老太监便向他讲述了草房的来历：乾隆帝的生母诨名“傻大姐”，是热河一工匠之女，雍亲王在选秀女时，因缺少一个候选人，临时拉她充数。没想到后来被选上了，进入雍正贝勒府做粗活，因雍亲王生病，“傻大姐”实心实意侍候，感动了雍正帝，于是令其怀孕，生下了乾隆帝。乾隆帝就出生在热河行宫的茅草房里，所以把茅草房留了下来，以作纪念。熊希龄把这个听来的秘闻当成清史说与胡适，胡适则把它写进了1922年4月2日的《日记》里。但就是这个破绽百出的故事，却能得以借助“名人”的讲述而扩编、演变、流传。

1944年5月1日，《古今文史》半月刊上发表了杂文作家周黎庵根据原热河都统幕僚冒鹤亭的口述所写的一篇《清乾隆帝的出生》，这是最早以文字的形式正式披露乾隆帝出生“秘闻”的文章：

> 弘历之出生，鹤丈言之綦详，其说则余所未之前闻。鹤丈云：乾隆生母李佳氏，盖汉人也。凡清宫人之隶汉籍者，必加“佳”字，其例甚多。雍正在潜邸时，从猎木兰，射得一鹿，即宰而饮其血。鹿血奇热，功能壮阳，而秋狝日子不携妃从，一时躁急不克自持。适行宫有汉宫女，奇丑，遂召而幸之，次日即返京。几忘此一段故事焉。去时为冬初，翌岁重来，则秋中也，腹中一块肉已将堕地矣。康熙偶见此女，颇为震怒，盖以行宫森严，比制大内，种玉何人，必得严究。诘问之下，则四阿哥也。正在大诟下流种子之时，而李女已届坐褥，势不能任其污亵宫殿，乃指一马厩，令入。此马厩盖草舍，倾斜不堪。而临御中国六十年、为上皇者又四年之十全功德大皇帝，竟诞生于此焉。

上述文章的大意是说，乾隆帝生母叫李佳氏，是汉人入旗者。雍正帝未当皇帝前，一次到木兰打猎，射中一鹿，由于喝了鹿血，急需要泄欲，可是没有带妻妾，在行宫偶遇一个奇丑宫女，遂发生性关系，宫女为之怀孕。后来，这件事被康熙帝获知，严查之下知道是自己的四儿子所为。此时正是流言满飞之时，为了不让此女玷污皇宫，就指令其住在一个养马的茅草房，于是乾隆帝就在茅草房里出生了。

首先为之考证的是台湾史学专家庄练（苏同炳）先生，他在考证乾隆帝身世之谜时，援引了上述的说法，并同时得出如下结论：“冒因为在热河都统署中作幕宾之故，得闻热河行宫中人所传述之乾隆出生秘闻如此，实在大可以发正史之隐讳。”不仅如此，庄练先生根据对传闻故事的考证后，写成了《乾隆出生之谜》一文和《中国历史上最具特色的皇帝》一书，在文章和书中指出，乾隆帝生母确系热河行宫宫女李氏，出生地点就是避暑山庄行宫狮子园内的草房，除了本节开头的那首诗外，他还提供了两条罕为人知的史料，这些都可以作为乾隆帝生母李氏在草厩产下乾隆的旁证。

1.《圣祖仁皇帝实录》卷 247 载：“康熙五十年七月，皇四子和硕雍亲王胤禛赴热河请安。”庄练先生说康熙帝命胤禛此行的真正目的是为了确定李氏所怀的孩子是不是他的。

2. 清代官修的《热河志》中，专门将“草房”记于狮子园中。

另外，庄练先生考据乾隆帝高寿是因为遗传生母的原因。乾隆帝生母是出身低下的仆人，年轻时经常劳动，故身体得到强化锻炼而高寿。

大名鼎鼎的台湾历史小说家高阳（许儒鸿）先生也认为乾隆帝生母是热河女。1988 年，他在《清朝的皇帝》一书中认为，乾隆帝的生母不是钮祜禄氏，而是热河行宫中一个叫作李金桂的宫女。

高阳先生在《乾隆韵事》和《曹雪芹别传》两本书中还有这样描述：胤禛在热河与李金桂“野合”后，被康熙帝知道，于是让李金桂在“草房”中生下弘历，并特批写入玉牒，即玉牒中原来应写的是李金桂的名字。康熙帝嫌李金桂的出身卑微，命令钮祜禄氏收养。雍正帝怕自己与李金桂“野合”生弘历的丑闻传播，总想篡改玉牒，但这件事极难做到，因为玉牒是要经过皇帝、宗人府、满汉大学士、礼部堂官、玉牒总裁等审视的，并且写成两份副本，分别藏于北京的皇宫和盛京，原本则保留在宗人府。雍正帝直到雍正十一年（1733 年），才得以找到机会篡改玉牒。他派平郡王福彭做玉牒馆总裁，福彭又派曹頫（曹雪芹的父亲）混入宗人府，把宗人府玉牒的原稿篡改了。福彭立了大功，雍正帝授其官至定边大将军，入值军机处。在高阳先生的著作中，我们不难发现，高阳先生只是说把宗人府的那份玉牒原本改了，并没有说改写放在皇宫和盛京的那两份玉牒，这样的改写结果就等于没改一样。因此，高阳先生所写的改写玉牒的内容只能当作小说来看待。

狮子园为什么这么引人关注呢？原来狮子园景点虽多，但由皇帝亲题匾额的却只有两处：一处是康熙帝所题的“乐山书院”，另一处则是雍正帝所题的“草房”。

那么，现在我们就来看看狮子园“草房”是否与乾隆帝的出生有关。

我们从时间上可以看出，乾隆帝生于康熙五十年（1711 年），而草房则是在康熙五十一年（1712 年）以后由雍正帝修建的，难道乾隆帝当初是在还未建有“草房”的草地中降生的？降生以后，雍正帝为了纪念和向后人宣传才特意建的草房？对此，不难想象，再傻的人也不会把自己不光彩、不露脸的事情向外宣传并留有纪念，建一个让自己看着很闹心的建筑，并且还花钱维修。常人尚且不为，富有心计的雍亲王更不会如此的。

如果说雍亲王勾引宫女，这样的事情也不难想象：作为雍亲王的胤禛即使有豹子胆，也是不敢做的。皇子勾引宫女，必以秽乱宫闱论处。当时诸皇子谋夺储位正在紧要关头，皇太子被废了又立、立了又废，谁知道这皇太子的名号能不能落到自己的头上？各皇子的党羽之间，正在寻嫌查隙，此时若有毫发差池，瞬间即成众矢之的，更何况在戒备森严的行宫，在皇帝的眼皮子底下呢？退一步说，假设胤禛真的喝了鹿血，无法泄欲，处于兄弟阋墙、骨肉相残的严峻环境中，老练聪慧的胤禛也断不会“只图一时乐，换取一世悲”，去和一个奇丑无比的宫女发生关系。如果说喝了鹿血后无法控制自己，那么离山庄最近的围场也有 200 余里，喝完鹿血后的胤禛能策马狂奔 200 里到山庄找女人，这似乎也不大可能。

经过上述分析，只能说草房的建立只是表示节俭的一种装饰。因为胤禛做了皇帝之后，曾多次严禁奢侈，提倡节俭。所以在山庄自己的园子里建盖草房，这是出于“崇尚节俭，禁止奢侈”。众所周知，乾隆帝在历史上是一位比较奢侈的皇帝，乾隆三十二年（1767 年）曾翻修过“草房”，把茅屋改成瓦房，后来感觉不符合皇父雍正帝“崇尚节俭”的精神，很快又改回草房了，并作诗曰：

岩屋三间号草房，朴敦俭示训垂长。
偶来却愧茨茅者，岚霭情斯纳景光。

（二）传说的根源来自皇家：道光帝改遗诏

对于乾隆帝的出生地是在哪里，首先没有真正弄明白的是乾隆帝的儿子嘉庆帝。

嘉庆帝像

承德避暑山庄

嘉庆元年（1796 年）八月十三日，乾隆帝以太上皇帝的身份在承德避暑山庄过 86 岁生日。嘉庆帝写了一首《万万寿节率王公大臣行庆贺礼恭纪》诗。在该诗首联写道："肇建山庄辛卯年，寿同无量庆因缘。"在诗注释中则写道："康熙帝辛卯肇建山庄，皇父以是年诞生都福之庭。山符仁寿，京垓亿秭，绵算循环，以怙冒奕祀。此中因缘，不可思议。"意思是说皇祖康熙帝辛卯年（康熙五十年）题写了"避暑山庄"匾额，皇父乾隆帝也恰好于这年降生在山庄，此中因缘不可思议。

嘉庆二年（1797 年）八月十三日，乾隆帝又到避暑山庄过生日，嘉庆帝再次写诗祝寿，其中在《万万寿节率王公大臣等行庆贺礼恭纪》诗文的注释中再次写道："敬惟皇父以辛卯岁，诞生于山庄都福之庭。跃龙兴庆，集瑞钟祥。"在这次的祝寿诗文注释中，嘉庆帝明确提到了"山庄"一词，由此可见，嘉庆帝认为其父乾隆帝就是诞生于避暑山庄的。

嘉庆十年（1805 年），嘉庆帝命朝臣编修乾隆帝《高宗纯皇帝实录》和《大清高宗纯皇帝圣训》。嘉庆帝在审阅呈送稿时，发现《高宗纯皇帝实录》和《大清高宗纯皇帝圣训》稿都把皇父乾隆帝的出生地写成了雍和宫（即原雍亲王府）。他命编修大臣进行认真核查。这时吏部侍郎刘凤诰就把乾隆帝当年写的《御制诗文集》找了出来，把凡是乾隆帝自己说出生在雍和宫的地方都夹上了黄签，呈送嘉庆帝审阅。嘉庆帝面对皇父御制诗及注释，感到了问题的严重性。于是，嘉庆帝摒弃了皇父出生在避暑山庄狮子园的说法，改为出生地在雍和宫。嘉庆帝命在《高宗纯皇帝实录》和《大清高宗纯皇帝圣训》里这样记载乾隆帝的出生："康熙五十年辛卯八月十三日子时，诞上于雍和宫邸。"

儿子会弄错自己父亲的出生地点，在讳莫如深的皇宫也是在所难免。但为什么嘉庆帝会认为其父出生在避暑山庄呢？必定是从正规途径得来的消息。这个消息必定是令嘉庆帝支持和信服的，其中的错综复杂令人难以想象。但事情发展到这时候，似乎要结束了，然而事情并没有真正结束，其产生的后遗症还在继续着。

承德避暑山庄烟波致爽殿内景（嘉庆帝驾崩于此）

嘉庆二十五年（1820 年）七月二十五日，嘉庆帝突然在避暑山庄驾崩，因为死得突然，没有留下遗诏，道光帝继位后就安排当时军机大臣托津、戴均元等撰写嘉庆帝的遗诏，编写出来的嘉庆帝遗诏末尾这样写道：

> 古天子终于狩所，盖有之矣，况滦阳行宫为每岁临幸之地，我皇考即降生避暑山庄，予复何憾？

其中“我皇考即降生避暑山庄”意思是说，我（指嘉庆帝）的皇父乾隆帝是在避暑山庄出生的。这个问题被刘凤诰发现后告诉了大学士曹振镛，曹振镛上奏道光帝说：军机大臣所拟嘉庆帝遗诏中有严重错误，把乾隆帝的诞生地说成是避暑山庄。曹振镛还以《高宗纯皇帝实录》为证。

道光帝顿时大惊，于是“请出皇祖实录跪读”“复遍阅皇祖《御制诗集》”，与遗诏一一核对后，道光帝大为恼火，但也只能对已公开的遗诏进行修改，于是经过修改后的嘉庆帝遗诏末尾则变为：

古天子终于狩所，盖有之矣，况滦阳行宫为每岁临幸之地，我祖、考神御在焉，予复何憾？

未改时的“遗诏”是以嘉庆帝的口气说:（因为）皇父乾隆帝当年就生在避暑山庄，所以，我死在这里也没有什么遗憾的了。修改后的意思则是：父、祖的画像挂在这里（避暑山庄），我死在这里，没有遗憾了。

道光帝为了把乾隆帝出生地是北京雍和宫这一说法作为最后的定论，下令修改嘉庆帝说乾隆帝出生在避暑山庄的诗和诗注。然而因为嘉庆帝诗集早就刊发天下了，道光帝这一做法，不仅令天下对乾隆帝出生地产生怀疑，同时也令后人对乾隆帝的真实身份感到疑惑。

道光帝像

（三）关于乾隆帝是“偷龙换凤”的传说

清末民初时，有一个叫天嘏的人写了一本《清代外史》，在书中较早地记述乾隆帝是被换来的。到20世纪20年代，许啸天在《清宫十三朝演义》中又再次编演出“乾隆帝海宁认父母”的情节，这就使得乾隆帝“龙凤交换之谜”得以流传。这个故事大意是说：

胤禛当亲王时，府中有一绝色佳人，即雍亲王福晋钮祜禄氏，备受宠爱。美人一朝受宠怀孕，便天天烧香磕头，祈求菩萨赏她个儿子。当时，有一年过半百的朝廷内阁大臣陈世倌与雍亲王十分要好，恰巧夫人也喜得身孕。陈夫人与雍王妃亦十分投缘，平素常在一起闲聊，两人细细追思受孕时间，竟相差无几。十月怀胎，一朝分娩。出乎意料的是，陈夫人喜得贵子，而雍王妃却生了个千金。对此，雍王妃整日愁眉紧锁，茶不思饭不想，郁郁寡欢。

这一切都被身边的一个奶妈李妈妈看在眼里。精明的李妈妈为博取主子的欢心，经过几个昼夜的苦思冥想后，终于大着胆子为主子献上了一条奇计。雍王妃听后，顿时眉开眼笑，立即拿出一锭金子交给李妈妈，让她一手操办，并言称只要此事办好必有重赏。

李妈妈在重赏的诱惑下，怀着忐忑不安的心情来到陈府。进内室见过陈夫人，在经过一番十分真诚的恭喜后，言称其主子雍王妃也生了个男孩，并代表王妃邀请陈夫人带孩子去王府相见叙喜。陈夫人见王妃如此惦念自己，深受感动，便答应孩子满月后定带孩子前往王府请安。

满月刚过，李妈妈在府中未见陈夫人抱子前来，无奈之下，再次来到陈府看个究竟。此时，陈世倌正在夫人身边，言称夫人身体不适，待过几日再到王府请安。李妈妈唯恐夜长梦多，中途生变，于是又心生一计说：“雍王妃在府上已将各种见面礼置办妥当，只等夫人携子前去，若夫人失约不往，雍王妃怪罪下来，老身恐无地自容。”说完，面有难色，似有不肯离去之意。

陈世倌夫妇闻听此言，也感到左右为难，两人相互对视了很久，才说出：“王妃要看的无非是老臣的犬子，不若你先抱去复命好了。”李妈妈闻听此言，心中不禁喜出望外，但表面还装着深沉，特意恭请陈府的奶妈一道前往，以便照顾孩子。陈夫人心中虽是十分不乐意，但老爷已经开口，况自己亦无良策应付这位得罪不起的雍王妃，只好勉强点头同意，眼巴巴看着李妈妈抱着自己的孩子离开了陈府。

当二人来到雍王府后，李妈妈将陈府奶妈安置在下屋等候，自己则抱着孩子急如星火地直奔向雍王妃居住的内室。直到天色将晚时，李妈妈才从内室中出来，将一个用布包好的孩子交给陈府奶妈，并派车将奶妈和孩子一同送回陈府。

陈夫人在府中正等得焦躁不安、六神无主的时候，见到孩子被抱了回来，心神为之一松，急忙接了过来。但当她把罩在孩子脸上的柔软丝绸揭开时，不禁大惊失色，怀中抱的竟然是一陌生女娃。陈夫人立即大声哭叫起来，陈世倌闻声闯进内室，见此情景，先是目瞪口呆，后来豁然明白过来。他接过孩子，细细观察了一会儿，劝夫人道："此事干系重大，利害攸关，千万不可声张，若是传将出去，恐祸不能免。我命中有子，上天注定不会让我绝后。现在木已成舟，只好将错就错，就此罢休吧！"陈夫人听后，虽悲愤不迭，痛苦万分，但一个妇道人家，对此也是回天无力，只好忍气吞声，自叹倒霉了。

陈世倌夫妇所生的男孩子被换进王府很长的一段时间，雍王妃才将孩子抱与雍亲王。雍亲王见孩子白白胖胖，一招一式都具帝王之气，心中十分欢喜，便按序列排为第四子，取名弘历。后来雍亲王继位当了皇帝，陈世倌见此，怕当年两家的秘闻张扬出去引来杀身大祸，便以"年老体衰"为由告老还乡，回到江南海宁的老家。这个秘密在雍正朝一直不为局外人所知道，后来就有乾隆帝六下江南探视亲母之说。

对于上述传说，著名清史专家孟森先生曾给予了纠正。他撰文指出，乾隆帝的六次下江南，是模仿康熙帝之举，但他的目的是游玩，拿治理海河做幌子。海宁由于经常闹海潮灾害，那里没有什么豪华的房舍，而海宁只有陈家的"隅园"能供乾隆居住。"爱日""春晖"两匾是康熙年间陈氏家族官运亨通时，陈元龙、陈邦彦向康熙帝求赐的两幅御笔，以向自己的父母示孝，与乾隆帝无关。至于说陈家高官迭出，则恰与传说相反，乾隆帝登基不久，便把陈邦彦和被映射为乾隆生父的陈世倌免去职务，赶回了老家。乾隆帝虽四驻陈家"隅园"，但并未接见陈家的后人。

事实上，雍正帝被秘闻、小说制造者说成冒险“龙凤交换”时，年已三十四五岁了，虽然第一子和第二子已经死了，但第三子弘时却已八岁，并且他的格格耿氏也已怀孕，将要生育。他的王妃完全没必要拿女儿去换别人的儿子进行皇位继承权的争夺，更何况是汉人的孩子。再者，在没有胤禛同意的情况下，王妃也不敢私自换他人之子。

平安春心图，胤禛、弘历父子穿汉装像（绘画：郎世宁）

有人说乾隆帝因为自己是汉人才穿汉装。遍查清宫记载，不仅乾隆帝穿戴过汉装，其他皇帝和后妃也有穿过汉装的。至今北京故宫博物院还完好地保留着他们穿过的汉装和身穿汉装的画像。仅凭服饰就判断其民族的种属，显而易见是过于武断了，不足以服人。

综合以上的传说可知，乾隆帝的生母传闻有“傻大姐”、李金桂和陈世倌的夫人，出生地有承德避暑山庄、北京的陈家等说法。目前这些都是野史小说所述，不足取信。

作为官方的清宫档案记载，乾隆帝出生在北京的雍和宫。而对于乾隆帝真实的出生地在哪里，只要能确定乾隆帝真正的生母是谁，就可以确定乾隆帝出生地了。

历史总是出于各种原因，对于一些本来很明确的事情，却因为屡屡出现记载差错，而产生各种猜测。关于乾隆帝生母的姓氏，至今还是一个不解之谜。

（四）正史中的乾隆帝生母姓氏差异

对于乾隆帝的生母，《清史稿·后妃列传》是这样介绍的：

孝圣宪皇后半身像（乾隆帝生母）

孝圣宪皇后钮祜禄氏，四品典仪凌柱女，后年十三事世宗潜邸，号格格。康熙五十年八月庚午，高宗生。雍正中封熹妃，进熹贵妃。高宗即位，以世宗遗命，尊为皇太后，居慈宁宫。高宗事太后孝，以天下养，惟亦兢兢守家法，重国体。太后偶言顺天府东有废寺当重修，上从之。即召宫监，谕："汝等尝侍圣祖，几曾见昭圣太后当日令圣祖修盖庙宇？嗣后当奏止。"宫监引悟真庵尼入内，导太后弟入苍震门谢恩，上屡诫之。上每出巡幸，辄奉太后以行，南巡者三，东巡者三，幸五台山者三，幸中州者一。谒孝陵，狝木兰，岁必至焉。遇万寿，率王公大臣奉觞称庆。乾隆十六年，六十寿；二十六年，七十寿；三十六年，八十寿：庆典以次加隆，先期日进寿礼九九，先以上亲制诗文、书画，次则如意、佛像、冠服、簪饰、金玉、犀象、玛瑙、水晶、玻璃、珐琅、彝鼎、艺器、书画、绮绣、币帛、花果，诸外国珍品，靡不具备。太后为天下母，四十余年，国家全盛，亲见曾玄。四十二年正月庚寅崩，年八十六。葬泰陵东北，曰"泰东陵"。初尊太后，上徽号。国有庆典屡加上，曰"崇庆慈宣康惠敦和裕寿纯禧恭懿安琪宁豫皇太后"。既葬，上谥。嘉庆中再加谥曰"孝圣慈宣康惠敦和诚徽仁穆敬天光圣宪皇后"。子一，高宗。

上述记载称乾隆帝的生母姓"钮祜禄"，在雍正帝生前曾被封为熹妃。但是在这里就出现一个乾隆帝生母的姓氏问题了，因为有清史专家经过研究，提出了乾隆帝生母不姓"钮祜禄"，而是姓"钱"，其依据是藏在中国第一历史档案馆的清宫档案《上谕档》记载：

雍正元年二月十四日奉上谕：遵太后圣母谕旨："侧福晋年氏封为贵妃，侧福晋李氏封为齐妃，格格钱氏封为熹妃，格格宋氏封为裕嫔，格格耿氏封为懋嫔。"

熹妃是由格格晋封的，这是众所公认，而这位升为熹妃的格格在最为权威的清宫档案里白纸黑字、明明白白、清清楚楚地写着姓"钱"。档案记载也是史学研究最直接的依据。于是经过仔细研究，上述谕旨则再一次让我们陷入新的困惑，因为同道谕旨在《清实录》中的记载则发生了显著变化：

雍正元年二月甲子谕礼部：“奉皇太后懿旨：‘侧妃年氏封为贵妃，侧妃李氏封为齐妃，格格钮祜禄氏封为熹妃，格格宋氏封为懋嫔，格格耿氏封为裕嫔。’尔部察例具奏。”

康雍时期的萧奭在他的私人著作《永宪录》里面也有记载：

传皇太后懿旨：“封侧福晋年氏为贵妃，李氏为妃，格格钮氏为妃，宋氏、耿氏为嫔。”

但同样令人感到迷惑的是，在萧奭的《永宪录》这本著作后面，关于雍正熹妃姓氏的记载则发生了新的变化：

（雍正元年十二月）午刻，上御太和殿，遣使册立中宫那拉氏为皇后，诏告天下，恩赦有差。封年氏为贵妃、李氏为齐妃、钱氏为熹妃、宋氏为裕嫔、耿氏为懋嫔。

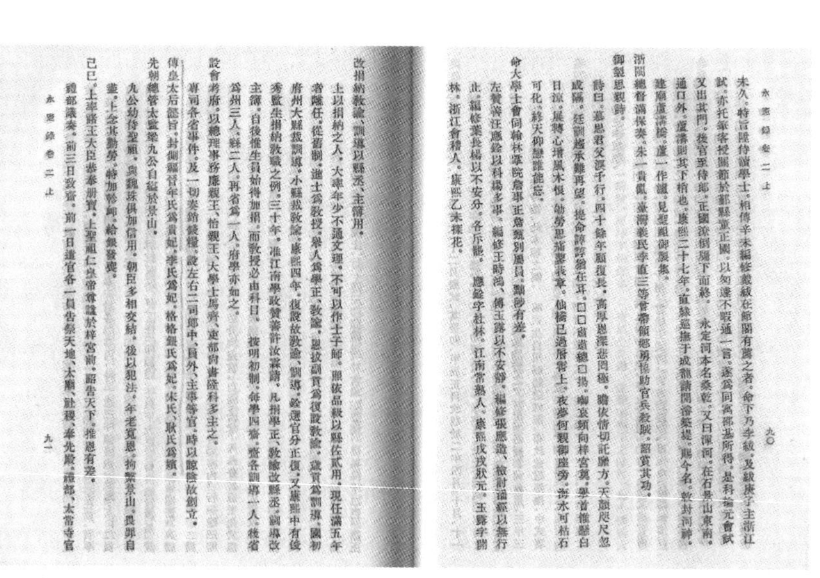
永憲錄卷二上　九〇

未久，特旨陞侍讀學士。相傳辛未編修戴絨在館閣有聲之者，命下乃李紱。及紱庚子主浙江試，亦托筆客授關節於鄞縣童正國，以匆遽不暇通一言，遂爲同寓鄞某所得，是科論元會試又出其門，後官至侍郎。正國涕泗隨下而終。　永定河本名桑乾，又曰渾河，在石景山東南，通口外，盧溝則其下梢也。康熙二十七年，直隸巡撫于成龍請閘濬築堤，賜今名，敕封河神。建廟盧溝橋。盧一作瀘。見聖祖御製集。

浙閩總督滿保奏，朱一貴亂，臺灣義民李直三等曾帶領鄉勇協助官兵殺賊，詔賞其功。

御製思親詩。

詩曰：慕思君父淚千行，四十餘年賴復長。高厚恩深悲罔極，瞻依情切託雕方。天顏咫尺忽成隔，廷闈趨承難再望。提命諄諄猶在耳，□□肅畫總□揚。嗁哀頻向梓宮觀，舉首惟懸白日涼。展轉心增風木恨，劬勞思報蓼莪章。仙橋已過層霄上，夜夢何覲御座旁。海水可枯石可化，終天抑戀誰能忘。

命大學士會同翰林掌院詹事正詹甄別屬員，黜陟有差。

左贊善汪應銓以科場多事，編修王時鴻、傅玉露以不安靜，編修張應遴、檢討諸磊以無行止，編修葉長楊以不安分，各斥罷。　應銓字杜林，江南常熟人，康熙戊戌狀元。玉露字鵬林，浙江會稽人，康熙乙未探花。

改捐納教諭、訓導以縣丞、主簿用。

上以捐納之人，大率年少不通文理，不可以作士子師，照依品級以縣佐貳用。現任滿五年者陞任。從舊制，進士爲教授，舉人爲學正、教諭，恩拔副貢爲復設教諭，歲貢爲訓導。國初府州大縣設訓導，小縣設教諭。康熙四年，復設故教諭、訓導，銓選官分正復。又康熙中有俊秀監生捐納教職之例。三十年，准江南學政贊善許汝霖請，凡捐學正、教諭改縣丞，訓導改主簿。自後惟生員始得加捐，而教授必由科目。　按明初制，每學四齋，齋各訓導一人。後省爲州三人，縣二人，再省爲一人，府學亦如之。

設會考府，以總理事務廉親王、怡親王、大學士馬齊、吏部尚書隆科多主之。

專司各省事件，及一切奏銷錢糧。設左右二司郎中、員外、主事等官。時以隆陞故創立。

傳皇太后懿旨，封側福晉年氏爲貴妃，李氏爲妃，格格鈕氏爲妃，宋氏、耿氏爲嬪。

先朝總管太監梁九公自縊於景山。

九公幼侍聖祖，與魏珠俱加信用，朝臣多相交結。後以犯法，年老寬恩，拘繫景山，畏罪自盡。上念其勤勞，特加卹，給銀發喪。

己巳，上率諸王大臣恭奉册寶，上聖祖仁皇帝尊謚於梓宮前，詔告天下，推恩有差。

禮部議奏，前三日致齋，前一日遣官各一員告祭天地、太廟、社稷、奉先殿，禮部、太常寺官

永憲錄卷二上　九一

《永宪录》记载封格格钮祜禄氏为妃

有人说雍正帝的熹妃本是姓“钮祜禄”，因为抄录者笔误，将“钮”写成了“钱”。认为雍正朝汉文谕旨中的“钱”字是当时人传抄谕旨时误将“钮”字写成了“钱”字，不仅将熹妃的姓氏写错了，连宋氏、耿氏封嫔的封号都张冠李戴了。《永宪录》的“钱”字很可能是受雍正朝汉文谕旨书写笔误的影响。《上谕档》是清朝军机处汇抄皇帝谕旨的档册，与所谓“谕旨”含义是不同的。平时所说的“谕旨”，是特指皇帝日常发布政令的专用文书，而按照《光绪会典》的解释，“谕”和“旨”是有不同含义的：“特降者为‘谕’，因所奏请而降者为‘旨’。”换句话说，即皇帝主动发布的命令为“谕”；因臣工奏请而作的批示和答复为“旨”。“谕旨”是封建国家最高统治者皇帝施政意向的集中体现，具有极高的法律效能和行政约束力。并且，“钱”字的繁体字写法为“錢”，而“钮”字的繁体字写法为“鈕”，二者写法相差也大，写错的可能性也是比较小的。这就是说，因笔误把皇帝妃嫔姓氏写错的几率是很小的。因此，雍正帝的熹妃到底是姓“钮祜禄”还是“钱”，目前还是一个谜。

（五）乾隆帝生母身世又有新发现

在《清史稿·后妃列传》和玉牒中都明确指出，乾隆帝生母钮祜禄氏即“原任四品典仪官、加封一等承恩公凌柱女”，额亦都的曾孙女。

然而有人对此提出异议，并提出了新的观点。他们认为，乾隆帝的生母是钮祜禄氏，但不是清朝开国元勋额亦都的曾孙女，而是额亦都的叔伯弟弟额亦腾的曾孙女。持这种说法的有张采田先生，他是在《清列朝后妃传稿》一书叙述“钮祜禄氏”家系时发现的。而张采田先生提出的这一论点又被郭成康、郑宝凤所写的《乾隆家世之谜》一书采用。姜相顺、李海涛主编的《大清皇室史轶》书中《重仁孝优礼太后》一文也持这种观点。说乾隆帝生母的父亲是凌柱，祖父是吴禄，太祖父是额亦腾。额亦都的儿子是遏必隆，吴禄与遏必隆为同一曾祖，满洲镶黄旗人。

其实，清朝官方记载也称乾隆帝生母的祖父是吴禄，太祖父是额亦腾。

皇太后宮問安、諭戶部聞四川巴縣江津長
壽綦江涪州瀘州璧山合江永川九姓司九
處今年雨水較少收成稍薄雖據該督撫等
奏稱勘不成災不在蠲租之例但歲收既歉
民間納賦未免艱難朕心深為軫念查各省
舊欠錢糧朕已降旨通行蠲免而川省民風
淳樸歷年輸將恐後并無逋欠之項得邀赦
免之恩此巴縣等九處本年未完錢糧著即
全行豁免以惠吾民該督撫等務宜實心奉
行嚴飭地方官詳查辦理勿使吏胥滋弊中
飽俾閭閻得霑實惠 戊申
上以
聖祖仁皇帝忌辰躬詣
奉先殿行禮復詣
壽皇殿行禮遣官祭
景陵、大學士等議奏
崇慶皇太后曾祖父額宜騰祖父吳祿俱追封
為一等公妻俱追封公妻一品夫人父現任

四品典儀官凌柱封為一等公妻封為公妻
一品夫人世襲罔替從之、諭總理事務王
大臣貝勒允禕郡王允禧貝勒允祜貝勒允
祁誠親王允祕之母侍奉
皇祖多年恪恭勤慎
皇考當日俱封為貴人今允禕等晉封王貝勒
之爵應加恩所生以昭典禮允禕允禧允祜
允祁之母著晉封為嬪允祕之母著追封為
嬪交宗人府會同禮部查例具奏、諭朕兄
大阿哥乃
皇妣孝敬皇后所生朕弟八阿哥素為
皇考所鍾愛當日曾以親王殯葬今朕眷念手
足之誼俱著追封親王一切應行典禮著交
宗人府會同禮部查例具奏、諭大學士邁
柱著來京辦事其湖廣總督印務著戶部尚
書史貽直暫行署理、禮部議福建總督郝
玉麟疏稱閩省既經改設府州縣治應將各
府州縣之取進文武童生并廩增名數分撥

清實録 雍正十三年十一月

《高宗纯皇帝实录》记载乾隆帝生母曾祖父为额宜（笔者注：应为“亦”）腾、父亲为凌柱

雍正十三年（1735 年）十一月十三日，《高宗纯皇帝实录》上也有如下记载：

> 大学士等议奏：崇庆皇太后曾祖父额宜腾、祖父吴禄，俱追封为一等公；妻俱追封公妻一品夫人；父现任四品典仪官凌柱，封为一等公；妻封为公妻一品夫人。世袭罔替从之。

还有，从其佐领情况亦可佐证凌柱非额亦都后人。凌柱原属公中佐领[①]，乾隆帝继位后，于雍正十三年（1735 年）冬将凌柱本支及族人与额亦都所得九个世袭佐领的富余人口合并为一个世袭佐领，即镶黄旗满洲第一参领第十七佐领，由凌柱的长子伊通阿管理。乾隆帝的这种做法，很明显是提升并照顾自己的舅爷伊通阿。

“额亦都”与“额亦腾”，虽然是一字之差，但却使乾隆帝的生母钮祜禄氏的祖父和出身发生了巨大的变化。额亦都是“开国元勋”，而额亦腾则是无功无职的“白丁”，并且钮祜禄氏的父亲、祖父也是“白丁”。

钮祜禄为满洲八大姓之一。乾隆帝生母钮祜禄氏虽然也属于“八大家”的“名门”之列，却因祖、父两代均是“白丁”而出身寒门，实际家里并不富裕，长相又一般，在家里经常劳动。可无论如何毕竟是“八大家”中的人，所以在她 13 岁的时候，被康熙帝赐给当时的皇四子贝勒胤禛做格格。那时的胤禛已有嫡福晋乌喇那拉氏、侧福晋年氏和李氏，当时的钮祜禄氏只不过是一个低级侍妾。钮祜禄氏 19 岁时，因已升为雍亲王的胤禛得了传染病，别的福晋都不愿亲自侍候，钮祜禄氏便“奉妃命”日夜服侍胤禛，尽心尽力。两个月后，胤禛的病好了，留侍的钮祜禄氏也怀孕了，第二年便生下了弘历。

尽管为雍正帝生下了儿子，但钮祜禄氏的地位、身份并没有改变，依然又做了十年的格格，因为雍正帝当时已有了好几个儿子，生

---

① 公中佐领，为八旗佐领之一。初制，凡无根由之佐领，初编时即非一姓承管，佐领员缺于本旗大臣官员内通行拣选补放者，谓之“公中佐领”。乾隆以后又陆续规定，凡两姓以上之互管佐领内每姓承管均在四世以下者，世管佐领内承管人父子均因罪革退，或承管人绝嗣而家谱内又无应袭之人者，皆改为公中佐领。凡公中佐领员缺，皆由本旗不兼部务之世爵及二品以下、五品以上文武官员内拣选兼任。

母的地位都比较尊贵，显现不出钮祜禄氏来。只是在雍正帝当了皇帝后，乾隆帝生母才被封为熹妃，当她的儿子弘历被秘密立为皇储时，因母以子贵，她的地位才突然上升到第二位，晋为熹贵妃，仅次于原配皇后乌喇那拉氏。乌喇那拉氏死后，因后宫没有皇贵妃，所以身为贵妃的钮祜禄氏便位居后宫首位了。雍正帝死后，弘历继位，晋尊她的生母为皇太后，在乾隆朝又活了 42 年，于乾隆四十二年（1777 年）正月二十三日去世，享年 86 岁。

因为出身寒微，小的时候就操持家务，但钮祜禄氏的身体在得到很好锻炼的同时，也给她的儿子乾隆帝带来了某些遗传因素。史料记载，钮祜禄氏五官端正，身体高大，体魄强健。这使得当时康熙帝听说钮祜禄氏与一般妃嫔不同时，在一次秋狝（秋天打猎）之后，曾专程来到热河的狮子园相看，见钮祜禄氏“容体端颀”后，连声称道“有福之人！有福之人！”因为选入后宫的女人大多为名门淑女，从未参加过体力劳动，身体未得到过劳动锻炼，大多数都弱不禁风。乾隆帝的生母钮祜禄氏身体素质好，儿子的健康相对也有保障。

（六）乾隆帝的“自白书”

就身世和生母之事，乾隆帝没有正面回答过，也没有效仿他父亲写本书公告天下。但他喜好写诗，在诗文中，乾隆帝多次流露出他的出生地。

乾隆帝是历史上少有的一位高产诗人，传世诗作达四万多首，数量堪比《全唐诗》。雍正帝登基后，将雍亲王府改为雍和宫。乾隆帝当了皇帝后，在闲暇之余不忘瞻仰礼拜，因为乾隆帝认为自己就是出生在雍和宫的。故地重游时不免触景生情，有时也即兴赋诗。其中，乾隆四十三年（1778 年）新春，乾隆帝在《新正诣雍和宫礼佛即景志感》诗中，有“到斯每忆我生初”的诗句。乾隆四十四年（1779 年）新春，乾隆帝在《新正雍和宫瞻礼》诗中写道：“斋阁东厢胥熟路，忆亲唯念我初生。”在这首诗里，乾隆帝明确指出自己出生在雍和宫的东厢房。

乾隆四十五年（1780 年），乾隆帝到雍和宫礼佛，再次写道：

雍和宫是跃龙地，大报恩宜转法轮。

例以新正虔礼佛，因每初地倍思亲。

禅枝忍草青含玉，象阕蜂坛积白云。

十二幼龄才离此，讶今瞥眼七旬人。

诗下注云：“康熙六十一年始蒙皇祖养育宫中，雍正年间遂永居宫中。”

乾隆四十七年（1782年）正月初七日，乾隆帝又到雍和宫，并作《人日雍和宫瞻礼》一首：

从来人日是灵辰，潜邸雍和礼法轮。

鼍鼓螺笙宣妙梵，人心物色启韶春。

今来昔去宛成岁，地厚天高那报亲？

设以古稀有二论，斯之吾亦始成人。

诗下注云：“余实康熙辛卯生于是宫也。”康熙辛卯年为康熙五十年（1711年），正月初七日又称为“人日”。

乾隆五十年（1785年）正月初七日，乾隆帝又来到雍和宫瞻礼时，再次赋诗一首：

首岁跃龙邸，年年礼必行。

故宫开詄荡，净域本光明。

书室聊成憩，经编无暇横。

来瞻值人日，吾亦念初生。

在这首诗里，乾隆帝的意思是，在正月初七日这一天，到雍和宫做瞻礼，总是念念不忘当初就是出生在这里。

综上所述，乾隆帝在上述诗作中处处都提到自己生于雍和宫。这足以说明，乾隆帝本人认为自己就是出生在雍和宫。

（七）迷踪幻影，众说纷纭

由中国社会科学院历史研究所清史研究室主编的《清史论丛》2010年年号上，刊载了由康熙帝第八世孙金恒源先生撰写的《弘历出生地考》一文。在文中，金先生认为清代官方坚持的雍和宫说是一种欺骗舆论的政治谎言，他认为乾隆帝弘历是孝圣宪皇后钮祜禄氏所生，出生地应在承德避暑山庄狮子园，并说乾隆帝6岁以前生活在承德避暑山庄狮子园，6岁以后才移居北京雍亲王府。在文章最后，金先生认为"钱氏"和"钮祜禄氏"为一人。

金恒源先生对于乾隆帝生母和乾隆帝出生地的论断性判断，只能作为一家之言，姑且存疑。对于乾隆帝生母和乾隆帝出生地确切的说法，目前只能根据最权威的清宫档案记载，认可乾隆帝生母姓钮祜禄，而乾隆帝则是在雍和宫出生的。因为不仅历史记载的确有些令人不解之处，就是对自己身世最清楚的乾隆帝生母的一些做法也令人感到迷惑：乾隆帝生母不与雍正帝合葬的真正原因为哪般？

历史总是在为人们解决很多难题的时候，也留下了很多的不解之谜，或许当时就是一个闹不懂的问题吧。

第七章

妃园寝：大杂院里的妃嫔

作为一代封建帝王，雍正帝留下的不仅仅是他自身的很多疑问，还有关于他后宫的诸多谜团。这些谜团包括他的妃嫔数量和身份等。因为后妃不仅是围绕皇帝身边的具有特殊身份的女性，而且还是帝王的主要家庭成员。

一、简朴的建筑规制

雍正帝在位时间虽然只有 13 年，但是他的后妃在数量上却一点也不少。这些后妃在雍正帝死后被埋葬在他的身边，即泰陵东北方向的泰陵妃园寝。

泰陵妃园寝位于距离泰陵两公里的杨树沟，是清王朝在关内营建的第二座妃园寝，是清西陵的第一座妃园寝。始建时间等相关信息无记载，但根据惯例，妃园寝往往随着皇帝陵的营建而兴工，或同时，或稍晚一两年。对此，在中国第一历史档案馆发现的一份《内务府来文》可以佐证泰陵妃园寝的营建时间：

钦差总理妃衙门阿哥园寝工程事务处为咨取事办理妃衙门、阿哥园寝工程事务处案呈：

恭照泰陵隆恩殿、配殿等处隔扇、槛窗糊饰所需云纱移咨内务府支领应用在案。今妃衙门并张各庄、王各庄阿哥园寝隔扇、槛窗糊饰所需云纱相应移咨内务府支领内库宽二尺白云纱三十六丈八尺五寸、红云纱三丈五尺九寸照数发给笔帖式宏德赍领到工，以副应用，……

乾隆二年九月十五日

通过这条史料，我们知道泰陵妃园寝的一些具体信息：泰陵妃园寝和阿哥园寝是在同一时期、由同一个工程处营建的，完工时间大约在乾隆二年（1737年）九月十五日。根据这些可以推知，泰陵妃园寝和阿哥园寝的营建基本上与泰陵是同期进行的，完工比泰陵稍晚些。

关于泰陵妃园寝的规制，光绪二十五年（1899年）本的《大清会典》中是这样记载的：

泰陵皇贵妃园寝，琉璃花门一座，广一丈九尺，纵九尺五寸，檐高一丈三尺。前正中飨殿一座，广六丈，纵三丈四尺，檐高一丈三尺，东有燎炉一座，广九尺，纵六尺四寸，高六尺六寸。南有大门三，广三丈八尺五寸，纵二丈六尺五寸，檐高一丈一尺五寸。门外设左右班房。东西厢各三间，广三丈一尺，纵一丈七尺，檐高九尺，前有一洞石桥一座。围墙周长一百三十丈九尺，高一丈五寸。

通过现场考察发现，上述记载也并非细致、全面。下面就简单介绍一下这座园寝的建筑规制：

园寝前有马槽沟1道，正中建一孔拱桥1座，每侧石栏杆有栏板7块，望柱8根，火焰式柱头、抱鼓石2块。东西厢房各3间，单檐硬山顶，布瓦盖顶。东西值班房各3间，单檐卷棚布瓦顶。大门面阔3间，单檐歇山顶，三踩斗栱，绿琉璃瓦顶。前院内左侧焚帛炉1座。享殿面阔5间，单檐歇山顶，六角菱花门窗隔扇，殿内暖阁3间，中暖阁内设神龛。殿前为月台，三出陛，正前方和左右抄手踏跺均为4级。享殿后面的卡子墙前有1道东西方向的泊岸，泊岸前有石礓礤1处。园寝门3座，中门有歇山顶式的门楼。门前有月台，月台前有6级踏跺。两角门为随墙门，门前无月台，各有1座6级踏跺。后院共有21座大小宝顶，东西横向排列，宝顶建于长方形的砖石月

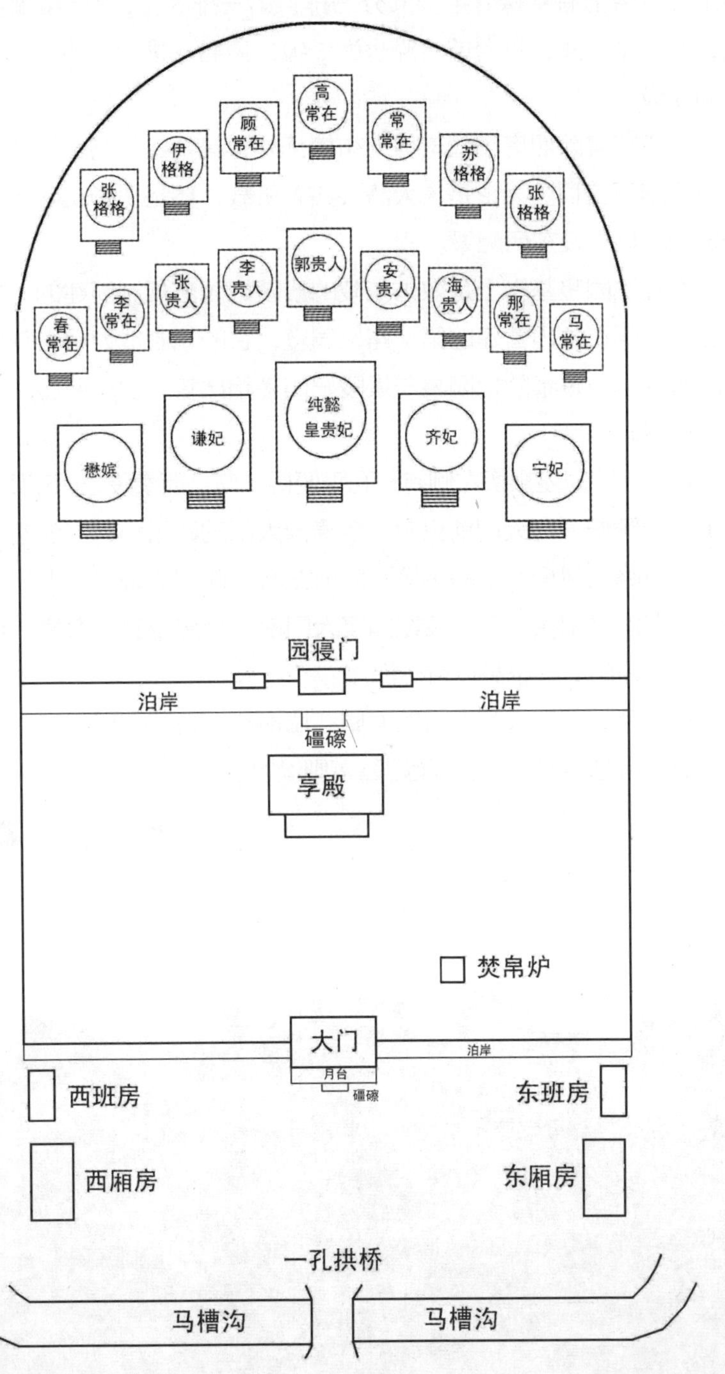

泰陵妃园寝平面示意图（绘图：徐鑫）

台上，月台前有踏跺。宝顶共分三排：第一排 5 座，月台前踏跺均 5 级；第二排 9 座，月台前踏跺也为 5 级；最后一排为 7 座，月台前踏跺为 3 级。

整座园寝除厢房和值班房为布筒瓦外，其余建筑乃至墙顶全部为绿色琉璃瓦盖顶。无论是《大清会典》所载，还是现场实际考察，泰陵妃园寝均未设东西配殿。

泰陵妃园寝基本上是效仿东陵的景陵妃园寝规制而建的。景陵妃园寝是清朝在关内营建的第一座妃园寝，它的规制成为后来营建妃园寝的蓝本。通过泰陵妃园寝与景陵妃园寝相比较，发现两座园寝之间有七点不同。

1. 景陵妃园寝拱桥左侧有一孔平便桥一座，而泰陵妃园寝则没有。

2. 泰陵妃园寝大门前只有一条通向大门的砖甬路，门前两侧的厢房，与甬路之间设有甬路相接。门前左右两侧的值班房与大门甬路之间，没有甬路相接。而景陵妃园寝大门前，全部设有砖海墁，包括厢房和值班房门前，也是设有砖海墁。

3. 泰陵妃园寝大门左右的面阔红墙两侧，各有一道泊岸（相当于把墙根下台基展宽），而景陵妃园寝则没有。

泰陵妃园寝一孔拱桥

泰陵妃园寝大门

泰陵妃园寝享殿

4. 泰陵妃园寝大门前月台之南为石礓䃰，大门前月台上设有三级垂带踏跺。而景陵妃园寝大门前月台之南为石踏跺，大门前月台上未设踏跺。

5. 泰陵妃园寝享殿前月台正南为一路踏跺，月台东西两侧各有一座抄手踏跺。而景陵妃园寝享殿月台前为三路踏跺，月台东西两侧没有抄手踏跺。

6. 泰陵妃园寝的园寝门及东西两旁的面阔墙前有一道东西通长的泊岸，泊岸前设石礓䃰，而景陵妃园寝则没有。

7. 景陵妃园寝的东西厢房各为面阔五间，而泰陵妃园寝则为面阔 3 间。其实景陵妃园寝的厢房初建时也是三间，乾隆元年（1736 年）至六年（1741 年）对景陵妃园寝进行修缮时将厢房由三间改为五间。

泰陵妃园寝对后来的昌陵妃园寝规制有一定的影响，比如昌陵妃园寝一孔拱桥旁也没有平桥，东西厢房也是面阔三间，大门前也没有砖海墁，只有一条砖甬路。

泰陵妃园寝的园寝门

泰陵妃园寝西厢房

二、二十一位妃嫔的渴望

民间素称皇帝有“三宫六院，七十二妃嫔”，其实这只是对封建帝王后宫的一个笼统说法。作为封建帝国的最高统治者，皇帝拥有多少女人，在数量上是不受任何限制的。“三宫六院，七十二妃嫔”，也只是一个形式上的制度，皇帝后宫的女人永远只是皇帝的附属物，是皇帝的生育工具和个人玩物。她们在皇帝的淫威和宫廷礼仪的约束中，时而高贵显赫，时而低微卑贱，得宠时炙手可热，失宠时陷入苦海，甚至失去起码的人身保证，没有一点的独立人格。别人眼里的金碧辉煌建筑，在她们眼里也许就是人间地狱，众多的女人围绕一个男人所引发的争斗，无非是人间的欢乐和生活待遇的高低，伴君如伴虎的悲剧随时会发生，而皇帝打着多子多嗣多福的招牌任意玩弄女性，甚至不理朝政、败坏朝纲。看封建帝王在后宫的行为，就可以知道帝王的伦理道德是多么的虚伪和狡诈。通过研究帝王后宫，就会发现那些有幸步入后妃行列的女性，很多时候可以涉及她的家族政治地位和社会关系等背景，因为有时候婚姻也是出于政治上的需要。所以研究那个朝代的政治、经济等社会制度，也可以从帝王后妃数量、来源中发现很多有价值的线索。

纵观泰陵妃园寝埋葬的雍正帝的21位妃嫔，其中皇贵妃1人、妃3人、嫔1人、贵人5人、常在7人、格格4人。这21位妃嫔都各自为券，每个人都有一个单独的地宫。这些神秘的美女香冢究竟埋没了多少或普通或离奇的故事和经历，现在均不得而知，她们中间甚至有些人的简单身世都没有流传下来，就已经成为一缕烟尘，留下的只是一个冷冰冰的寂寞而又孤独的坟头。

下面，将泰陵妃园寝的这些妃嫔的人生历程分别简介如下。

纯懿皇贵妃，耿氏，满洲镶黄旗，管领耿德金之女，康熙二十八年（1689年）十一月初三日生，比雍正帝小11岁。早年入侍雍亲王胤禛潜邸，为格格。康熙五十年（1711年）十一月二十七日，生皇五子弘昼。胤禛登基后，于雍正元年（1723年）二月十四日封耿氏为裕嫔，同年十二月二十二日行册封礼。雍正八年（1730年）四月，晋封为裕妃。雍正帝崩后第十四天即雍正十三年（1735年）九月初七日，新继位的乾隆帝尊封她为皇考裕贵妃，因当时正在雍正帝的大丧期间，册封礼推迟到乾隆二年（1737年）九月才举行。耿氏在贵妃

纯懿皇贵妃墓

位上度过了 41 个春秋，到乾隆四十三年（1778 年）二月初一日，乾隆帝以是年十一月为裕贵妃 90 岁大寿为由，尊封耿氏为皇考皇贵妃，在她生日的前五天即十月二十八日为耿氏举行了册封皇贵妃典礼。耿氏以 90 岁高龄而被封为皇贵妃，这不仅在清朝空前绝后，就是在中国历史上都是罕见的。乾隆四十九年（1784 年）十二月十七日，耿氏终因年事过高而寿终正寝，终年 96 岁。她比孝圣宪皇后多活十年，其寿数仅比康熙帝的定妃万琉哈氏小一岁，在已知终年岁数的后妃中，她位居第二。耿氏死后第二天，乾隆帝亲自到裕皇贵妃金棺前奠酒。十二月二十日，金棺奉移到京北的曹八里屯殡宫暂安。乾隆五十年（1785 年）二月，册谥耿氏为“纯懿皇贵妃”。四月初九日，纯懿皇贵妃金棺奉移泰陵妃园寝，四月十六日辰时葬入地宫。纯懿皇贵妃券座位于前排正中，是园寝中的最尊贵的位置，这与她是这座园寝中唯一的皇贵妃有直接的关系。

齐妃，李氏，汉族，知府李文辉（笔者注：清朝玉牒、《星源集庆》记载为“李文辉”;《清列朝后妃传稿》《清皇室四谱》上记载为“李文煇”）之女。她是胤禛早期的妻妾之一，胤禛继位前她已是潜邸侧福晋。在当时，她的地位比孝圣宪皇后和纯懿皇贵妃都高。康熙

齐妃墓

三十四年（1695 年）七月初六日未时，生皇二女和硕怀恪公主。康熙三十六年（1697 年）六月初二日子时，生皇子弘盼。康熙三十九年（1700 年）八月初七日酉时，生皇二子弘昀。康熙四十三年（1704 年）二月十三日子时，生皇三子弘时。李氏在十年之内为胤禛一连生了三男一女，这无疑表明她是深受胤禛宠爱的。胤禛继位后，于雍正元年（1723 年）二月十四日被诏封为齐妃，同年十二月二十二日行册封礼。乾隆二年（1737 年）三月以来，齐妃染病在床。四月初一日病势沉重，即日移到北海五龙亭。乾隆帝奉皇太后亲自到五龙亭看望齐妃。四月初七日，齐妃病逝，享年约 60 岁。齐妃死后，乾隆帝亲自到五龙亭殡所齐妃金棺前奠酒行礼。几天后，齐妃金棺奉移到京西的田村殡宫暂安。乾隆二年（1737 年）十二月，齐妃金棺奉移泰陵妃园寝。入葬日期待考，估计当在乾隆二年（1737 年）十二月份入葬。其券座位于纯懿皇贵妃东侧，前排东数第二位，其地位仅次于纯懿皇贵妃，居于第二位。

谦妃，刘氏，内管领刘满之女，康熙五十三年（1714 年）生。雍正七年（1729 年）入宫，初为刘答应，雍正八年（1730 年）晋为刘贵人。雍正十一年（1733 年）六月十一日亥时，生皇六子弘瞻。弘瞻是雍正帝最小的皇子，当时雍正帝已 56 岁，晚年得子，自然异常高兴。在弘瞻降生的第二天，雍正帝就晋封刘贵人为嫔，封号为“谦”，册封礼在第二年举行。弘历继位后，于雍正十三年（1735 年）九月初七日诏封谦嫔为谦妃，乾隆二年（1737 年）九月举行册封礼。乾隆三十二年（1767 年）五月二十一日，谦妃去世，终年 54 岁，乾隆帝辍朝三日。谦妃金棺于五月二十四日奉移到京师北郊的曹八里屯殡宫安放。乾隆三十二年（1767 年）十月十六日，谦妃金棺奉移泰陵妃园寝，十月二十五日入葬，其宝顶在前排纯懿皇贵妃宝顶之右。

宁妃，武氏，汉族，知州武国柱之女，早年入侍胤禛潜邸，于雍正十二年（1734 年）五月二十四日卒，追封为宁妃。约于乾隆二年（1737 年）下半年葬于泰陵妃园寝，宝顶位于前排左边第一位。

懋嫔，宋氏，主事金柱之女，早年入侍胤禛潜邸，为格格。她很可能是胤禛最早的妻妾。康熙三十三年（1694 年）三月十六日丑时，她为刚 17 岁的胤禛生下了第一个女儿——皇长女。胤禛登基后，于雍正元年（1723 年）二月十四日诏封为懋嫔，同年十二月二十二日举行册封礼。懋嫔卒于雍正八年（1730 年）九月，金棺暂安于田村殡宫。乾隆二年（1737 年）十二月，随同齐妃金棺奉移西陵泰陵妃园寝。

为什么懋嫔死后七年才奉移妃园寝呢？原来，懋嫔死那年即雍正八年（1730 年）九月，泰陵刚刚兴工，妃园寝尚未营建，懋嫔金棺只得长期在殡宫停放，到乾隆二年（1737 年）下半年泰陵妃园寝建成，齐妃和懋嫔金棺才得以奉安。懋嫔券座位于前排右边第一位，她是泰陵妃园寝中唯一的嫔。

郭贵人，雍正初年封为郭常在，雍正七年（1729 年）晋为郭贵人。乾隆五十一年（1786 年）正月卒，彩棺暂安于京师北郊的曹八里屯殡宫。乾隆五十一年（1786 年）三月初七日辰时，郭贵人彩棺奉移泰陵妃园寝，三月十三日入葬地宫。

李贵人，雍正七年（1729 年）封李贵人。乾隆二十五年（1760 年）四月二十八日卒，二十九日奉移，七月二十一日百日礼致祭。

安贵人，卒于乾隆十四年（1749 年）四月至十五年（1750 年）底之间，彩棺暂安于田村殡宫。

宁妃墓

海贵人，雍正三年（1725 年）为海常在，雍正十三年（1735 年）九月底晋为海贵人。乾隆二十六年（1761 年）十二月卒，彩棺暂安于田村殡宫。乾隆二十七年（1762 年）四月初一日卯时，奉移泰陵妃园寝。四月初十日午时，海贵人彩棺葬入地宫。

张贵人，初入宫为常在，雍正十三年（1735 年）四月升为张贵人。乾隆元年（1736 年）四月二十一日是张贵人的周年致祭礼，以此推之，张贵人当卒于雍正十三年（1735 年）四月二十一日。

马常在，雍正七年（1729 年）七月已入宫，称“马答应”。雍正八年（1730 年）一月，晋为马常在。马常在卒于乾隆三十三年（1768 年）夏季，彩棺暂安于田村殡宫，一直到乾隆四十年（1775 年）十月，马常在的彩棺仍在田村殡宫暂安。此事被乾隆皇帝发觉后，非常生气，惩处了一大批官员后，马常在彩棺才得以奉移泰陵妃园寝，入葬地宫。

李常在，雍正八年（1730 年）已进宫，被封为李答应。雍正十年（1732 年）闰五月，晋为李常在。乾隆五十年（1785 年）十一月，李常在尚健在。

顾常在，雍正七年（1729 年）四月已进宫，为常在。雍正七年（1729 年）九月，顾常在卒，彩棺暂安田村殡宫。乾隆二年（1737 年）三月初六日清明节时，祭祀仍停在殡宫的顾常在。

泰陵妃园寝最后一排墓

高常在，雍正七年（1729年）四月已入宫，称“高答应”。雍正八年（1730年）一月，晋升为高常在。约卒于雍正十年（1732年）七月至十二年（1734年）底之间。高常在彩棺暂安于田村殡宫，乾隆二年（1737年）三月仍停在殡宫。

常常在，雍正七年（1729年）一月已入宫，称“常常在”。雍正十年（1732年）八月，常常在溘逝，彩棺暂安田村殡宫。乾隆二年（1737年）三月，常常在彩棺仍停在殡宫。

春常在，在已找到的清宫档案《宫中档簿》（雍正十三年十月）中已有春常在之名，一直到乾隆二十六年（1761年），始终有春常在之名。乾隆二十七年（1762年）至三十年（1765年）的《宫中档簿》缺失。但乾隆三十一年（1766年）的《宫中档簿》中已不见春常在之名。

苏答应，雍正四年（1726年）七月已进宫，可能卒于雍正七年（1729年）八月以后。苏答应有可能是泰陵妃园寝中的苏格格。

那常在、伊格格、两位张格格均未找到相关史料。

据考证，雍正帝实有后妃30人。其中，泰陵葬1后1皇贵妃、泰东陵葬1后、妃园寝葬21人，在清西陵泰陵体系内共葬24人。其余没有葬在清西陵陵寝内的6人是：老贵人、吉常在（原称“吉官”）、英答应（原称“兰英”）、汪答应、德答应以及云惠。除了已知老贵人葬于清东陵的风水墙外，另外5人葬在何处，目前还是一个未解之谜。

三、游荡在外的孤魂

虽然中华民族素有夫妻合葬的传统，但清朝丧葬制度对此却有着严格的规定。雍正朝之后，凡死于皇帝入葬之前的皇后、皇贵妃能与皇帝合葬。皇帝一旦入葬地宫，地宫石门关闭后，永不开启。那些死在皇帝之后的皇后、皇贵妃级别女人只能葬在别处，与皇帝遥遥相望。而低于皇贵妃等级的女人，即使是死在皇帝之前，也无缘陪葬在皇帝陵地宫里面。皇后可以单独建造属于自己的陵寝，而皇贵妃级别以下的则要建造集体陵寝，因为身份地位的关系，她们的陵寝不能称为“陵”，只能称为“妃园寝”，并且分别是一个个单独形式的坟头。虽同为皇帝妃嫔，因身份等级不同，其宝顶大小、地宫大小也不相同，排列次序也不相同，但都会在同一园寝内。然而这也有特殊的情况，其中雍正帝的一个贵人等级的女人本应安葬在泰陵妃园寝内，却被葬在了远离清西陵的东陵风水墙外了，其原因尚不清楚。

在清东陵风水墙外的东侧，有一座老贵人园寝，里面安葬着两个女人：一个是清初杰出的女政治家孝庄文皇后的侍女苏麻喇姑，另一个则是雍正帝的老贵人。

苏麻喇姑是孝庄文皇后的侍女，终身未嫁，一直过着独身生活。在康熙二十六年（1687年）孝庄文皇后过世后，苏麻喇姑一直生活在皇宫中，康熙帝对她像对亲人一样奉养着，给予很高的生活待遇。康熙帝称她为“额涅”“额娘”，即“母亲”的意思；康熙帝的众皇子们，则尊称她为“祖母”。康熙四十四年九月初七日（1705年10月24日）苏麻喇姑病逝后，康熙帝为了照顾她与孝庄文皇后的感情，按照嫔等级礼仪将她安放在清东陵孝庄文皇后停灵处即暂安奉殿内。

雍正三年（1725年），雍正帝将孝庄文皇后的暂安奉殿正式改建成昭西陵，十二月初十日，孝庄文皇后棺椁正式入葬昭西陵地宫。由于苏麻喇姑既不是皇室成员、爱新觉罗后代，也不是皇帝的妃嫔，出于名分所限，苏麻喇姑不能与主人同葬昭西陵。雍正帝为了照顾苏麻喇姑与孝庄文皇后之间的亲密关系，决定将其葬在昭西陵附近——距昭西陵只有三里远的清东陵风水墙外东南方向新城之东。

苏麻喇姑园寝于雍正三年（1725年）二月动工，同年七月完工，八月初七日将苏麻喇姑葬入该园寝内。这座园寝坐北朝南，主要建筑由北到南有：地宫上建宝顶，前建园寝门3座、享堂3间、大门3间，环以朱垣。门外建东西值房、东西厢房。宝顶位于园寝纵向中轴线上。

乾隆二年（1737年），乾隆帝将雍正帝的一个女人——老贵人也葬在了这里。因为老贵人毕竟是皇帝的女人，是帝王家庭的一个成员，其宝顶建造得不仅比苏麻喇姑的高大，而且把园寝的名称也改称“老贵人园寝”了，只不过老贵人的宝顶没有占据园寝的中轴线上。

雍正帝既然在清西陵建了妃园寝，而且在妃园寝里面安葬了一些级别很低的女人，甚至是连封号也没有的格格，那么作为有正式封号的老贵人为什么却被葬在了远离清西陵的清东陵了呢？老贵人是被贬还是其他的原因葬在了东陵风水墙外？

记载在清宫档案里的一个信息，也许能帮我们揭开这个谜团。

据鄂尔泰、张廷玉等人编纂的《国朝宫史》记载，雍正六年（1728 年）四月二十一日，雍正帝谕令内务府官员：

> 今日总管等所奏易贵人之事，似此贵人入陵则可，陵内关系风水之地，嗣后尔等宜加以斟酌，如曾奉御皇考之贵人则可。若随常加封者，则不可。或在外围周方左右，或在苏妈里姑（即人们常说的“苏麻喇姑”）之左右，尔等谨记。或遇事出，同内务府总管密议具奏。

通过上述记载我们知道，因为陵内安葬的每一个人都关系到陵寝的风水，因此，雍正帝只同意将为康熙帝侍过寝的女人葬入康熙陵（这里说的“康熙陵”泛指康熙景陵、景陵妃园寝和景陵皇贵妃园寝），而那些没有为康熙帝侍过寝的女人是不可以葬入的。因为当时在后宫确有一些贵人封号的女人是随常加封的，没有真正意义上的侍寝关系，所以当时她们的加封只是一个空头衔而已。

苏麻喇姑墓

老贵人墓

由此可见，葬在东陵的雍正帝的老贵人很有可能就是没有为雍正帝侍过寝的女人。于是，乾隆帝根据雍正帝以前的做法，将雍正帝的老贵人安葬在清东陵外的苏麻喇姑园寝内，因为毕竟是名义上的雍正帝妃嫔，也不能再送出皇宫嫁给他人，最后只能在皇宫中养老，死后埋葬在一个皇家陵寝附近，成为一个漂泊在泰陵系统之外的皇家孤魂。

老贵人，姓老，位号是贵人。乾隆元年（1736 年）七月二十一日，老贵人彩棺奉移到东陵。乾隆二年（1737 年）二月二十六日，老贵人彩棺入葬在苏麻喇姑园寝，其宝顶位置在苏麻喇姑宝顶之东。

清朝灭亡后，老贵人墓多次被盗。地宫内情况不详，被盗物品不详。

2016 年 5 月，老贵人墓再次被盗，但没有挖开地宫，盗匪就被惊走，后被抓住，盗匪有三人，来自内蒙古和河南。

2016 年 5 月 17 日，昭西陵隆恩殿前月台上的一个柱头发现被盗后，清东陵立刻启动了大范围内的检查行动，没过几天就发现位于马庄的老贵人墓也被盗，盗洞位于老贵人宝顶前，大约一米六七深。八月份，随着昭西陵被盗的破案，老贵人墓被盗案也破案，当地公安机关在唐山市公安局的支持下，利用电信技术手段破案。

老贵人墓被盗的发现及破案，是偶然也是必然。

2016年5月老贵人墓被盗现场

四、“格格”沉浮录

清朝初期，后宫制度尚不完善。清太祖努尔哈赤时期，还没有建立后妃制度，后妃人数随意性很强，后妃的名称也只是沿袭满族多年来的习俗，正妻称“福晋”或“正福晋”“大福晋”，妾称“侧福晋”或“小福晋”。天聪初年（1627年），清太宗皇太极为了区别诸多福晋的名号，用福晋居住的住所确定福晋的名号，有“中宫大福晋”“西宫福晋”“东宫福晋”。天聪十年（1636年），皇太极登基做了皇帝，改国号“后金”为“大清”，改年号“天聪”为“崇德”，并开始建立清初后妃制度，册立了清朝历史上第一位皇后——孝端文皇后，即原先的中宫大福晋博尔济吉特氏。另外，还册封了东宫（关雎宫）的宸妃、西宫（麟趾宫）的贵妃、次东宫（衍庆宫）的淑妃、次西宫（永福宫）的庄妃。对此，《清史稿》称此时为“五宫并建，位号既明，等威渐辨”，即形成了清朝后妃制度的雏形。此时的清宫，后宫中的封号还存在着“福晋”“格格”等称谓。

康熙朝后期，后宫制度随着封建专制制度的确定和发展而逐步健全和完善。康熙朝规定：在同一时期，后宫可有皇后一、皇贵妃一、贵妃二、妃四、嫔六，贵人、常在、答应无定数。据研究，此时的清朝后妃制度并未真正完善，因为虽然葬在皇陵中的康熙帝妃嫔中没有称“格格”封号的了，但实际上后宫中依旧还有“格格”等封号的存在，只是没有了“福晋”这一封号。

《清朝文献通考》《清史稿》《清列朝后妃传稿》等书对雍正帝的后妃均只记载8人到懋嫔为止，只有《清皇室四谱》在懋嫔后面多记了一位李贵人，而且只有一句话：“贵人李氏，乾隆二十五年庚辰卒。”因此，泰陵妃园寝内的21人中除纯懿皇贵妃、齐妃、宁妃、谦妃、懋嫔是有记载的，其他尚有16人没有发现记载。

后来，据中国第一历史档案馆珍藏的一份泰陵妃园寝券位图记载，人们终于找到了这16人，她们是郭贵人、李贵人、安贵人、海贵人、张贵人、那常在、马常在、李常在、春常在、高常在、常常在、顾常在、苏格格、伊格格、张格格、张格格。

然而，人们惊奇地发现，在这16人中居然有4个人的称呼是“格格”。那么，“格格”在这里是什么样的封号呢？

“格格”，本为满语的译音，译成汉语则是“小姐”“妹妹”“姐姐”“姑娘”之意。入关前，“格格”是满族人对国君女、酋长女或一般妇女的称呼，也是有一定品级的封号。

清朝人梁章钜撰写的《称谓录》中，对“格格”是这样解释的：格格与宗室女郡主、县主、郡君、乡君、宗女同。

清朝《大清会典》记载：

> 亲王女和硕格格曰“郡主”，郡王女多罗格格曰“县主”，贝勒女多罗格格曰“郡君”，贝子女固山格格曰“县君”，入八分公镇国公、辅国公女曰“乡君”，贝子入八分侧室所生女曰“宗女”。

原来，皇太极继位后，于崇德元年（1636年）规定，皇后所生之女称“固伦（或作‘固龙’‘古伦’，此为满语，汉译为‘国家’之意）公主”，妃嫔所生女及中宫抚养者称“和硕公主”。“格格”遂成为皇家贵族小姐婚前的统称。清制，亲王、郡王、贝勒、贝子、镇国

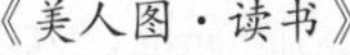
《美人图·读书》

《美人图·观鹊》

《美人图·品茗》

《美人图·观梅》

《美人图·持表》

《美人图·缝衣》

部分雍正十二美人图

公、辅国公之女，未予封号者均称“格格”，若加封，秩分五等：即亲王女称“和硕格格”，封郡主；郡王女为“多罗格格”，封县主；贝勒女为“多罗格格”，封郡君；贝子女为“固山格格”，封县君；镇国公、辅国公女为“格格”，封乡君。以上五等如为侧室所生，均依次降二等。格格许婚后，报宗人府，查明合例奏请受封，已受封者不随父升降。其中，和硕格格、多罗格格、固山格格是满文，而郡主、县主、郡君、县君、乡君等是汉文。只是更明确了未入八分公以上女俱称“宗女”，不授封。

然而，在清朝后妃制度不健全时期，的确有一些低级的皇帝、皇子侍妾被称为“格格”，例如顺治帝的一些埋葬在孝东陵的低级侍妾就称为“格格”。在后宫制度健全后，王府仍用此称谓来称呼王府中没名分的小妾。乾隆帝生母孝圣宪皇后钮祜禄氏在雍亲王府邸时，名号即为“格格”。为什么入关后还会有这种情况的出现呢？

原来，格格在清初已确定为宗室女，可是这些贵族小姐有的又被选入宫中侍奉皇帝或皇子，成为他们的侍妾或最低等的小妾。在清宫中，格格地位很低。虽然其中也有成为十分显赫的人物，但那也只是少数格格能得到晋封或追封为嫔或贵人。而最多的情况是，大多数的宫中格格一直到死，只存一个姓或封号。如果被皇帝临幸过，那就有机会葬在妃园寝靠后排的小宝顶之中；如果没有被皇帝临幸过，那就只能另葬他处，其命运往往还不如宫女。因为宫女到了 30 岁（雍正朝改为 25 岁），还可以出宫婚嫁。

为什么人们会认为“格格”就是“公主”呢？

原来，清初典制不完备，在特定的历史时间，“格格”与“公主”曾混用过。清太祖努尔哈赤的 4 个女儿既称“格格”，又称“公主”，使人误以为“格格”就是“公主”。其实，“格格”与“公主”混用是有其历史原因的。当初努尔哈赤这 4 个女儿出嫁时，他的身份仅是明朝建州左卫都督佥事，女儿出嫁只能封为“格格”。后来，他于万历四十四年（1616 年）正月，自称“覆育列国英明汗”（官书译为“皇帝”），建元“天命”，国号“金”。为了遵循典制，故此将已封为“格格”的 4 个女儿再次加封为“公主”。

现在人们习惯性统称清朝皇帝、宗室“公主”为“格格”，显然这样称呼或者理解，在清史中是不对的。因为“格格”是封号，“公主”也是封号，皇帝女儿封号与“格格”封号截然不同。皇帝的女儿加封号的话，根本不用“格格”这个称谓；而满洲贵族亲王、郡王、贝勒、贝子等女儿的封号，则使用“格格”称谓。因此，为了正确区别和理解“格格”这个封号，至关重要的是需要注意以下这两点。

1.“格格”不是皇帝的女儿。因为皇帝早殇的皇女无封号，极少数钟爱的早殇女才有“公主”封号，而大多数皇女成长到出嫁时才封为“公主”，中宫生的皇女封“固伦公主”，妃嫔生的皇女封“和硕公主”，也有极受宠爱的妃生皇女封为“固伦公主”的。

2.“格格”不是公主。清朝到了乾隆朝年间，典制齐备。乾隆朝初年在京城安定门外，有一处叫曹八里屯的墓地，这里葬有很多“格格”，每年清明、岁暮时，皇室都派人去祭祀。乾隆四年（1739 年）清明致祭，当时葬有“格格”112 个。乾隆十九年（1754 年）三月十三日清明礼致祭曹八里屯，此时葬有的“格格”是 144 个，襄亲王园寝处葬有“格格”5 个，安定门外大道东边葬有“格格”1 个，三处共葬有“格格”150 个。显而易见，这些被称为“格格”的女孩不会是皇帝的女儿，更不会是公主。其依据是：清朝顺治帝只有 6 个女儿，加上宫中收养 3 个女孩，共有 9 个皇女；康熙帝有 20 个女儿，加上收养宫中 1 个女孩，共有 21 个皇女；雍正帝有 4 个女儿，另抚养宫中 3 个女孩，共有 7 个皇女；乾隆帝有 10 个女儿，还收养 1 个女孩，至乾隆十九年（1754 年），只有 5 个皇女。将这四朝皇女合在一处，至乾隆十九年（1754 年）总共才有 42 个，这与曹八里屯安葬的 150 个“格格”的数目相差悬殊。因此，这些“格格”只能是宗室亲王、郡王、贝勒、贝子之女，或者没有被皇帝临幸过的但有“格格”封号的宫女。

因此，通过以上的简单介绍可以知道，泰陵妃园寝内的 4 个“格格”，其实就是雍正帝的低级小老婆，侍寝过雍正帝。而之所以有“格格”这个称呼，是为了明显区别于其他的没有侍寝过雍正帝的女人罢了，但其“格格”的称呼并没有列入后宫制度的序列。因此，在情理上分析，她们只是雍正帝发泄一时生理需求的工具，清宫都不承认她们是皇帝的正式老婆，充其量是性伴侣。她们死后能有幸葬入皇家陵寝，已经算是烧了八辈子的高香了，所以她们即使有资格埋在泰陵妃园寝内，结果却是连名字和简单生平等基本信息都没有被记录下来。

在封建统治时期，女人是男人的陪衬、性欲发泄的对象、传宗接代的工具。她们拥有一些不同等级的名号后，只是能得到一些相应的特殊生活待遇；而那些没有任何称号的女子，也都是男主人随时的玩物，男主人对于她们有着任意的处理权。

尾　声

为了明天更好

“以史为证，以史为鉴”“历史是一面镜子”，人们常如是说。

我不是历史研究者，也不是文字工作者，只是一个普通的历史爱好者，一个纯粹的清朝陵寝发烧友，但出于对历史的爱好，时常忍不住说上几句自己的看法。

民间传说表达的只是人们对社会的认识和思想感情，而不是历史真相，其价值和意义只能是供研究者寻找线索或适当娱乐。而陵寝作为历史遗迹，则是研究历史的重要内容之一，是现今人们能看得见的历史。每一个朝代都是以开创者勇猛、威严的形象开始的，但最后却都以孤独冷静的墓地形式结束。陵墓是帝王为自己营建的另一个世界，却也是留给我们的一部写在山水间的历史。因为封建帝王在建功立业的同时，也在建造自己的墓地了，最后他的帝国、他的故事，或全部、或部分地都将陪伴他进入新的世界。

有人说：“爱这个世界有很多种方式，或者关爱自己，或者做好自己；或者学会思想，或者绝对虔诚。抓不住永久的和平，至少不需要很仓促的战争。”我觉得这话很有道理，为了这些，我们很有必要回头看看自己走过的路，听一听前人说过的话。要学会冷眼看历史及历史上的风云人物。

本书内容是从泰陵开始的，因为它是一个停留在山水间的历史谜团，而谜团的主人则是清朝的雍正帝。

说起雍正帝，他在清朝帝王中算是颇有名气的。人们之所以对他这么熟悉，并不是因为他在位时间短，治理国家格外见成效，而是因为他在历史上曾做出的事情令人质疑，甚至恐怖，除了他有一个残忍的暴君形象，还有他手下星罗棋布的特务组织。

雍正帝是否弑父夺位？亲生母亲对儿子皇帝反常的抗衡，他对诸多兄弟、朝廷重臣的严厉打击，自己另起炉灶建清西陵，自己的妃子、儿皇帝的亲妈不与自己合葬，等等，这一切似乎在说明着什么。在研究的同时，更值得我们思考：亲情、权力，暴力和无力的抗争……这一切的表现都是因为自私，因为权力。

其实在我看来，清西陵的出现，就是民间传说的雍正帝心中有鬼，所以才另起炉灶建墓地。因为据现在的研究表明，泰陵风水并非是完美无缺的，它的风水形势有部分是人工填补形成的。

但在历史中，雍正帝在建功立业上还是颇有功德的，要两面看，不要只看其一而不看其二。他不仅有学问，还有广泛的爱好和独特的美学观点，虽然血腥味的争斗带给他很多的阴影，但他维护了国家中央集权的高度统一。

现在，无论雍正帝有什么样的残忍屠杀和气吞山河的文韬武略，连同他开创的雍正王朝都已不复存在了，留下的只是历史故事和传说，还有就是雍正帝那默默伫立的陵墓。

大清帝国已经过去，成为了历史，但我的心情却是复杂的。在这个浓缩着大清帝国政治、军事、经济、文化等诸多盖世风情的一隅之地，还暗藏着历史上很多的宫廷争斗和谜案。雍正帝作为铮铮铁骨的一代帝王，已成为一个时代的性格和永恒的图腾。

面对知道的过去和面临的未来，我获得了真诚与充实的同时，还学会了面对现实的真实和残酷。历史告诉我们：在这个世界上，可能不可抑制地反复张扬着“伟大”“关爱”“亲情”“繁荣”。但我则认为，也许更需要“老实”“真诚”“谦卑”“宁静”。

回想青山绿水、乡村田陌间的雍正陵，看看熙熙攘攘、物欲横流的时代，古代荆轲易水寒，今宵吾辈依仗剑。在梦想与光荣的河边，夫言：“在人类共同的地球上，为了生存，为了明天更美好，看今朝，还要看历史。”至于雍正帝是否有头、遗体是否完整安葬，我想最好还是不要打扰古人在地下沉睡将近三百年的宁静吧！逝者永恒，逝者安息！

附　录

附录 1　雍正帝遗诏

自古帝王统御天下，必以敬天法祖为首务。而敬天法祖皆本于至诚。至诚之心，不容一息有间。是以宵旰焦劳，无日不兢兢业业也。

朕蒙皇考圣祖仁皇帝为宗社臣民计，慎选于诸子之中，命朕缵承统绪，绍登大宝，夙夜忧勤，深恐不克负荷。惟仰体圣祖之心以为心，仰法圣祖之政以为政，勤求治理，抚育烝黎。无一事不竭其周详，无一时不深其祇敬。期使宗室天潢之内，人人品行端方，八旗根本之地，各各奉公守法。六卿喉舌之司，纪纲整饬，百度维贞，封疆守土之臣，大法小廉，万民乐业。十三年以来，竭虑殚心，朝乾夕惕，励精政治，不惮辛勤，训诫臣工，不辞谆复。虽未能全如期望，而庶政渐已肃清，人心渐臻良善，臣民遍德，遐迩恬熙，大有频书，嘉祥叠见。

朕秉此至诚之心，孜孜罔释，虽至劳至苦，不敢以一息自怠，方冀图安保泰，久道化成。今朕躬不豫，奄弃臣民，在朕身生本无生，去来一如。但我皇考圣祖仁皇帝托付之重，至今虽可自信无负，而志愿未竟，不无微憾。

宝亲王皇四子弘历，秉性仁慈，居心孝友，圣祖皇考于诸孙之中，最为钟爱，抚养宫中，恩逾常格，雍正元年八月间，朕于乾清宫召诸王、满汉大臣入见，面谕以建储一事，亲书谕旨，加以密封，收藏于乾清宫最高之处，即立弘历为皇太子之旨也。其后仍封亲王者，盖令备位藩封，谙习政事，以增广识见，今既遭大事，著继朕登基（笔者注：按理说应该为“登极”，此处使用“登基”一词，是按照《清实录》原文抄写），即皇帝位。仰赖上天垂佑，列祖贻谋，当兹寰

宇乂安，太平无事，必能与亿兆臣民共享安宁之福。

至于国家刑法禁令之设，所以诘奸除暴，惩贪黜邪，以端风俗，以肃官方者也。然宽严之用，又必因乎其时。从前朕见人情浇薄，官吏营私，相习成风，罔知省改，势不得不惩治整理，以戒将来，今人心共知儆惕矣。凡各衙门条例，有从前本严而朕改易从宽者，此乃从前部臣定议未协。朕与廷臣悉心斟酌，而后更定，以垂永久者，应照更定之例行。若从前之例本宽，而朕改易从严者，此乃整饬人心风俗之计，原欲暂行于一时，俟诸弊革除之后，仍可酌复旧章，此朕本意也。向后遇此等事，则再加斟酌，若有应照旧例者，仍照旧例行。自今以后，实愿内外亲贤股肱大臣，念朕朝乾夕惕之苦衷，仰答皇考圣祖仁皇帝利益社稷苍生之诚念，各秉忠良，屏除恩怨，一心一德，仍如朕在位之时，共相辅弼，俾皇太子弘历成一代之令主，则朕托付得人，追随列祖皇考在天之灵，亦可不愧不怍矣。

弘历仰承祖宗积累之厚，受朕训诲之深，与和亲王弘昼同气至亲，实为一体，尤当诚心友爱，休戚相关。亲正人，行正事，闻正言，勿为小人所诱，勿为邪说所惑。祖宗所遗之宗室宜亲，国家所用之贤臣宜保，自然和气致祥，绵祖宗社稷万年之庆矣。庄亲王心地醇良，和平谨慎，但遇事少有担当，然必不至于错误。果亲王至性忠直，才识俱优，实国家有用之材，但平日气体清弱，不耐劳瘁，倘遇大事，诸王大臣当体之，勿使伤损其身，若因此而损贤王精神，不能为国家办理政务，则甚为可惜。大学士张廷玉器量纯全，抒诚供职，其纂修《圣祖仁皇帝实录》宣力独多。每年遵旨缮写上谕，悉能详达朕意。训示臣民，其功甚钜；大学士鄂尔泰志秉忠贞，才优经济，安民察吏，绥靖边疆，洵为不世出之名臣。此二人者，朕可保其始终不渝。将来二臣著配享太庙，以昭恩礼。

其应行仪制，悉遵成典。持服二十七日释服。布告天下，咸使闻知。

——选自《世宗宪皇帝实录》

附录2　泰陵圣德神功碑碑文

笔者按：据徐广源先生考证，此碑文的落款虽是乾隆帝，其实由清代著名的散文家、当时官居内阁学士兼礼部侍郎的方苞拟写的。这篇碑文共有4411个汉字。碑文的文字是由善于书法的康熙帝的第十七子和硕果亲王允礼书写的。尽管碑文内容中多有溢美之词，甚至有神奇荒诞之处，但仍不失为一份研究雍正帝、研究清史的很有价值的史料。

大清泰陵圣德神功碑

洪惟我圣祖仁皇帝统承三圣之谟烈，奄奠万方，抚临天下六十有一年，实兼开创与守成之事。爰自绥靖南荒，翦除三孽而后。惟务以深仁厚泽，沦浃中外，俾涵泳优游，四方从欲，而励精图治，悠久无疆。晚岁之政，尤欲申严庶务，以正官方，纠诘敝民，以清礼俗，以明作济惇大，以节制保丰亨。故我皇考嗣承丕基，凡诚孝中正宽仁之大，原无一不与圣祖同揆。至用人行政规模，则稍有变通，以求继志述事之尽善。惟皇考神圣之姿默契圣祖，是以膺付托之重任而宏开夫万年有道之长。惟皇考诚敬之德简在帝心，是以致嘉祥之骈臻，而即验于四海于变之盛，虽十三年之忧劳，无一日一时少释于宸衷。而所以贻我子孙臣庶亿万禩之乐利无穷者，诚如天地之无不帱载也。

皇考世宗敬天昌运建中表正文武英明宽仁信毅大孝至诚宪皇帝，圣祖合天弘运文武睿哲恭俭宽裕孝敬诚信中和功德大成仁皇帝第四子也，母孝恭仁皇后在妊时，梦月中仙娥授以神子，既觉而诞生皇考。皇考幼而徇齐，天性仁孝，圣祖恩眷异常。八岁时患腹疾，皇祖方巡狩塞外，闻之遽驰归，一昼夜而至，其笃爱有如此者。奉侍庭帏数十年，深爱懿敬，无一言一动不允当皇祖之心，每语众称为至孝。先是旧皇太子赠理亲王之未得罪也，皇考小心承顺，恪尽臣弟礼，而王恐圣祖眷爱日隆，有妨于己，遂至以非礼相加，皇考每顺受之，而刚正之气亦不为少屈，律己则笃谨有加焉。及岁戊子，王以罪废，居常进谀者多背离，相忌者率倾陷，祸且不测，皇考多方保护，以悃忱恻怛，感慰圣祖之心，而曲为王解，始获矜容，王乃愧悔自失。东宫旧属咸洒泣惊颂圣德。方是时圣祖违和，又以允禔、允禩等屡作非彝，以干天怒，居常郁郁，病势增剧。皇考竭心孝养，凡百躬亲，靡昼靡夜，逮四阅月，圣躬乃安。及理亲王再废，圣祖春秋益高。诸王中私怀觊觎者往往矫饰名誉，私树党援，而皇考绝不以一事自表异。友于兄弟，均平如一，莫不同其忧喜。轸其疾痛，其自取咎殃者，亦不避嫌疑，力为调剂。自内外族姻，左右大臣以及近侍宿卫，无一人往来亲密者。圣祖用是灼知圣德渊懿，大义明著，无党无偏，足以膺宗社臣民之付属也。及遭大故，水浆不入于口，以乾清宫东庑为倚庐，素服斋居养心殿，三年如一日。每遇朔奠殷祭及献食寿皇殿，悲不自胜，哀动左右。躬送梓宫，安葬景陵。仁寿皇太后升遐，哀诚一如初礼。凡太庙、郊壇必躬必亲，致斋致慤，观者罔不肃然起敬。每遇水旱之祲，愀然曰上天谴责朕躬。命直省旬月奏报雨雪。苟应时则喜动颜色，或过期即减常膳。元年五月京畿旱，虔祷于宫中，自晨至夕不膳，霖雨立沛。盖皇考深念所任受于皇天暨列祖者。惟兹天下之烝黎，故休戚相关，如保赤子而民之所以安者，存乎政。政之所以举者，存乎人。故宵衣旰食，日有孜孜，尤以是为先务焉。念民所苦病者，莫如赋重而刑滥，有司遇灾祲而不恤，巧法侵渔，或惰侈以自耗，致民俗之日偷，逐奸利，纵淫乐，聚徒斗狠，若是者皆盗贼之源也。皇考即位之元年，即大免直省逋赋。陕西、甘肃二省以军兴运饷，其所供赋税，无岁不蒙豁免。七年至九年，轮蠲各省赋税有差。自元季张士诚据苏松嘉湖，陈友谅据南昌袁瑞，与明太祖苦战于江东西，横敛以给军，终明之世，故籍未改，特命永除数郡浮粮，著为令典。凡直省报灾，朝闻发不待夕，夕闻发不待朝。每语近臣："朕蠲租发赈，如救焚拯溺，犹恐灾黎之鲜有济也。彼视民之伤，与己若无与者，独何心哉？"常念水土为农田之本，而救荒之政，莫要于兴工筑以聚贫民，遂博求海内水利，修川防，俾各省河渠湖泽，岁久或淤塞为连州比郡农商害者，咸开濬之。京畿则命怡亲王、大学士朱轼经营水利营田，官开水田数万顷，听民自占者不与。十余年中，费数百万，贫民皆取食焉。洪泽湖都受淮流，广数百里，恃高家堰为关键，以束淮而漱黄，下河七州县，民命系焉。发帑银百万，尽改石工。浙江松江海塘，经潮水屡涨，修筑相继，费数百万，滨海之民始得安衽席，无为鱼之患。往者，封疆大吏好因事以自为功，有司承迎以速进取之路。凡有兴作及赈灾动称捐助，或曰小民乐输，皇考再三谕禁，以苏民困。州县巧取有禁，门关苛索有禁。而民隐之万难上达者，莫不在皇考洞鉴之中。每遇重囚即深廑睿怀，屡饬法司必三覆奏。好生之德发于不能自已者如此。念刑罚所以济政教之穷，必修礼正俗，乃可清其源。详注圣祖仁皇帝谕旨十六条，亲制劝农种树之诏，御书刊示四方。命九卿详定贵贱服色、兵民婚丧礼制，实举孝义贞节。分遣御史巡行直省，常恐所任非人，则虽有良法美意，德难下究，教不虚行，故搜扬俊乂，立贤无方。自唐宋以后，秩禄不足以赡庶官，不肖者各以他途取之，用此苞苴盛行，不可遏止。皇考于外省督抚以及州县亲民之官，各赐养廉，较正禄数十百倍。其在京师卿贰则赐双俸，司旅并给饭费，虽闲曹职官，亦准俸银之数，赐之廪谷。而寡廉鲜耻、巧取而殃民者，法亦有所必行焉。左右辅弼及封疆重臣，忠勤夙著，猷绩彰闻，则推诚倚任，坦然不疑，俾得展尽底蕴，而常戒以面从，责以启沃，优容宠赉，十百于寻常。其有恃功骄蹇，植党营私者，则法立诛必。而忠直善良，即时有失误，屡被谴诃，卒保全其终始。建贤良祠，崇祀累朝硕辅，其余著勋伐，效命疆场者，皆录用其后人。又念士者，民之表仪，而庶官所由备也，故广其登进之途而董之以教。元年，命郡州县学官必用正途。二年，躬诣太学，颁训饬士子文。四年，命直省督学举英才。八年，举通晓性理举人八人，并赐进士。各省会俱特建书院，取之之广，恤之之周如此。兵者，民之卫藩而国威之所蓄也。故勤其蒐简之政而曲体其情。命提镇考核将校，必察其训练拊循之实，毋得徇私。提镇之优劣，一以整饬将校，训练行伍，和辑兵民定之。士伍则正粮之外，别发帑银，俾军帅营运以恤其婚丧。盖皇考莅官驭将，勤民养士，整军恤众，使文武并励，中外相维，制防曲尽如此。重念八旗乃国家根本，内外大小臣工士民军吏所观式也，故所以教之，养之，取之，任之，察其情而优恤之者，尤详且备焉。元年，即命举人庠生之服公事者，各还家专力于学诵，设八旗官学，各就其方，简其士之秀异者而官教之。命诸王察举孝弟守分力学者，以承平日久，生齿愈繁，取八旗余丁四千八百

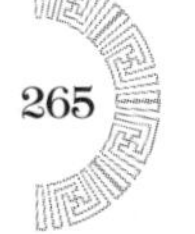

人为教养兵，岁给十七万有奇，自五旗诸王不得以旗分人员多供差役，擅治其罪。下此正副都统及参领、佐领不得苛索外吏财物。窃尝审究皇考治法之源流，然后古圣王所为，以天下为一家，以中国为一人者，其规模气象始可得而见焉。皇考自宗亲戚畹勋旧以及八旗之士众，自京师畿辅以及九州四海之军民，惟恐其疾苦之蔽壅，礼俗之衰恶，一如一身之中，毛发有触而必动，虽外藩蒙古皆如家人父子，其职官并予俸禄，兵众咸给月粮。土默特守台站人，岁时有赏。用此凡有征讨，外藩效命，屡谕蒙古王、贝勒，宜爱民惠下，其子弟之俊秀者，或在内廷教养之。赐安南以隙地，减朝鲜、琉球贡物，厚朝鲜、俄罗斯国人之赏赉，给琉球来学者归国之道赀，不独泽流方外，而声教亦渐被于遐荒。十有三年之间，宵衣旰食，无晷刻之宁，不谓天下已治，万民已安而少懈。夫朝乾夕惕之皇衷，故以事天之诚敬，昭事百神而神无不格；以法祖之仁孝，锡类万物而物无不孚。至于孔子德配天地，尤加崇礼。王爵之封，上及五世。跪献之礼，首著上丁。详定配享先贤，增置五经博士，皆前古所未有也。教养宗室而宽其拘禁者。自登宸极，即封理亲王子弘晰为郡王，而于理亲王未降一旨，未遣一使，曰："吾不欲受其拜并闻感恩之言也。"锡赉频仍，惟命内监传送，且教以询所从来，勿令告以上赐。及王薨，躬临哭奠，追赠理亲王，命弘晰进袭亲王爵，分封供具特厚。怡贤亲王之丧，躬临哭奠，哀恸久而不已。自戊子年后，允禩、允禟辈莫不妄冀非分，结党树援，尝触怒圣祖。圣祖降硃批，谕皇考及诸王云："朕与允禩父子之义已绝。"及皇考嗣位，重念兄弟情，且知彼明敏能任事，爰命辅政，加恩信用，冀以感悟其心，密封皇祖旨于内阁，不以宣示外人。乃允禩不但不改悔，且心怀怨望，怙恶不悛。允禟在西宁，多为不法，显悖臣礼，皇考虽申告中外，明正其罪，绝其属籍，而两人犹得以天年终，罚弗及嗣。自御极以后，瑞应骈至，日月如合璧，五星如联珠，黄河之清自陕州至邳宿，二旬有五日不变。凤集麟生，庆云甘露，灵芝嘉谷之祥，不可胜纪。皇考每见奏章，必深自警惕，咨戒臣工，苟德政之不修，虽天瑞不足恃也。彰明人纪，更定刑章。凡继母虐杀前子，以所生子抵法。无故杖杀仆婢者，分别轻重治罪。访明太祖本支裔孙，袭封侯爵，以承其宗祀。自明初，绍兴有惰民，靖难后，诸臣抗命者，子女多发山西为乐户，数百年相沿未革。一旦去籍为良民，命下之日，人皆流涕。自准噶尔扰边，圣祖仁皇帝宿兵西北陲，以保旧属诸藩。青海之平也，彼又纳我叛臣，虽屡加训告，袭盗不休，故定议濯征，为一劳永逸计，及十年，大破之于喀尔喀之地。边将争言宜乘时进剿，皇考念彼远处外夷，武不可黩，乃遣使谕告，决意罢兵。西南洞苗，自古为附近州县之害。自平定广乌蒙古州归义，开地二千里，而时戒边疆大吏为善后之谋。

敬惟皇考自始至终，所以莅官勤民教士恤军安内驭外者，无不体之以诚，本之以孝，用之以中，持之以正，育之以仁，抚之以宽，与圣祖仁皇帝若合符节而更化砥俗，使天下遵道遵路，如优恤宗室，而礼度必谨于防维。爱礼大臣而法禁必行于贵近。搜罗才俊，而甄别不漏于昏庸。教育士民，而捕诘独严于败类。盖非此不足以移文恬武嬉、阴私交结之风，革吏蠹民、险戾奸欺之习。未尝非圣祖晚年整肃官方、矫除薄俗之遗意也。是以数年之后，蒸然丕变，外自郡州县吏，私馈不行于大府监司。内而阁部院司台垣，不敢以己事干外吏。仓库侵蚀者，所在充盈，庠序鲜嚣陵之士，门关无苛索之兵，蠹吏散朋、奸民徙业。孔子所称善继人之志，善述人之事者，我皇考实克当之。

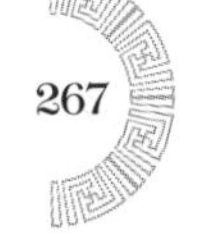

皇考即位之元年八月，即手书建储事，密封宫廷，布告群臣。八年六月，圣躬违和，特召臣及庄亲王、果亲王、和亲王、大学士、内大臣数人入见，面谕遗诏大意，谓："朕夙夜忧勤，惟体圣祖之心以为心，法圣祖之政以为政。因见人情浇薄，官吏徇私，罔知改省，不得不惩治以戒将来。故有从前条例本严而改易从宽者。乃原议未协，朕与廷臣悉心酌定，可垂永久。有从前本宽而改易从严者，本欲俟诸弊革除之后，酌复旧章。"乃知皇考圣智天纵，灼见圣祖不言之意。以就前功，而随时取中，用建民极。盖圣祖时，疮痍初复，非遍覆包涵，不足以厚生养而定民志。

皇考继承之初，则政宽而奸伏，物盛而孽萌，非廓清厘剔，大为之防，其流将溢漫而不可以长久。两朝圣治，正如天地四时之运，相推相代，以成岁功。先儒所谓虽有改制之名，而无变道之实者此也。皇考圣意，原欲大加整剔，使弊绝风清，人人皆知理法，而后布恩施德，以培国家万年元气。昊天不吊，未假之年。使十有三年惫精劳神之圣心犹未释于龙驭上宾之日，而广大欲沛之泽不及旁流汪濊，以遂皇考之初志，而亲见黎民遍德之休也。呜呼痛哉！雍正十三年八月己丑，皇考崩，圣寿五十有八。乾隆二年三月庚寅葬泰陵。小子谨拜稽首而献颂曰：

惟天行健，运而不息。阴阳甄陶，万殊一则。
惟圣时宪，建极宜民。其用曷先，曰义与仁。
当丰而亨，蔀亦潜滋。既大且豫，必戒其随。
皇帝继序，履盛持盈。日暄雨润，雷动风行。
皇天所付，惟此嘉师。四圣容保，予承予依。
曰予作君，在厚其生。其灾其害，我躬是膺。
曰予作师，在正其德。其薄其顽，我躬之忒。
设监置牧，惟民之安。苟非其人，虑为民残。
心膂股肱，信贤不贰。庶司百吏，开诚以示。
片言心录，小善必登。耳提面命，无或荒宁。
官箴之败，交以贿成。贤奸可易，白黑可更。
植党背公，诪张谲诳。上下相蒙，斯民曷望。
重增秩禄，用绝苞苴。私涂既闭，邦经可胪。
旌廉擢能，俾钦俾慕。诛恣惩贪，俾愧俾寤。
九官承式，庶事寡愆。大府整躬，百城晏眠。
敬刑明罚，乱狱无滋。岁会月要，出纳无欺。
救荒拯溺，家霑户浃。增防浚川，役均廪给。
兴礼明教，以示之则。禁暴诘奸，以除其慝。
煌煌帝京，政肃风清。豪强屏息，奸宄潜形。
博戏斗罳，鹑茵鸡栅。奇技淫声，儿童莫识。
近自畿甸，周于海隅。山行野宿，刁柝无虞。
曷占政成，官称其职。曷占民安，鼓腹作息。
皇帝致治，身为表仪。由中达外，诚一无私。
郊庙明禋，洞洞属属。阙廷莅政，雍雍穆穆。
大孝备矣，昭哉嗣服。眷旧亲贤，久而弥笃。
近承德意，远树风声。父勉其子，弟祗其兄。

未明求衣，日昃不食。一日万幾，是匡是饬。
天现其光，珠联璧合。地效其灵，河清川翕。
亩穗丛歧，陵芝结纽。凤翔麟游，近在郊棷。
皇帝曰咨，毋安毋豫。我君我臣，惟戒惟惧。
遇灾而惧，灾可为祥。以祥为常，志将日荒。
重道崇文，德心是懋。张皇六师，武不敢究。
天衢如砥，万国朝宗。开我明堂，四裔来同。
盛德之气，生物之元。于时为春，在人曰仁。
尊严之气，物以凝闭。于时为秋，在人曰义。
巍巍圣皇，是则是效。雨露雷霆，罔非至教。
德厚于地，智崇如天。仪我后昆，亿万斯年。

乾隆四年七月二十四日　孝子嗣皇帝弘历敬述

附录3　雍正帝后妃表

顺序	封号	姓氏	民族	谥号	出生日期	入宫时间	册封时间	死亡日期	享年	子女	葬地	入葬日期	备考
1	孝敬宪皇后	乌喇那拉氏	满洲正黄旗	孝敬恭和懿顺昭惠庄肃安康佐天翊圣宪皇后	生年待考，生辰为农历五月十三日	早年入侍胤禛潜邸	雍正元年（1723）十二月二十二日	雍正九年（1731）九月二十九日	不详	子1	河北易县清西陵泰陵	乾隆二年（1737）三月初二日	
2	孝圣宪皇后	钮祜禄氏	满洲镶黄旗	孝圣慈宣康惠敦和诚徽仁穆敬天光圣宪皇后	康熙三十一年（1692）十一月二十五日	不详	雍正十三年（1735）八月二十三日乾隆帝尊其为皇太后	乾隆四十二年（1777）正月二十三日丑时	86	子1（乾隆帝）	河北易县清西陵泰东陵	乾隆四十二年（1777）四月二十五日	
3	敦肃皇贵妃	年氏	汉军镶黄旗		不详	早年入侍胤禛潜邸	雍正元年（1723）十二月二十二日	雍正三年（1725）十一月二十二日	不详	子3 女1	河北易县清西陵泰陵	乾隆二年（1737）三月初二日	
4	纯懿皇贵妃	耿氏	满洲镶黄旗		康熙二十八年（1689）十一月初三日	不详	乾隆四十三年（1778）十月二十八日	乾隆四十九年（1784）十二月十七日	96	子1	河北易县清西陵泰陵妃园寝	乾隆五十年（1785）四月十六日	券座位于园寝第一排正中

续表

顺序	封号	姓氏	民族	谥号	出生日期	入宫时间	册封时间	死亡日期	享年	子女	葬地	入葬日期	备考
5	齐妃	李氏	汉		不详	早年入侍胤禛潜邸	雍正元年（1723）十二月二十二日	乾隆二年（1737）四月初七日	60	子3女1	河北易县清西陵泰陵妃园寝	乾隆二年（1737）十二月	券座位于园寝第一排东数第二位
6	谦妃	刘氏	不详		康熙五十三年（1714）	雍正七年（1729）	乾隆二年（1737）九月	乾隆三十二年（1767）五月二十一日	54	子1	河北易县清西陵泰陵妃园寝	乾隆三十二年（1767）十月二十五日	券座位于园寝第一排西数第二位
7	宁妃	武氏	汉		不详	早年入侍胤禛潜邸	追封为妃	雍正十二年（1734）五月二十四日	不详		河北易县清西陵泰陵妃园寝	乾隆二年（1737）下半年	券座位于园寝第一排东数第一位
8	懋嫔	宋氏	不详		不详	早年入侍胤禛潜邸	雍正元年（1723）十二月二十二日	雍正八年（1730）九月	不详	女1	河北易县清西陵泰陵妃园寝	乾隆二年（1737）十二月	券座位于园寝第一排西数第一位
9	郭贵人	郭氏	不详		不详	不详	雍正七年（1729）	乾隆五十一年（1786）正月	不详		河北易县清西陵泰陵妃园寝	乾隆五十一年（1786）三月十三日	券座位于园寝第二排正中

续表

顺序	封号	姓氏	民族	谥号	出生日期	入宫时间	册封时间	死亡日期	享年	子女	葬地	入葬日期	备考
10	李贵人	李氏	不详		不详	不详	雍正七年（1729）	乾隆二十五年（1760）四月二十八日	不详		河北易县清西陵泰陵妃园寝	乾隆二十五年（1760）四月二十九日奉移泰陵妃园寝	券座位于园寝第二排西数第四位
11	安贵人	安氏	不详		不详	不详	不详	乾隆十四年（1749）四月至十五年（1750）底之间	不详		河北易县清西陵泰陵妃园寝	不详	券座位于园寝第二排东数第四位
12	海贵人	海氏	不详		不详	不详	雍正十三年（1735）九月晋为贵人	乾隆二十六年（1761）十二月	不详		河北易县清西陵泰陵妃园寝	乾隆二十七年（1762）四月初十日	券座位于园寝第二排东数第三位
13	张贵人	张氏	不详		不详	不详	雍正十三年（1735）四月晋为贵人	雍正十三年（1735）四月二十一日	不详		河北易县清西陵泰陵妃园寝	不详	券座位于园寝第二排西数第三位
14	马常在	马氏	不详		不详	雍正七年（1729）七月已入宫	雍正八年（1730）一月晋为常在	乾隆三十三年（1768）夏	不详		河北易县清西陵泰陵妃园寝	乾隆四十年（1775）十月后	券座位于园寝第二排东数第一位

续表

顺序	封号	姓氏	民族	谥号	出生日期	入宫时间	册封时间	死亡日期	享年	子女	葬地	入葬日期	备考
15	李常在	李氏	不详		不详	雍正八年（1730）已入宫	雍正十年（1732）闰五月晋为常在	不详	不详		河北易县清西陵泰陵妃园寝	不详	券座位于园寝第二排西数第二位
16	顾常在	顾氏	不详		不详	雍正七年（1729）四月已入宫	雍正七年（1729）四月晋为常在	雍正七年（1729）九月	不详		河北易县清西陵泰陵妃园寝	不详	券座位于园寝第三排西数第三位
17	高常在	高氏	不详		不详	雍正七年（1729）四月已入宫	雍正八年（1730）一月晋为常在	雍正十年（1732）七月至十二年（1734）底之间	不详		河北易县清西陵泰陵妃园寝	不详	券座位于园寝第三排正中
18	常常在	常氏	不详		不详	雍正七年（1729）一月已入宫	雍正七年（1729）四月晋为常在	雍正十年（1732）八月	不详		河北易县清西陵泰陵妃园寝	不详	券座位于园寝第三排东数第三位
19	春常在	春氏	不详		不详	不详	不详	不详	不详		河北易县清西陵泰陵妃园寝	不详	券座位于园寝第二排西数第一位

续表

顺序	封号	姓氏	民族	谥号	出生日期	入宫时间	册封时间	死亡日期	享年	子女	葬地	入葬日期	备考
20	苏答应	苏氏	不详		不详	雍正四年（1726）七月已入宫	雍正四年（1726）七月	可能卒于雍正七年（1729）八月以后	不详		河北易县清西陵泰陵妃园寝	不详	券座位于园寝第三排东数第二位
21	老贵人	老氏	不详		不详	不详	不详	不详	不详		河北遵化清东陵外老贵人园寝	乾隆二年（1737）二月二十六日	

* 那常在、伊格格和两位张姓格格均未找到相关史料。（制表：李宏杰）

附录 4　雍正帝皇子表

出生顺序	排行顺序	名字	出生日期	生母	最后封号	死亡日期	享年	谥号	子女	葬地	备考
1	皇长子	弘晖	康熙三十六年（1697）丁三月二十六日子时	孝敬宪皇后	端亲王	康熙四十三年（1704）六月初六日卯时	8岁	端		河北易县张格庄端亲王园寝	
2		弘盼	康熙三十六年（1697）六月初二日子时	齐妃李氏		康熙三十八年（1699）二月二十九日亥时	3岁			河北易县张格庄端亲王园寝内	
3	皇二子	弘昀	康熙三十九年（1700）八月初七日酉时	齐妃李氏		康熙四十九年（1710）十月二十日丑时	11岁			河北易县张格庄端亲王园寝内	
4	皇三子	弘时	康熙四十三年（1704）二月十三日子时	齐妃李氏		雍正五年（1727）八月初六日申时	24岁		子1	河北易县张格庄阿哥园寝	
5	皇四子	弘历	康熙五十年（1711）八月十三日	孝圣宪皇后	乾隆帝	嘉庆四年（1799）正月初三日	89岁	法天隆运至诚先觉体元立极敷文奋武钦明孝慈神圣纯皇帝	子17女10	河北遵化清东陵之裕陵	

续表

出生顺序	排行顺序	名字	出生日期	生母	最后封号	死亡日期	享年	谥号	子女	葬地	备考
6	皇五子	弘昼	康熙五十年（1711）十一月二十七日未时	纯懿皇贵妃耿氏	和亲王	乾隆三十五年（1788）七月十三日申时	60岁	恭	子8	北京市密云区凤山之南	
7		福宜	康熙五十九年（1720）五月二十五日寅时	敦肃皇贵妃年氏		康熙六十年（1721）正月十三日丑时	2岁			河北易县张格庄端亲王园寝内	
8		福惠	康熙六十年（1721）十月初九日未时	敦肃皇贵妃年氏	怀亲王	雍正六年（1728）九月初九未时	8岁	怀		河北易县王家庄	
9		福沛	雍正元年（1723）五月初十日申时	敦肃皇贵妃年氏		雍正元年（1723）五月初十日戌时				待考	据徐广源先生推测和《清代园寝制度研究》记载，其附葬弘时园寝

续表

出生顺序	排行顺序	名字	出生日期	生母	最后封号	死亡日期	享年	谥号	子女	葬地	备考
10	皇六子	弘瞻	雍正十一年（1733）六月十一日亥时	谦妃刘氏	果郡王	乾隆三十年（1765）三月初八日申时	33岁	恭	子3	河北易县梁格庄岭东村	

（制表：李宏杰）

附录 5　雍正帝皇女表

出生顺序	排行顺序	封号	出生日期	生母	下嫁额驸	册封时间	死亡日期	享年	子女	葬地	备考
1	皇长女		康熙三十三年（1694）三月十六日丑时	懋嫔宋氏			未逾月殇				
2	皇二女	和硕怀恪公主	康熙三十四年（1695）七月初六日未时	齐妃李氏	纳喇星德	雍正元年（1723）三月初五日追封为和硕怀恪公主	康熙五十六年（1717）三月	23		北京市门头沟区龙泉镇三家店村东	
3	皇三女		康熙四十五年（1706）十二月初五日申时	懋嫔宋氏			未逾月殇				
4	皇四女		康熙五十四年（1715）三月十二日酉时	敦肃皇贵妃年氏			康熙五十六年（1717）五月	3			

（制表：李宏杰）

参考书目

[1] 清实录［M］. 北京：中华书局，1985.

[2] 唐邦治 . 清皇室四谱［M］. 上海：聚珍仿宋印书局，2008.

[3] 李秉新，石玉新，武永召 . 清宫八大疑案［M］. 石家庄：河北人民出版社，1993.

[4] 徐鑫 . 点击乾隆陵地宫［M］. 北京：中国水利水电出版社，2005.

[5] 金恒源 . 雍正称帝与其对手［M］. 上海：上海人民出版社，2008.

[6] 唐邦治 . 清皇室四谱［M］. 上海：上海聚珍仿宋印书局，1923.

[7] 阎崇年 . 正说清朝十二帝［M］. 北京：中华书局，2004.

[8] 阎崇年 . 康熙大帝［M］. 北京：中华书局，2008.

[9] 李国荣 . 清宫档案揭秘［M］. 北京：中国青年出版社，2004.

[10] 冯明珠 . 雍正：清世宗文物大展 . 台北：故宫博物院，2009.

[11] 刘铮云 . 知道了：硃批奏折展 . 台北：故宫博物院，2005.

[12] 吴秀良 . 允禵更名与雍正继位问题再探讨［J］. 清史研究，2013(3).

[13] 李国荣，张书才 . 实说雍正［M］. 北京：紫禁城出版社，1999.

[14] 吴振棫 . 养吉斋丛录［M］. 北京：北京古籍出版社，1983.

[15] 冯尔康 . 雍正传［M］. 北京：人民出版社，1999.

[16] 朱天运 . 十三陵风水探秘［M］. 北京：中国青年出版社，2005.

[17] 章用秀 . 中国帝王婚媾［M］. 天津：百花文艺出版社，1999.

[18] 徐广源 . 清西陵史话［M］. 济南：齐鲁书社，2010.

[19] 徐广源 . 清东陵史话 [M]. 北京：新世界出版社，2010.
[20] 徐广源 . 大清皇陵秘史 [M]. 北京：学苑出版社，2010.
[21] 徐广源 . 清朝二十六后妃 [M]. 北京：新世界出版社，2016.
[22] 徐鑫 . 悬念康熙陵 [M]. 济南：齐鲁书社，2010.

后　记

这是我的清帝陵系列的第一本书，之所以先写这本书，是因为雍正帝被世人称之为“四爷”，拥有众多的粉丝，尤其得到了那些小女生们的钟爱。以至于她们不远千里来到泰陵凭吊他，不仅有为之宝城扫马道者，更有亲吻泰陵宝城砖墙者。可见雍正帝在人们心中的地位和影响，所以我特意先写的雍正帝和他的泰陵，作为清帝陵系列的开局之作。

自 2011 年出版以来，此书获得了读者热捧，同时也得到了一些批评，这正是我所希望看到的情景和达到的目的，宣传和继承中华文明，普及和研究清陵文化。正因为如此，这本书得以再次出版。下面简要介绍一下这次再版的两个主要修改之处。

一、这次再版，不仅修正了以前的一些错误，规范了一些词语，还删除了一些内容，如第五章第四节、附录中的《康熙帝遗诏》《康熙帝子女表》，并补充了一些内容，如第二章第四节、第五章第一节及第二节、第六章第三节、第七章第三节。如果按文字量说，原先十万字左右，这次正文内容删除数千字，又补写了一万余字，最后文字量大约十一万字。补写的内容包括改写和新加内容，其重点为陵寝部分，这也是一些读者提出来的批评。

二、这次再版，除了文字上有所改变，图片也有部分更换和增减。

一粒小尘土　徐鑫

2016 年 1 月于思正书屋

图书在版编目（CIP）数据

守墓笔记. 雍正帝陵卷 / 徐鑫著. —北京：中国国际广播出版社，2017.11（2019.1重印）
ISBN 978-7-5078-4099-5

Ⅰ. ①守… Ⅱ. ①徐… Ⅲ. ①雍正帝（1678-1735）—陵墓—研究 Ⅳ. ①K928.76

中国版本图书馆CIP数据核字（2017）第238331号

守墓笔记：雍正帝陵卷

著　　者	徐　鑫
责任编辑	刘　晗　祝　晔
版式设计	国广设计室
责任校对	徐秀英
出版发行	中国国际广播出版社［010-83139469　010-83139489（传真）］
社　　址	北京市西城区天宁寺前街2号北院A座一层 邮编：100055
网　　址	www.chirp.com.cn
经　　销	新华书店
印　　刷	天津市新科印刷有限公司
开　　本	710×1000　1/16
字　　数	300千字
印　　张	19
版　　次	2018 年 1 月　北京第一版
印　　次	2019 年 1 月　第二次印刷
定　　价	48.00 元

CRI 中国国际广播出版社　欢迎关注本社新浪官方微博　官方网站 www.chirp.cn